내성적이지만 인싸 직장인입니다

내성적이지만
인싸 직장인
입니다

장징런張瀞仁 지음 | **우디** 옮김

StarRich
Books

내성적이지만 인싸 직장인입니다

초판 1쇄 2020년 11월 3일
초판 2쇄 2022년 10월 14일

지은이 장징런
옮긴이 우디
펴낸이 이혜숙
펴낸곳 (주)스타리치북스

출판 감수 이은희 · 김화영 外
출판 책임 권대홍
출판 진행 이은정 · 한송이
표지 디자인 권대홍
본문 디자인 스타리치북스 디자인팀

등록 2013년 6월 12일 제2013-000172호
주소 서울시 강남구 강남대로62길 3 한진빌딩 2~8층
전화 02-6969-8955

스타리치북스 페이스북 www.facebook.com/starrichbooks
스타리치북스 블로그 blog.naver.com/books_han
스타리치몰 www.starrichmall.co.kr
홈페이지 www.starrichbooks.co.kr
글로벌기업가정신협회 www.epsa.or.kr

값 16,000원
ISBN 979-11-85982-70-0 03320

모든 내성적인 이들에게,
내성적인 우리를 성장하게 해준 모든 것들에
이 책을 바칩니다.

일러두기

- 중국어 고유명사는 국립국어원 외래어표기법에 따라 표기했으나, 우리식 한자 발음으로 표기하는 것이 더 자연스러운 경우 예외를 두었다.

- '옮긴이 주'를 제외한 본문의 주석은 모두 '저자 주'이다.

- 한국에 출간된 책은 출간 도서명으로 표기하고, 한국에 출간되지 않은 책은 원서 제목을 함께 넣었다.

내성적인 사람도 서로 다른 문화에서, 각종 직장 생활에서 성공할 수 있습니다. 장징런이 가장 좋은 예입니다. 장징런이 쓴 이 실용서는 타이완 독자들을 내성적인 사람들의 고요한 혁명으로 이끌어줄 것입니다. 장징런은 수많은 실제 사례를 빌려 내성적인 사람이 어떻게 자기 자신으로 살아가고 자신의 장점을 발휘하는지, 직장 생활 중에 눈에 띄는 활약을 해서 회사의 최고 자산이 될 수 있는지 보여줍니다. 이 책은 현대 직장의 고요한 전사들이 필독해야 할 양서입니다.

– 수전 케인Susan Cain (콰이어트 레볼루션Quiet Revolution 설립자,
《콰이어트 : 시끄러운 세상에서 조용히 세상을 움직이는 힘》 저자)

장징런의 책은 고요하고 사려 깊은, 그런데도 불공평하게 저평가받을 때가 있는 사람에게 자신감을 주고 길동무가 되어 줍니다. 내성적인 장징런은 내성적인 사람이 직장에서 발휘할 수 있는 비범한 장점과 능

력을 정확히 보여줍니다. 솔직 담백하고 멋진 이 책 덕에 당신 안의 내성적인 성향도 반짝이며 빛을 발하게 될 것입니다!

– 도리스 메르틴Doris Martin(기업 컨설턴트,
《혼자가 편한 사람들 : 내성적인 당신의 잠재력을 높여주는 책》 저자)

내성적인 직장인이라는 이슈를 번체자繁體字[1]를 사용하는 중국어권 시장으로 이끌어낸 장징런에게 고마운 마음을 전합니다. 내성적인 사람들이 이 책을 통해 자신이 갖고 태어난 장점을 이해하고 활용하게 되기를, 외향적인 사람들이 내성적인 동료를 더 소중히 여기게 되기를 바랍니다.

– 낸시 앤코위츠Nancy Ancowitz(커리어 및 소통 분야 코치,
《내성적인 당신의 강점에 주목하라 : 내성적인 사람에게 잘 맞는 자기 PR 시크릿》 저자)

현대의 직장에서 내성적인 사람으로 일한다는 것은 보통은 쉬운 길이 아닙니다. 하지만 이 책은 당신이 어떻게 하면 자신감 넘치는 모습으로 자신의 장점을 활용해 직장 생활에서 방향을 찾을 수 있을지 알려줍니다. 저자는 다양한 업무 경험과 국제적인 직장 생활 경험을 갖고 있습니다. 마케팅 전문가이고 글로벌 자선 단체의 고문이며 직장 생활

---

1 중국어권에서 전통적으로 쓰는 복잡한 필획의 한자. 현재 타이완과 홍콩 등지에서는 번체자를 쓰고, 중국에서는 한자를 간략하게 바꾼 간체자를 사용한다.(옮긴이)

멘토이기도 합니다. 그녀는 내성적인 사람이면서 동시에 전문가로서 자신이 맞닥뜨렸던 도전과 성공의 경험을 노련하게 공유합니다. 여러분은 이 책이 실용적이면서도 영감으로 가득 차 있다는 사실을 깨닫게 될 겁니다.

— 제니퍼 칸와일러Jennifer B. Kahnweiler(미국 유명 직장 인력 개발 분야 전문가,
《조용한 영향력 : 차이를 만들어내는 내성적인 사람이 되는 법》저자)

이 책은 우리와 같은 내성적인 사람들에게 중요한 메시지를 던져줍니다. 우리가 우리 자신의 방법으로 성공할 수 있다는 메시지 말입니다. 장징런은 마음을 격려해주는 수많은 실제 사례와 훌륭한 전략으로 이 메시지가 그저 그런 탁상공론으로 빠지지 않게 해줍니다.

— 실비아 뢰켄Sylvia Löhken(독일 유명 기업 강사, 《조용한 사람 큰 영향》저자)

내성적인 직장인을 대상으로 한 직장 생활 가이드북을 많이 읽어보았지만, 장징런의 책은 남다른 면이 있습니다. 장징런이 그린 성공이 가뿐하고 안락해 보이는 까닭은 그가 '구속 없는 편안함'이라는 개념을 전하고자 하기 때문입니다. 온화하지만 실용적인 방법을 통해 독자들은 외향적인 사회의 기대에 부응하기 위해 만들어낸 '두껍고 무거운 투구와 갑옷'을 벗어던지고, '내성적인 사람으로 구속 없이 편안하게 존재하는' 법을 배울 수 있습니다. 장징런은 여러 나라를 관리하는 전

문 관리자이고, 그 자신이 바로 구속 없는 편안한 성공의 가장 좋은 사례입니다. 이 책은 가치를 매길 수 없는 도구입니다.

– 로리 헬고Laurie Helgoe(임상 심리학자, 로스대학교 의학 교수,
《은근한 매력 : 내성적인 사람이 성공하는 자기관리법》 저자)

장징런의 책을 읽다 보면 친한 친구와 수다 떠는 듯한 느낌이 듭니다. 격려를 아끼지 않고, 영감이 넘치며, 귀중하면서도 깊이 있는 견해를 한 아름 갖고 있으니까요. 그녀는 내성적인 사람들을 위해 거울을 꺼내 들고 우리가 우리 자신의 가장 좋은 일면을 바라볼 수 있게 해줍니다. 그뿐 아니라 내성적인 사람들이 장점을 발휘할 수 있도록 풍부한 조언을 들려줍니다. 장징런의 글은 부드럽고 따뜻하며 유머가 넘치고 지혜로 가득합니다. 여러분은 이 책을 통해 새로운 에너지를 얻어 최적의 상태에서 내성적인 자아로 살아가게 될 것입니다.

– 베스 뷰로Beth Buelow(인트로버트 앙트르프르누어The Introvert Entrepreneur 설립자,
《내성적인 기업가 : 당신의 강점을 증폭하고 자신의 조건에서 성공을 창조하라》 저자)

어느 날 오후, 우리는 커피숍에 앉아 서로 상대의 어떤 점이 마음에 들었는지 흉금을 털어놓고 이야기를 나누었습니다. 장징런은 제게 참고할 만한 가치가 있는 출간 계획서와 타이완 야구 대표팀 선수들의 사인이 모두 들어간 커다란 야구공을 건네주었습니다. 커피숍을 나서면

서 장징런은 제가 이런저런 크고 작은 짐을 들고 급히 다음 강연장으로 가는 게 불편할까 봐, 자신이 써준 편지 한 통만 가져가면 되도록 사인 볼을 편의점에 가져가서 택배로 부쳐주는 센스까지 발휘해주었습니다. 택시에 오르기 전, 중산북로中山北路 옆에서 편지를 다 읽은 저는 눈물을 글썽이며 장징런이 떠나는 모습을 눈으로 배웅했습니다. 어쩌면 이것이 내성적인 사람이 소통하는 방식이겠죠. 부드러우면서도 따뜻하고 사랑이 있는.

내성적인 사람의 글은 아플 때 필요한 좋은 약 같습니다. 편안하고, 목을 부드럽게 타고 넘어갑니다. 속을 상하게 하지 않으면서도 효과가 있습니다. 장징런이 그렇습니다. 장징런의 글을 진심으로 추천합니다.

– 셰원셴謝文憲(유명 강사, 작가, 진행자)

워싱턴 내셔널스Washington Nationals 소속 브라이언 도저Brian Dozier의 대학 시절 스카우터는 보고서에서 도저에게 장타를 뽑아낼 능력이 부족하다고 썼습니다. 메이저리그에 가서도 도저의 플라이볼 거리는 평균을 많이 벗어나지 못했습니다. 그런데도 그는 메이저리그 한 시즌 2루수 홈런 기록 보유자가 되었습니다. 비밀은 공을 때릴 때 공을 일부러 좌익수 라인까지 끌어올린 데 있었습니다. 그게 펜스fence에 이르는 가장 짧은 거리였습니다.

자기 자신을 이해한 뒤 고치기 쉽지 않은 특징을 장점으로 바꾼 도저와 마찬가지로, 장징런의 책은 내성적인 친구들에게 가장 소중한 타격 지침서가 돼줄 것입니다.

내성적인 사람 다수가 자신의 성격으로 사무실에서 벌어지는 경쟁에 적응할 방법, 자기 자신을 알릴 방법을 찾기 위해 필사적으로 노력합니다. 장징런은 실질적인 전략을 대량으로 제시해 내성적인 사람들이 자신의 방식으로, 고요한 방식으로 빛을 발할 수 있도록 도와줍니다.

우리는 모두 구글 검색을 즐깁니다. 하지만 검색에서 나온 결과물을 한 무더기 보고 있으면 도대체 뭘 어찌해야 좋을지 모를 때가 종종 있습니다. 그래서 AI가 인간의 요구에 맞춰 곧바로 정확한 답을 제공해주기를 바라는 사람도 있습니다. 직장으로 치면 전자는 끝도 없이 아이디어를 쏟아내는 아이디어 대마왕이고, 후자는 '미리 준비해서 일이 되게 만드는' 태도를 가진 내성적인 사람입니다. 시끌벅적하기 그지없는 요즘 같은 시대에, 내성적인 사람은 전에 없이 중요한 대접을 받게 될 것입니다.

제1장 내성적인 사람의 직장 생활 공략법

제2장 　내성적인 사람의 인간관계 공방전

제3장　내성적인 사람의 인맥 역습

제4장   타고난 자질 발휘!
내성적인 사람의 셀프 프로모션

제가 얼마나 내성적인지
들려드리겠습니다

햇빛이 환하게 빛나던 어느 여름날 오후, 저는 한 대학생 그룹과 사무실 밀집 지역에 있는 커피숍에 앉아 있었습니다. 손으로 내린 커피 향이 공기 중에 전해지는 가운데, 대형 통유리 창밖의 녹음 짙은 타이베이 거리는 바쁜 직장인들의 걸음걸이가 더해지며 활력이 넘쳐 보였습니다.

우리가 이곳에 앉아 있는 이유는 한 경연 대회 때문이었습니다. 선발을 통과한 학생들은 자신이 흥미 있는 직업을 골라 그 직업에 종사하는 '선배'를 인터뷰할 수 있었는데, 이들 중에는 인문 계열 학생들도 있었고 이공 계열 학생들도 있었습니다. 저보다 열몇 살은 어린 학생들이 일찌감치 장소에 도착해서 진지한 모습으로 제가 자리에 앉기를 기다리고 있었습니다. 그날 제 입에서 나온 첫 마디는 이랬습니다. "저 좀 도와주시겠어요? 그렇게 긴장이 역력한 모습으로 계시지 말아주세요.

그러시면 제가 너무 부담스러워서요." 학생들은 순간 웃음을 터뜨렸고, 이어서 우리는 함께 대화를 나누며 아주 즐거운 한때를 보냈습니다. 만남이 끝나고 학생들의 온기가 가득한, 손으로 직접 쓴 피드백 카드를 읽어보다가 정말 깜짝 놀라고 말았습니다. 학생들은 이번 만남의 가장 큰 수확이 커리어 경험이나 경연 대회 관련 이야기가 아니라, '내성적인 사람은 어떻게 직장 생활이 초래하는 도전에 맞설까'라는 이야기였다고 했습니다. 아마도 이게 이 책의 첫 시작일 겁니다!

저는 영락없는 내성적인 성격의 소유자입니다. 엘리베이터에 들어서면 다른 낯선 사람이 들어올까 봐 0.01초 안에 닫힘 버튼을 눌러버립니다. 설거지와 쓰레기 버리기 중에서 늘 전자를 선택합니다. 그 이유는 쓰레기를 버리려면 밖에 나가야 하는데, 그러면 아는 사람을 만날 가능성이 높기 때문입니다. 이런 건 제 내성적인 면모를 보여주는 아주 사소한 사례에 불과하답니다. 진지하게 이야기를 늘어놓기 시작하면, 〈분노의 질주〉 시리즈보다 더 기나긴 영화 한 편은 찍을 수 있을 거예요. 내성적인 사람의 인생은 정말이지 〈분노의 질주〉처럼 시시때때로 찾아오는 자극이 넘쳐나거든요.

천칭자리에 성격이 외향적인 제 남동생은 늘 절 보며 웃습니다. "이웃 만나는 게 뭐가 어때서, 그냥 인사나 나누면 되잖아. 아니면 모른 척하든가!" 외향적인 사람은 내성적인 사람의 심리적 갈등을 이해하지 못합니다. 대기층으로 보호되는 지구가 온종일 운석의 공격을 받는 고통을 알 리 없듯 말이죠. 사건 사고 뉴스를 보다 보면, 기자가 이웃과 선생님, 동료의 말을 통해 사건 당사자를 묘사하는 경우가 종종 있습니다. "저게 나라면 이웃들이 분명히 나를 집에서 두문불출하는 사람이라면서 괴팍하고 같이 어울리기 힘든 사람으로 묘사했겠지!" 늘 이런 생각을 하지만, 다른 사람 생각에 간여할 만한 힘도 없지요. 내성적인 사람의 인생이란 스릴 넘치는 공포 영화 같아서 겉으로는 비도 알맞게 내리고 바람도 알맞게 부는 것처럼 순조로워 보여도, 실제로는 세찬 비바람과 천둥과 번개가 휘몰아치는 소극장 공연이 끊임없이 열린답니다.

하지만 학교에서 직장에 이르기까지 정말 많은 순간 '외향성'이 요구됩니다. 다들 활발하고 명랑한, 사람을 만나면 친절하게 인사를 건네는 아이를 좋아하죠. 말을 예쁘게 하고 웃는 얼굴을 하고 있으면 바로 칭찬이 돌아오고요. 부끄러움에 입을 떼지 못하면 괴팍한 성격에 예의 없는, 제대로 배우지 못한 아이 취급을 받고, 심지어 부모까지 스트레스를 받기도 합니다.

직무상 필요하다 보니, 저는 거의 모든 직장에서 내성적인 사람에게는 지옥이라 할 만한 상황을 경험했습니다. 정식 디너파티에서 스트레스가 너무 심해 두드러기가 돋자 의사는 제게 링거를 맞히고 진정시키면서 이렇게 심각한 증상을 보이는 사람은 한 번도 본 적이 없다고 했고, 저는 지나가는 사람들 눈길은 아랑곳하지 않고 신의구信義區의 고급 백화점 옆에서 좌절의 눈물을 흘리기도 했습니다. 하지만 커리어 전반기에 저는 지지 않겠다는 마음으로 모두가 좋아하는, 직장 생활의 승자가 되기 위해 할 수 있는 온갖 방법을 강구했답니다.

다른 사람들과 형제자매처럼 스스럼없이 가깝게 지내고, 말솜씨도 뛰어난, 사람들을 즐겁게 해주는 그런 사람이 되고 싶었습니다. 그래서 온 힘을 다해 갑옷을 만들었는데, 그 갑옷에는 활발한, 명랑한, 사랑받는, 적극적인, 활력이 넘치는, 보는 사람마다 다 좋아하는 등의 '이상적인' 딱지가 가득 땜질되어 있었습니다. 갑옷은 점점 무거워졌지만, 그 갑옷이 저를 보호해주었고, 다들 그 갑옷을 좋아했기 때문에 저는 늘 힘겹게 그 갑옷을 짊어지고 살았습니다. 그러던 중 말레이시아로 여행을 떠났고, 여행 중 수전 케인Susan Cain의 《콰이어트: 시끄러운 세상에서 조용히 세상을 움직이는 힘》을 읽게 되었습니다. 세 번을 읽었는데, 책을 읽다 말고 고개를 들어 숨을 깊이 들이마셔야만 하는 순간이 시도 때도 없이 찾아왔습니다. 이 책은 저를 전율시켰습니다. 전 남보다 못한 게 아니라 원래 그런 사람이 아니었던 겁니다.

사회의 주류 가치는 보통 단일한 표준으로 기울어져 있습니다. 특정 외모를 예쁜 외모라고 하고, 특정 몸매를 섹시하다고 하며, 어떤 조건을 달성해야 성공했다고 하죠. 성격이 어때야 정상이라고 하고요. 다들 이런 '표준적인 인간'이 되려고 좇아가는 사이, 우리 자신의 원래 모습은 잃어버립니다.

이후 저는 주변 사람들 눈에 꽤 괜찮은 일을 내려놓고 제가 흥미를 느끼는 비영리 조직 일에 투신했고, 제가 중요하다고 여기는, 타이완에 의미가 있는 일에 공헌하기로 했습니다. 더는 저의 내성적인 성격을 숨기지 않기로, 외향적인 사람이 되기 위해 온갖 방법을 강구하기보다는 저 자신과 대면하고 제 장점을 발굴해서 장점은 살리고 단점은 보완하기로 했습니다.

지금 저는 기능적인 갑옷을 갖고 있습니다. 가볍고 몸에 꼭 맞지만, 필요할 때만 입습니다. 심지어 대범하게 "저는 내성적인 사람입니다." 이런 말을 하고 다니는데도 마음은 가볍고 편안합니다. 중요한 건 이런 변화가 제 업무 성과에 좋지 않은 영향을 끼치지 않았다는 점입니다. 오히려 제 안에 있던 동력을 찾고, 장점을 발휘하게 되면서 짧은 기간에 승진까지 하게 되었습니다. 국제적인 조직에서 다른 국가의 전문 부서를 관리하며 일을 한다는 건 정말 꿈도 꾸지 못했던 일이었습니다.

예전의 저를 돌이켜 보다 지금 막막한 마음과 직장 생활에 대한 두려움에 빠져 있는 이 대학생들을 바라보았습니다. 학생들은 저처럼 '용감한' 그러면서도 '부드럽고 강단 있는' 사람이 되고 싶다고 하더군요. 하지만 저는 이들이 그저 자신을 이해하게 되기를, 자기 자신으로 살아가게 되기를, 저처럼 많은 에너지를 쏟아부은 뒤에야 겨우 애초에 신이 제게 골라주신 길을 찾아내게 되지 않기를 바랄 뿐입니다.

책 속의 많은 이야기는 모두 제 경험담입니다. 이렇게 흉금 없이 이야기를 털어놓는다는 건 사생활을 중시하는 내성적인 사람에게는 정말이지 어마어마한 용기가 필요한 일입니다. 책에 제 이름과 사진이 들어간다는 걸 알게 된 뒤 지금까지도 놀라 두려워하고 있지만, 이렇게 해서 직장 생활을 하며 지치지 않기 위해 노력하고 있을 내성적인 사람들을 도울 수 있다면, 혹은 더 많은 사람이 내성적인 파트너의 특징을 이해하도록 도울 수 있다면 좀 창피하더라도 그럭저럭 괜찮을 것 같습니다!

내성적 아니면 외향적?
MBTI 직업 성향 테스트

직장 생활을 어느 정도 해본 사람이라면 누구나 직장 생활의 제1법칙을 뼈저리게 느낄 것이다. 자신에게 적합한 일을 찾거나 자신이 일에 적합한 사람이 되어야 한다는 것 말이다.

전자는 직업 성향 테스트와 최적의 시기, 뛰어난 지리적 조건, 조화로운 인간관계가 형성되어야 이룰 수 있는 반면, 후자는 정확한 방향을 찾아 노력을 기울여야만 실현할 수 있다. 하지만 우리도 다 알고 있듯, 자신에게 맞는 일을 찾기란 배우자를 찾는 것보다 더 어려운 일이다. 자리가 비는 시기, 회사의 정치적 계산, 엮여 있는 사람들의 힘겨루기 등 우리가 장악할 수 있는 부분은 실제로 얼마 되지 않으니 말이다.

책에서도 내성적인 사람에게 적합한 업무 유형을 언급하고, 내성적인 사람이 진심으로 적합한 일을 찾기를 바라지만, 만일 찾지 못한다해도 걱정하지 말기 바란다. 책 내용 대부분이 '내성적인 사람이 어떻게 하면 직장 생활에서 살아남을 수 있을까?'와 '어떻게 일에 적합한, 적어도 살아남을 능력이 있는 사람이 될 수 있을까?'에 초점을 맞추고 있으니 말이다.

소위 적합한 일이란 어쩌면 전 마이크로소프트 디렉터 라비 라만Ravi Raman이 말하는 능력과 흥미, 가치에 해당하는 큰 원을 하나씩 그렸을 때 이 세 원이 교차하는 곳에 포함되는 이상적인 일일 것이다. 또 어쩌면 연이어 창업을 해본 경험이 있는 린밍장林明樟이 제시하는 내면의 후회 지수, 실무 진행 시의 행복 지수, 현실 세계와의 생존 지수를 포함하는 세 가지 평가 지향을 말하는 것일 것이다. 하지만 사실 일을 선택할 때는 탄력적인 업무 방식을 선호하는지 아니면 매 단계를 정확히 짚고 넘어가는 방식을 선호하는지, 세부 사항에 먼저 주의를 기울이는지 아니면 일단 방향에 주의를 기울이는지를 포함해, 당신이 어떤 결정 방식을 따르는지 등이 다 당신이 어떤 일에 적합한 사람인지와 관련이 있다.

• 우리는 어떻게 일을 선택하는가

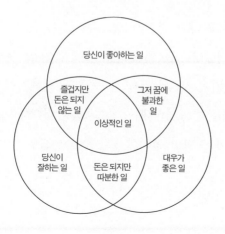

적합한 일을 찾기 위한 첫걸음은 일단 자신에게 적합한 선택지에 무엇이 있는지 알아보는 것이다. 아마 예전에 면접 볼 때, 대기업과 교육계, 리더 양성 분야에서 광범위하게 사용하는 MBTI The Myers-Briggs Type Indicator 성격 유형 검사를 해본 적이 있을 것이다. MBTI 검사는 검사와 평가, 사람들의 행위 방식, 인간관계, 업무 실적, 단체 협업(팀플레이), 리더십 스타일 등을 개선하는 데 활용되는 심리학을 기반으로 한 일종의 도구로, 네 가지 경향과 여덟 가지 지표를 통해 열여섯 가지 유형으로 사람을 분류하며, 모든 유형에 저마다의 특징이 있다.

온전한 MBTI 검사는 마이어&브릭스 재단The Myers & Briggs Foundation 홈페이지에서 찾아볼 수 있는데, 검사 시간이 아주 긴 데다 50달러를 지불해야 한다. 간단한 버전의 검사는 인터넷에 접속해서 'MBTI 검사'만 찾아내면 무료로 해볼 수 있고,[2] 20분 정도만 할애하면 자신이 어느 유형에 속하는 사람인지 알 수 있다.

검사를 마치고 나면, 자신이 어느 유형에 속하는지(이를테면 ISFJ 유형이 있다), 네 가지 경향의 지표 점수가 얼마나 되는지 알 수 있다. 주의해야 할 점은 이 몇 가지 지표와 검사 결과가 모두 상대적인 경향을 보여줄 뿐, 절대적인 이분법을 나타내는 건 아니라는 점이다. 가령 검사 결과 I가 80퍼센트로 나왔다면, 당신의 성향 중 80퍼센트가 내성적인 성향이

---

2 자신에게 가장 익숙한 언어로 검사를 진행하라. 만일 모국어가 중국어라면, 중국어 검사를 선택하면 된다.

라는 의미이므로 I가 60퍼센트로 나온 사람보다 좀 더 내성적이라는
뜻이지만, 그렇다고 해서 절대적으로 내성적인 성격이라는 의미는 아
니다. 어쨌든 20퍼센트의 공간이 남아 있으니까! 검사 결과가 I로 시작
되는 유형은 모두 내성적인 사람이라고 정의한다.

• MBTI의 네 가지 성향을 나타내는 내용

내향형 I, Introvert ⇨ I(Introvert) 외향형 E, Extrovert ⇨ E(Extrovert)	당사자와 외부 세계가 상호 작용할 때, 어떤 방식을 선호하고 어디에서 에너지를 얻는지 보여준다.
감각형 S, Sensing ⇨ S(Sensing) 직관형 N, Intuition ⇨ N(Intuition)	당사자가 정보를 입수하는 방식이 구체적인지 추상적인지 보여준다.
사고형 T, Thinking ⇨ T(Thinking) 감정형 F, Feeling ⇨ F(Feeling)	당사자가 결정을 내리는 방식이 이성적인지 감성적인지 보여준다.
판단형 J, Judging ⇨ J(Judging) 인식형 P, Perceiving ⇨ P(Perceiving)	당사자가 질서정연하고 조리 있게 판단을 내려 일을 처리하는 방식을 선호하는지 각종 정보를 받아들일 때처럼 탄력적인 방식을 선호하는지 보여준다.

• ENTP형 인격(변론가)

외향형	58%	42%	내향형
감각형	21%	79%	직관형
사고형	95%	5%	감정형
판단형	26%	74%	인식형

계속 읽어 내려가기 전에, 일단 자신의 유형부터 찾아보라. 인터넷에 접속하기 어렵다면, 아래의 질문이 자신이 내향형에 가까운지 외향형에 가까운지 파악하는 데 도움이 될 것이다. 필기도구와 좋아하는 음료를 한 잔 준비하고, 미니 테스트를 시작해보자.

아래에 서른다섯 개의 문항이 있다. 자신의 상황에 맞는 문항에 표시해보자.

☐ 1. 대화를 나눌 때, 상대방이 좀 뜸을 들이면서 대답하는 걸 견디지 못하는 편이다.

☐ 2. 동시에 여러 사람과 대화를 나누는 것보다는 단독으로 한 사람과 이야기하는 걸 좋아한다.

☐ 3. 다른 사람에게 내 생각을 설명하거나 풀어서 이야기할 때 내 생각을 훨씬 더 쉽게 이해하게 된다.

☐ 4. 주변이 깔끔하게 정리된 상태를 좋아한다.

☐ 5. '정면 승부'를 좋아하는 편이라 행동이 빠르다. 심사숙고하지 않는다.

☐ 6. 지쳐서 기운이 다 빠지면, 그저 집에 돌아가 쉬고만 싶다.

☐ 7. 말이 빠른 사람을 만나면 쉽게 피로를 느낀다.

☐ 8. 내게는 나만의 독특한 취향이 있다.

☐ 9. 가능하다면 사람들 무리를 피하려 한다.

☐ 10. 낯선 사람이라 해도 대화 정도는 대부분 가뿐하게 느끼는 편이다.

☐ 11. 무리 속에 오래 있으면, 늘 피로를 느끼고 심지어 기분이 나빠진다.

☐ 12. 내가 말을 하면, 다른 사람들이 대부분 열심히 귀를 기울인다.

☐ 13. 집에 손님이 오래 머물러 있으면, 그분들이 일을 좀 도와주길 기대한다.

☐ 14. 어떤 계획을 실행에 옮길 때, 그 계획을 작은 단위로 쪼개서 진행하는 편을 택한다. 오랜 시간을 들여 한 번에 완성하는 건 좋아하지 않는다.

☐ 15. 너무 잦은 또는 너무 시끌벅적한 대화를 나누고 난 뒤에는 지쳐서 파김치가 되어버린다.

☐ 16. 너무 많은 친구는 필요 없다. 진실하고 믿을 수 있는 우정을 아주 중시하기 때문이다.

☐ 17. 다른 사람이 뭘 하는지는 딱히 신경 쓰지 않는다.

☐ 18. 충분한 수면을 아주 중요하게 여긴다.

☐ 19. 새로운 장소와 새로운 환경은 나를 매우 흥분시킨다.

☐ 20. 갑작스러운 간섭과 예상 밖의 상황은 나를 매우 지치게 한다.

☐ 21. 사람들은 내가 조용하고 침착하며 따분하다고, 거리감이 느껴지거나 수줍음을 많이 탄다고 생각한다.

☐ 22. 관찰하기를 즐기는 데다 디테일을 중시한다.

☐ 23. 글로 쓰는 것보다는 직접 대화하는 걸 훨씬 좋아한다.

☐ 24. 대부분 일의 맥락을 충분히 이해하고 난 뒤에야 결정을 내린다.

☐ 25. 인간관계가 긴장되어 있는데도 나는 한참이 지나고 나서야 상황을 눈치채는 경우가 많다.

☐ 26. 예민한 심미審美 능력을 갖추고 있다.

☐ 27. 이유를 대가며 행사나 사교 모임에 참석하지 않을 때가 있다.

☐ 28. 사람을 쉽게 믿는다.

☐ 29. 생각하는 걸 좋아하고, 사물을 꼼꼼하고 세밀하게 분석한다.

☐ 30. 사람들 앞에서 발언하는 걸 가급적 피한다.

☐ 31. 경청은 나의 장점이 아니다.

☐ 32. 다른 사람의 기대는 내게 너무나 큰 부담을 준다.

☐ 33. 나에 대한 언어 공격은 대부분 스포츠맨십으로 대처할 수 있다.

☐ 34. 쉽게 지루해하는 편이다.

☐ 35. 축하해야 할 특별한 일이 있으면, 많은 사람이 참석하는 파티처럼 대규모로 시끌벅적하게 축하하는 게 최고다.

끝났는가? 이제 선택한 문항 수를 세어보자.

내향형 문항 : 2, 6, 7, 9, 11, 15, 16, 20, 21, 22, 24, 27, 29, 30, 32

외향형 문항 : 1, 3, 5, 10, 12, 14, 17, 19, 23, 25, 28, 31, 33, 34, 35

외향형, 내향형과는 무관하지만, 답변자가 습관적으로 대답할 가능성을 막기 위한 문항 : 4, 8, 13, 18, 26

내향형 문항이 외향형 문항보다 세 개 이상 많다면, 내성적인 사람일 가능성이 있다. 내향형 문항과 외향형 문항의 개수가 엇비슷하다면(차이가 두 개 이내라면), 중성적인 성격일 가능성이 있다. 좀 더 알아보고 싶은 경우, 온전한 MBTI 검사를 하면 더 상세한 수치를 받아볼 수 있다.

위에서 언급한 검사 이외에 시중에 나와 있는 DISC 행동 유형 검사(주도형Dominance, 사교형Influence, 안정형Steadiness, 신중형Conscientiousness Test), 통찰력 검사Insights Test 등으로도 내향적, 외향적 성향을 검사해볼 수 있다. 하지만 이 책은 내성적인 직장인에게 초점을 맞춰 이야기하고 있으므로, 일단 분류가 가장 세밀하고 직장 생활과도 가장 관련이 있는 MBTI를 기준으로 한다.

나는 MBTI로는 ISFJ(수호자) 유형인데, 그중에서 'I' 점수가 98점이나 된다! 전설로나 전하는 절대적인 내성적 성격의 소유자에 근접한 것이다. 고입 시험 이후 이렇게 만점에 근접해본 적이 없다. 이런 정도로 보면, 내가 '내성적인 직장인 전문가'라는 타이틀을 거머쥔다고 해도 손색이 없으리라!

내성적인 사람의
직장 생활 공략법

01

내성적인 직장인의
꼬일 대로 꼬인 인생

어느 여름날 해 질 무렵의 샌프란시스코 도심지, 캘리포니아주의 석양이 현대미술관San Francisco Museum of Modern Art 옆에 자리한 멋진 찻집의 커다란 유리창 안으로 비쳐 들어왔다.

이날 찻집이 통째로 대관된 까닭에, 직원과 웨이터들은 이곳저곳을 드나들며 귀빈들 맞이할 준비를 하느라 정신이 없었다. 반면 창밖으로는 조경에 섬세하게 공을 들인 공원 풍경이 펼쳐져 있었고, 공원 한가운데에는 여문 빛깔로 피어난 꽃들이 자리하고 있었으며, 비둘기 몇 마리가 폭포 주변에서 여유롭게 쉬고 있었다. 막 하루 일을 마친 직장인들은 금융 지구를 지나가며 어느 바에 가서 가볍게 한잔할지 얘기하느라 웃고 떠드는 중이었다. 하지만 질Jill은 찻집에 앉아 눈살을 잔뜩 찌푸리고 있었다.

질은 다국적 조직의 팀장이었지만, 부끄러움을 많이 탔고, 쉽게 마음을 졸이는 편이었으며, 시끌벅적한 장소를 좋아하지 않았다. 게다가 뭇 사람들의 시선을 받는 걸 두려워했다. 다른 사람들 눈에는 뛰어난 능력의 소유자였고, 매년 하버드대학교에서 전 세계에서 서른 명만 선정하는 공익 리더 훈련 과정의 연수생 중 한 명이었지만, 연수 기간에도 같은 조 연수생 몇 명하고만 편한 사이였고, 매번 단체 토론이 밤 10시를 넘어가면 다 타버린 양초처럼 얼른 침실로 돌아가 문을 닫아걸고 쉬고 싶다는 생각만 했다. 질은 심지어 훈련 캠프 마지막 날 해야 하는 공개 연설 때문에 밤새 잠을 이루지도 못했다.

더 성대하고 엄숙하기는 했지만, 오늘 역시 비슷한 상황에 비슷한 장소였다. 질은 같은 자리에 참석한 귀빈, 대규모 투자자, 회장들로부터 더 많은 자원을 얻어낼 목적으로 자기 나라를 대표해 토론에 참여하고 연설에 나섰다. 긴장한 탓에 지난 나흘 동안 겨우 세 시간밖에 자지 못했는데, 긴장해서 분비된 아드레날린 덕이었는지 아니면 팽팽하게 곤두선 신경 탓이었는지, 질은 언제든 도망칠 준비가 되어 있는 한 마리 양 같았다.

귀빈들이 하나둘 들어섰다. 다른 나라 대표들이 차분한 표정으로 귀빈들과 인사말을 나누고 친근하게 대화를 이어가는 모습을 보고 있자니, 질은 정말이지 단상 뒤나 화장실에 숨어 있다가 행사가 시작되면 나타나고 싶은 생각뿐이었다. 연회장에 남아 있어야 한다고 간신히 자신을 설득하기는 했지만, 생각이 마비된 것만 같은 상황은 좀처럼 나아지지 않았다.

모든 귀빈이 알아서 작은 대화 그룹에 들어가 서로 이야기꽃을 피우기 시작했다. 다들 격식에 맞는 옷차림을 하고, 자연스럽게 행동했으며, 대화 내용은 근사한 데다 깊이에 유머까지 곁들여져 있었다. 질은 이 사람들의 이름과 배경을 숙지하고 있었지만, 마음속에서는 소극장 공연이 끝도 없이 이어졌다. '내가 왜 여기 있는 거지? 이 사람들과 뭘 해야 하지? 난 이렇게 내성적인 데다 말만 하면 쉽게 긴장하는 사람인데, 저들은 다 명망 있는 사람들이니 내가 별 볼 일 없는 사람이라는 걸 금세 알아챌 텐데.' 다른 나라 대표들을 바라보던 질은 저도 모르게 속으로 이런 생각을 했다. '내가 귀빈이면, 나도 저 여자와 이야기를 나누고 싶을 거야. 저렇게 우아하고 말솜씨가 좋은데, 옷이며 화장, 헤어스타일까지 모든 게 완벽하잖아. 나도 저 여자처럼 되고 싶어. 세상에! 난 지금 여기서 뭘 하는 거지?' 질은 생각을 하고 또 하다가, 오늘만 넘기면 앞으로 이와 유사한 행사는 다 거절해버리기로 마음먹었다. 질은 속으로 자신에게 쓴웃음을 날렸다. '지금 이 말, 해마다 적어도 예순 번은 했겠다.'

돌이켜 생각해보면, 질 자신도 꽤 경험 있는 강연자였다. 내성적이기는 하지만 꽤 괜찮은 장점도 갖고 있었다. 강연 내용을 미리 준비해놓고 셀 수 없이 여러 차례 연습하곤 했다. 질은 날 때부터 다른 사람이 하는 말을 경청하는 걸 좋아하는 사람이다. 사교 장소에서는 다들 마음을 다해 경청하는, 진심이 넘치는 사람을 좋아하기 마련이다. 또 목소리가 부드러워서 강연 내용이 좀 세다 싶어도 청중이 부담스러워하지 않았다. 예전에 질의 강연이 마음에 들었다고 의사를 밝힌 이들도 꽤 있었다.

생각이 여기에 미치자 질은 도망 모드에서 전투 모드로 전환했다. '그래봤자 또 하나의 전장일 뿐이야.' 질은 냉정함을 되찾고 성황리에 진행 중인 행사장을 바라보며 자신을 일깨웠다. '화력을 비축해두자. 공격은 하지 말고. 지금은 때가 아니야.' 질은 대표 옆 빈자리로 옮겨간 다음 행사가 정식으로 시작될 때까지 대표를 이용해 사교장의 맹렬한 집중포화 공세를 피해갔다.

발표와 토론 세션이 순서대로 진행되었다. 질은 모든 에너지를 쏟아부어 세심하게 준비한 데이터를 참석한 귀빈들 눈앞에 내놓고 현황과 구체적인 수요를 조리 있게 설명해나갔다. 단상 아래에 있던 귀빈들은 점차 열렬한 눈빛을 보내며 몸을 앞으로 기울였고, 시시때때로 고개를 끄덕이며 미소를 지어 보였다.

발표가 순조롭게 끝나갈 즈음, 처음부터 끝까지 팔짱을 낀 채 구석에 앉아 있던 한 신사가 천천히 손을 들더니 질을 가리키며 질문에 대답해달라고 했다. "이 프로젝트에 투자하고 싶기는 한데, 그쪽을 통해서 해야 하는 이유가 있습니까?" 갑작스러운 도전에 질은 머릿속이 백지장이 되고 말았다. 어떻게 하면 다른 사람들처럼 기세등등하게 효과와 이익을 이야기할 수 있을지 아니면 무기를 전부 다 꺼내봐야 하는지 생각에 잠겼지만, 그냥 잠시 미소만 짓고는 자신만의 방식으로 대응하기로 결정하고 부드럽게 이야기를 계속했다. "한번 상상해보세요. 선생님께서 식당 사장이신데, 고객이 들어와서 닭고기 탕수육을 주문하더니 닭고기 값만 내고 싶어 한다고 말이죠. 고객이 기름, 소금, 후추, 식초, 파프리카 등 다른 재료비와 요리사 임금, 식당 수도세와 전기세는

지불할 생각이 없다고 똑똑히 말했다고 말입니다. 사장님께 여쭙겠습니다. 만약 선생님께서 사장이시라면 어떻게 음식을 내가시겠습니까?"

현장에 잠시 웃음소리와 박수 소리가 울려 퍼졌다. 단상에서 내려온 뒤, 질의 주변은 사람들로 가득 찼고, 질은 인내심을 발휘해 사람들의 질문에 하나하나 답변해주었다. 대표 역시 폐회사에서 질이 한 이야기를 그대로 받아 조직의 가치를 다시 한 번 강조했다.

이후 3개월 동안, 질에게는 이런저런 연락이 쉼 없이 쏟아졌다. 발표 당일, 질의 담당 구역에 상당한 흥미를 보인 귀빈이 한둘이 아니었고, 심지어 다른 중요한 고객을 질에게 소개해준 사람도 있었다. 질은 나중에야 그날 자신이 한 이야기가 그 행사가 성공을 거둔 전환점이 되었다는 걸, 보수적인 귀빈들마저 지갑을 열게 한 열쇠가 되어주었다는 걸 깨달았다.

지금 질은 어떻게 해야 부드럽고 조용한 스타일로 자신을 드러낼 수 있는지 안다. 다른 사람들도 질이 너무 소극적이라는 생각은 하지 않고 오히려 이렇게 말한다. "그 정도가 딱 알맞아요. 칼끝을 다 드러내는 사람은 필요 없어요." 자화자찬은 필요 없다. '영업맨의 입'은 아예 쓸모도 없다(사실상 질에게는 그런 게 있지도 않다). 질은 차분함으로 투자자로부터 인정받았을 뿐 아니라 그 덕에 회사의 비즈니스 기회도 적잖이 늘어났다. 아울러 질 개인의 시야도 넓어졌다.

아, 그렇다. 내가 바로 질이다. 난 지금도 아침 식사 파는 가게 사장님께 빠뜨리고 주지 않으신 잔돈 달라는 말은 못 꺼내지만, 직장에서는 아무 문제 없다. 심지어 이렇게 말하는 동료도 있다. "질이 고객이나 프로젝트를 맡아 처리하고 있다는 걸 알고 나면, 마음이 더할 나위 없이 평온해지고 안심이 된다니까." 내 커리어를 돌아보면, 좌절에 맞닥뜨렸던 초창기부터 지금에 이르기까지 나 자신을 똑바로 알고 내성적으로 잘 살아온 것이 나를 바꾼 가장 큰 사건이었다. 나를 믿으시길. 뛰어난 내향성이 당신의 커리어를 바꿔놓을 테니. 나를 바꿔놓았듯이.

02

외향적인 문화 속으로
뛰어들기 전 알아야 할 상식

내가 미국에서 얻은 첫 번째 직함은 교내 스포츠 마케팅부 인턴이었다. 미국 대학 스포츠의 규모는 팬이라는 기반, 경기 운영 계획, 심지어 관중의 열광적인 반응에 이르기까지 프로 스포츠에 조금도 뒤지지 않는다. 아마도 머니 게임money game이나 계산이 상대적으로 덜 개입되는 대신 운동의 본질에 충실한 열정과 경쟁심이 더 충만한 까닭일 것이다. 많은 사람이 꿈과 눈물로 가득 찬 일본의 전국고교야구선수권대회를 즐겨 보는 것처럼 말이다. 또 미국에 프로 야구팀을 가진 지역이 많지 않다 보니 학교 야구팀을 응원하는 게 그 지역의 가장 중요한 일이되어버린 것도 이유이고. 예를 들어 매년 전미대학체육협회NCAA, National Collegiate Athletic Association 농구 포스트시즌에 시청률이나 도박판을 보고 있노라면 포스트시즌 기간에 NBA를 보는 사람은 거의 없고, 스포츠 신문들도 전부 대학 운동 보도로 채워진다는 사실을 알게 된다. 〈프라이데

이 나이트 라이트Friday Night Lights〉, 〈리멤버 타이탄Remember the Titans〉, 〈151 경기When the Game Stands Tall〉 등 할리우드의 스포츠 영화 팬들에게 낯익은 영화들에서 무슨 국제 대회라도 되는 듯 찍어댄 경기들이 실은 다 고등학교 수준에 불과한 것이다.

대학에 오면 운동 경기의 열기와 경쟁은 한 단계 더 올라간다. 내가 다닌 학교는 1부 리그에 포함된 학교로, 타이완의 경기 제도로 치면 갑조甲組에 해당한다.(장학금을 제공하는 등 우수한 선수 유치에 적극적으로 나서는 학교여서 수많은 체육 특기생, 국가대표 선수들의 진학 목표이다. 학교 측도 더 많은 현지인이 학교 소속팀의 경기를 보러 오게 하려고 미국 전역에서 학교의 지명도를 높이기 위해 스포츠 마케팅에 전력을 다한다.) 미국에서 프로 스포츠는 어마어마한 규모를 갖춘 산업이다. 2017년 〈포브스Forbes〉 조사에 따르면, 프로 미식축구팀의 평균 가치가 23억 달러, 프로 야구팀이 15억 달러에 이른다. 다른 산업과 비교해도 상당히 대단한 자산 규모이다.

스포츠 마케팅부에서 인턴으로 일한다고 학점을 딸 수 있는 것도 아니고 급여를 받는 것도 아니다. 업무 시간도 길고 일의 강도도 높다. 그런데도 선발 과정에서는 죽을힘을 다하는 치열한 경쟁이 펼쳐진다. 나도 면접이라면 타이완에서 많이 봤는데, 그보다 더 경쟁이 심할 정도이다. 대학 스포츠 마케팅부에 들어와 인턴으로 일하는 게 방대한 스포츠 산업 시스템에 진입하는 첫걸음이니, 그 정도가 얼마나 격렬한지 짐작할 수 있을 것이다! 돌이켜 보면, 당시에는 〈도전! 슈퍼모델〉에라도 참여하는 것 같았다. 다만 나와 경쟁하는 이들은 가느다란 몸매에 얼굴까지 완벽한 미녀가 아니라 탄탄한 근육에 만면에 웃음이 가득한, 포스로 사람을 압도하는 밝고 건강한 젊은 남녀였다.

내성적인 사람에게는 전장戰場이 늘 불리한 것만 같다?

폭격기처럼 이어진 면접과 일련의 훈련들을 몇 차례 거친 뒤, 정식으로 업무용 사진을 찍는 날이 되고 나서야 홀가분한 마음으로 살아남은 자의 기쁨을 누릴 수 있었다. 그런데 그 뒤에 첫 번째 시련이 찾아올 줄이야.

업무용 사진을 찍고 나서 널찍하고 편안한, 아침 햇살로 가득한 회의실에 앉아 있는데, 매니저가 종이를 한 묶음 돌렸다. '그냥 기본 정보나 채워 넣으라는 거겠지.' 나는 속으로 이렇게 생각했는데, 회의실 분위기는 점점 무겁게 엄숙해졌고, 옆에 있던 동료들은 하나둘 살벌한 포스를 드러내기 시작했다. 나는 3분이 지난 뒤에야 이 한기가 어디서 비롯되었는지 깨달았다. 질문지의 마지막 문항은 이러했다. "자신이 가장 맡아보고 싶은 세 가지 운동 종목을 기재하세요. 그리고 자신이 그 종목을 맡아야 하는 이유는 무엇입니까?"

1년에 이르는 인턴 생활에서 운동 종목 선택은 가장 중요한 관문이라고 할 수 있다. 좋은 종목을 선택하면 이력서도 근사해지고 사람도 확 달라진다. 어쩌면 프로 스포츠팀에 들어갈 기회를 잡을 수 있을지도 모른다. 차라리 버거킹에서 아르바이트하면 돈이라도 좀 생기지, 비인기 종목 마케팅 업무를 맡는 건 그야말로 시간 낭비나 다름없다고 생각하는 사람이 많다.

결전이 시작되는 첫날 서막이 오르면, 완벽하게 준비를 마친 동료들이 눈에 확 들어온다. 이들은 유명한 스포츠 채널에서 일해본 경험이나 자신의 업계 인맥 등 온갖 강점을 일사천리로 묘사한다. 물론 다 이 친구들이 사후에 알려줘서 알게 된 내용이다. 맨 처음 허둥지둥 정신을 못 차렸던 나는 전략적인 계획과 연습을 거친 끝에 결국 야구와 축구, 이 두 가지 프로 종목을 거머쥐는 데 성공했다. 사실 야구는 매년 6월이면 눈이 내리는 미니애폴리스에서는 인기 종목이 아니어서 경쟁자도 적은 편이었다. 게다가 내가 야구가 발전한 타이완 출신이라 경쟁에서 우세를 점할 수 있기도 했다. 축구를 거머쥘 수 있었던 까닭은 미국에서는 여자 축구가 남자 축구보다 훨씬 더 인기가 있어서 마케팅 대상도 주로 여성이다 보니, 여성인 내가 자연히 추가 점수를 얻은 것이었다.

어쩌면 독자들은 내가 더할 나위 없이 큰 행운을 잡을 수 있었던 열쇠가 무엇이었는지 이미 알아챘을지도 모른다. 열쇠는 바로 내일의 스타를 오디션으로 뽑는 〈더 보이스〉처럼 한 사람 한 사람 무대로 불러올리는 게 아니라, 먼저 질문지의 문항을 확인할 수 있었다는 것이다. 이 일전에서 나는 내게 유리한 전략을 생각해볼 시간을 충분히 확보했다. 이길 가능성이 크지 않은 게임에 충동적으로 몰두할 필요도 없었다. 하지만 솔직히 말하면, 서양 사회에서 특히나 마케팅 관련 산업에서의 전장은 대부분 내성적인 사람에게 유리하지 않다.

이를테면 수많은 군중이 몰려드는 취업박람회를 보자. 인파로 붐비는 좁디좁은 부스 안에서 자신의 강점을 드러내 보이기란 정말 쉽지 않은 일이다. 아마 이런 장소에서는 횃불을 입으로 삼키는 묘기라도 부려야 그나마 시선을 끌 수 있을 것이다! 1차 면접의 경우, 많은 기업의 면접관들이 면접자 전원을 면접실로 불러 나란히 앉혀놓고, 무슨 리얼리티 프로그램처럼 스피드 문답을 주고받거나 아주 짧은 시간만 주고 면접자가 제한된 정보 안에서 어떻게 순발력을 발휘하는지 시험한다. 이런 상황에서라면, 면접관 열 명 중 아홉 명은 밝게 웃는 얼굴에 목소리 톤도 높은 면접자를 상대적으로 더 좋아하게 마련이다. 이런 사람들이 보통 짧은 시간 안에 딱히 생각 같은 걸 하지 않고 질문에 대답할 줄 아는 까닭에, 반응도 빠르고 순간 집중력도 뛰어난 사람으로 보이는 것이다. 나도 안다. 그런데 난 그게 안 되는 사람이다.

03

내성적인 성격에 소통 장애까지?
총체적 난국이군

미국은 전형적인 외향형 사회이다. 스포츠 산업은 더하다. 남녀를 막론하고, 나이에 상관없이 모든 사람이 늘 에너지 드링크라도 마신 것 같은 상태여서 지나가다 옆 사람을 날려버리기라도 할 기세다. 회의 때면 이런저런 아이디어를 공중으로 쏟아내고, 회의실은 혜성彗星 충돌로 탄생한 소우주로 가득 차게 된다. 이런 상황이 되면 늘 나 자신을 보호하기도 바빠서, 그저 누군가가 나를 '지명하지' 않게 해달라고 열심히 기도하거나, 내 이름이 불리면 무슨 핑계를 대가며 답변을 피해야 할지 생각하느라 애쓴다. 아무튼 무슨 좋은 아이디어를 내놓거나 토론에 참여할 엄두는 전혀 내지 못한다.

내성적인 성격 말고 언어 장벽도 큰 장애물이다. 나는 타이완에서 나고 자란 토종 타이완 사람이다. 미국에 갓 도착했을 무렵 내 영어 수준은 '시험은 칠 수 있지만, 거리에서 길은 물을 수 없는' 단계에 머물러 있었다. 교수님이 말을 아주 천천히 해주신 까닭에 강의 시간에는 '질문을 하지 않았지만', 동기들과 어울리는 강의 이외의 시간이 되면, 이 친구들은 그 그룹 안에 외국인이 있다는 사실을 완전히 잊어버리곤 했다. 게다가 내가 학교를 다닌 미국 중서부는 백인이 대다수를 차지하는, 흑인조차 소수에 불과한 지역이어서, 내가 과 친구나 동료들에게는 생애 처음으로 만난 동양인인 경우가 부지기수였다. 다들 나한테 정말 잘 해주기는 했다. 내가 자기들과 같은 수준의 영어를 구사할 거라고 가정하기는 했지만. 결과를 놓고 보면, 잘된 일이었다. 그 덕에 영어를 미친 듯이 연습할 수밖에 없는 상황이 되었으니까. 하지만 직장 생활 중에는 정말 고생이 이만저만이 아니었다.

스포츠 마케팅부에서 일하던 어느 날, 한번은 야구팀이 연속 두 경기를 뛰게 되는 바람에 마케팅부도 온종일 경기장을 지키게 되었다. 오래도록 있으려니 배가 너무 고팠고, 귀빈석에 제공되는 음식은 물리도록 먹은 터라 동료들과 피자를 배달시켜 먹기로 했다. 나는 야구장으로 음식을 배달시켜본 사람이 있는지도 몰랐다(적어도 나는 그런 경험이 없었다). 하지만 돌이켜 생각해보면, 그건 정말 내가 내 무덤을 판 거나 마찬가지였다. 수용 가능 인원이 4만여 명이 넘는 야구 경기장이라 입구만 여덟 개였다. 우리가 미디어룸에 있다는 사실을 안다 한들, 사람들이 그곳으로 이어지는 길을 찾아내서 들어올 수 있으리란 법은 없었다. 하물며 음식 배달부야 말할 것도 없지 않나! 전화로 피자 배달시키기는 가위바위보에서 진 외국인에게 맡겨졌다. 맞다. 바로 나 말이다. 이것이 그 일련의 비극의 시작이었다.

내성적인 나는 전화 통화를 몹시 싫어한다. 특히나 전화로 음식 주문하기처럼 짧은 시간에 여러 가지를 결정해야 하는 일은 더 싫다. 집에서 피자를 배달시키는 경우였다면, 나는 틀림없이 인터넷으로 주문했을 것이다. 영어로 직접 사람과 격전을 벌일 필요도 없고, 시간이 있으면 무슨 맛 피자가 좋을지, 어느 세트 메뉴가 더 저렴한지 따져볼 수도 있으니 말이다. 그때가 아직은 스마트폰이 보편화되기 전이라, 나는 그냥 휴대폰을 들고 간절한 기대가 담긴 동료들의 눈빛을 받으며 잔뜩 긴장한 채 배달 전화번호를 눌렀다.

"안녕하세요! 무엇을 도와드릴까요?" 전화기 저편에서 들려오는 강한 인도 억양에, 나는 넋이 빠지고 말았다. 도대체 이 망망대해 어디서 인도 사람이 나타났단 말인가. 중요한 건 이 사람이 하는 영어를 내가 한 마디도 알아들을 수 없다는 거였다! 일단 야구장까지 배달해줄 수 있는지 물어보기로 했다. 안 된다고 하면 안전하게 물러서면 될 테고, 그러면 이 뒤에 피자를 고르며 밟아야 할 500가지 단계를 피해갈 수 있을 터였다.

"제가 지금 메트로돔Metrodome에 있는데, 배달 가능하신가요?"

"메트로돔이 어디 있나요? 주소를 알려주실 수 있나요?" 상대방은 빠른 속도로 그러면서도 친절하게 대답했다.

이곳은 도심지에 있는, 4만여 명이 몰리는 대형 야구장이다. 시가지에서 가장 눈에 띄는 랜드마크라 해도 과언이 아니다. 그런데 주소를 알려달라니? 상황이 심상치 않다는 걸 깨닫고 서둘러 동료를 찾아 전화를 넘겨주었다. 동료가 한바탕 설명을 하다 전화를 끊더니 말했다.

"우리 그냥 귀빈실에 있는 음식이나 먹으러 가자. 이 사람 메트로돔이 어디 있는지 모른대!" 정말 다행이었다. 나한테 문제가 있어서 이리 된 게 아니었으니.

이렇듯 언어 탓에, 내성적인 성격 탓에 아드레날린이 급상승했던 경우가 한두 번이 아니다. 심지어 학교 근처에서 길을 건너다가 맞은편에서 오는 동료를 만나도 투명 인간 노릇을 할 수밖에 없었다. 상대방은 분명히 인사를 건넬 텐데, 그러면 어깨를 스치고 지나가는 순간 일상적인 안부를 묻는 그 질문에 대답해야 할 테니 말이다. 사실 내성적인 성격을 가진 수많은 이들이 나처럼 한다는 걸 나중에 알게 되었는데, 원인은 우리가 대뇌를 사용하는 방식이 다르기 때문이었다.

《세상의 잡담에 적당히 참여하는 방법 : 과학의 눈으로 본 내향인의 이중생활》의 저자 젠 그랜맨Jenn Granneman은 두 가지를 원인으로 지적한다. 첫째, 내성적인 사람은 깊이 생각하는 경향이 있어서 입 밖으로 말을 꺼내기 전 어떤 단어를 써서 어떻게 표현할지 여러 차례 심사숙고한다. 둘째, 내성적인 사람은 장기 기억을 즐겨 사용한다. 이런 기억은 보통 간접적이고, 다른 연결이 필요하며, 저장해둔 장기 기억을 가져다 쓰려면 시간이 훨씬 오래 걸리므로 대뇌의 활동 과정이 훨씬 더 복잡하다.

유치원 시절의 기억을 물으면, 내성적인 사람은 아마 일단 운동화 한 켤레를 봐야 유치원에 간 첫날 운동화에 우유를 엎었던 일이 생각나고 그제야 유치원에 다니던 시절 일어났던 일을 떠올릴 수 있게 될 것이다. 즉각적인 반응은 절대 내성적인 사람이 가진 신경 전도 체계의 주특기가 아니다. 게다가 서로 다른 언어를 오가며 번역을 하고, 익숙하지 않은 환경 정보를 처리하다 보면, 내성적인 사람의 두뇌는 과부하 걸리기 십상이다.

내성적인 사람이 불리하기만 한 건 아니다

미국 스포츠 산업계에 있으면서, 나는 내 약점을 철저하게 들여다 보았다. 내 이런 유별난 성격이 싫어질 지경이었다. 무슨 일을 해도 다른 사람보다 반 박자 처지는 것만 같아서, 아무도 나 같은 사람과 친구가 되고 싶어 하지 않을 거라고 늘 생각했다.

하지만 나중에 되돌아보니, 역경과 도전은 누구나 맞닥뜨리는 것이었고, '외향적으로 변하는 것'이 모든 난제를 풀어줄 만병통치약도 아니었다. 반대로 내성적인 사람이 능력이 없는 게 아니라, 우리 같은 사람에게는 그냥 우리가 가진 이런 잠재력을 발휘할 우리만의 방식이 필요한 것뿐이었다. 외향적인 환경에 둘러싸여 있는 게 꼭 나쁜 일은 아니다. 방법만 찾아내면 그 안에서 손쉽게 살아남아 경쟁할 수 있다.

더 많이 노력하고, 더 오랜 시간을 들여서 눈에 띄도록 하자

경쟁이 극심한 업무, 흥분으로 과열된 데다 이익을 우선시하는 동료, 수치로 승패가 결정되는 산업……. 거의 모든 내성적인 직장인이 직장 생활 중 맞닥뜨리게 되는 지옥의 요소들을 나는 스포츠 마케팅팀에서 인턴으로 일하던 시절 일찌감치 경험했고 그것으로 수차례에 걸

쳐 타격을 입었다.

정말이지 너무 비참한 시작이었겠다 싶겠지만 그 이후에는 오히려 큰 행운이 찾아왔다. 내 생애 첫 지옥의 직장이 마흔여섯 살이 아니라 스물여섯 살에 나타났으니 말이다. 스물여섯은 더 오랜 시간을 들이고 더 노력을 쏟아부어 지옥으로부터 기어 나올 수 있는 나이였다. "오늘 기분 어때?" 같은 질문에 반사적으로 대답할 수 있도록 영어 연습에 매진해 늘 세 가지 이상의 표준 답안을 준비해놓았고, 억지로라도 외국인 동기, 동료들과 밥을 먹었다. 또 일대일로 구단에서 같이 일하는 동료들을 서서히 알아가면서 관계를 만들어나갔다. 인턴으로 일할 당시, 처음에는 경쟁하는 사이였다가 나중에 미디어 부서에서 동기생 겸 동료가 되어 다시 만난 친구가 있는데, 그 친구가 한번은 탄성을 내질렀다. "세상에, 너 영어 정말 좋아졌다. 예전의 너와는 그야말로 하늘과 땅 차이야!"

그후 나는 원하던 대로 프로 야구팀과 함께 일하게 되었고, 심지어 일반인은 만나볼 수도 없는 구단 총재와 근거리에서 대화도 여러 번 나누었다. 야구장 들어가는 걸 극도로 두려워하던 내가 야구 해설위원, 야구 캐스터들과 잘 알고 지내는 사이가 되었다. 석사 학위를 받은 그 날, 미네소타 트윈스의 주경기장 전광판에 "Congratulations, Jill Chang, on receiving your Master's degree is Sports Management."라는 문구가 떴고, 현장 캐스트의 멘트가 이어졌다. "우리 인턴 질 창의 스포츠 매니지먼트 분야 석사 학위 취득을 축하합니다!" 경기장 관중 전체가 나를 위해 자리에서 일어나 박수를 쳤고, 미디어룸이든 귀빈석이든 경기장 좌석 구역이든, 내가 가는 곳마다 내가 무슨 대단한 일을 해내기라도 한 것처럼 사람들이 내게 축하 인사를 건넸다. 나는 모르는 사람들이었지만, 그 사람들은 시즌 내내 가장 먼저 경기장에 도착해서 가장 늦게 경기장을 떠난 동양에서 온 한 여학생의 존재를, 이 학생이 경기가 더 재미있어지도록 열심히 노력해왔다는 사실을 알고 있었다.

미국 속담 중에 "어려움을 겪으면 더 강해진다What doesn't kill you makes you stronger."는 말이 있다. 내 내성적인 영혼은 여기저기 상처투성이가 되었지만, 이 모든 게 다 노력해서 얻은 훈장이었고 이 훈장은 더 많은 기회로 이어지는 티켓이기도 했다. 그때 생각했다. 전략을 찾아내서 포기하지 않고 노력해나가면 내성적인 사람도 화려하게 변신할 수 있다고!

04

직장 생활에서 내성적인 성격과
외향적인 성격은 전혀 다르다

직장은 당연히 전장이다. 국산 차를 몰게 될지 수입 차를 몰게 될지와 관련된, 저렴한 스테이크 체인점 '마이 홈 스테이크My Home Steak'의 스테이크를 먹게 될지, 유명 스테이크 맛집 '루스 크리스 스테이크 하우스Ruth's Chris Steak House'의 스테이크를 먹게 될지와 관련된 아수라장이다. 이 아수라장의 기준을 찾기는 어렵지 않다. 다들 밝은 성격에 재치 있는 말솜씨를 뽐내는 동료나 부하 직원을 좋아한다. 이 사람들이 다른 사람들과 쉽게 잘 어울리고, 중책을 맡기기에도 적합해 보이기 때문이다. 하지만 조용하고 차분한 성격에 말수가 적은 사람은 내근직을 맡게 되는 게 대부분이다. 내성적인 성격에 전문적인 능력을 갖춘 사람은 전문 기술직에 종사하게 되고, 그게 아니면 대부분 행정 업무를 맡는다. 당사자가 그 업무를 좋아하든 말든 그 업무에 소질이 있든 없든 상관없다.

성격이 다른 사람은 직장에서 어떤 모습으로 드러나게 될까? 외향적인 사람은 시끌벅적한 분위기를 좋아하고, 동작이 빠르며, 결정을 아주 빨리 내린다. 모험을 즐기고 자극이나 쾌감을 추구하며, 주도적으로 나서는 걸 좋아한다. 충돌을 두려워하지 않고 혼자 있는 걸 좋아하지 않는다. 내성적인 사람은 보통 심사숙고하고, 받아들일 수 있는 자극의 양도 적다. 신중하고, 경청하기를 좋아하며, 충돌을 피한다. 혼자 있어도 상관없다.

어떻게 봐도 외향적인 사람이 상대적으로 더 환영받기 마련이다. 하지만《머리사 메이어와 야후 구하기 Marissa Mayer and the Fight to Save Yahoo!》는 전 야후 CEO 머리사 메이어를 이렇게 묘사한다. 어린 머리사 메이어에게 피아노를 가르쳤던 선생님이 남달랐던 머리사의 이야기를 꺼낸다. "그 나이대 어린이들 대다수가 자기 자신에게만 흥미를 느끼는데, 머리사는 늘 다른 사람을 관찰했어요. 고등학생 시절에는 단상에 올라가서 같은 반 친구들에게 이야기하는 걸 좀 더 편안해했고, 그룹 안에서도 리더를 맡곤 했죠. 머리사의 대학 동창들 말을 들어보면 머리사는 늘 일에 매달렸지 사교에는 흥미가 없었다고 하더군요."

머리사 메이어는 전형적인 내성적인 성격의 소유자이고, 동시에 관찰자이자 리더이며, 일에 온 정신을 집중하는 사람이다. 나는 갑자기 머리가 확 트이는 느낌을 받았다. 내가 학창시절부터 이런 역할들이 몸에 배어 있던 사람이고 직장 생활을 시작한 지 여러 해가 지난 뒤에도 이런 역할들이 여전히 나의 일부분이었기 때문이다.

학교에서든 직장에서든 내가 가장 자주 듣는 평가는 '정말 착하고, 사리 분별을 잘하며, 아주 성숙한 편이다. 일은 참 효율적으로 잘 처리하는데, 너무 말이 없다'였다(보통 앞에 붙은 칭찬은 핵심이 아니다). 하지만 조용하고 부끄럼을 타는 성격과는 딴판으로, 나는 줄곧 마케팅 관련 일을 하며 커리어를 쌓아왔다. 마케팅 대상은 사람일 때도 있었고 어떤 생각일 때도 있었으며 프로젝트일 때도 있었다. 심지어는 국가 전체가 대상이 된 적도 있다. 내성적인 내가 앞에 나서야 했고 사람들과 관계를 맺어야 했다. 하다 하다 눈에 확 띄는 곳에 서서 나를 드러내 보이고 사람들의 호감을 사야 할 때도 있었다. 모두 내 원래 성격과는 완전히 배치되는 일이었다.

한 가지 더 알려드리자면, 나는 타이베이에 있는 모든 대형 호텔의 화장실 위치를 꿰뚫고 있다! 사교 행사에 참석하러 갈 때면 꼭 화장실에 들러 한숨을 돌려야 하기 때문이다. 중요한 회의나 행사만 있으면, 나는 사흘 밤낮을 긴장한 상태로 지내고, 기록이 남는 촬영, 녹음, 인터뷰가 있으면 마음을 졸이는 기간은 훨씬 더 길어진다. 어떻게 답변해야 할지 아무리 잘 알고 있어도 머릿속은 늘 순간적으로 백지장이 되어버린다. 이틀이나 지나야 그때 어떻게 답변하는 게 최선이었을 거라는 생각이 들곤 한다.

보통 사람들은 이런 우리를 두고 생각이 너무 많고 소심하다고, 반응도 느리고 부끄럼을 타니 같이 일하기 힘들다고 하지만, 사실 내성적인 사람은 에너지를 보충하는 방법이 외향적인 사람과 다른 것뿐이다. 외부의 자극에서 에너지를 얻는 외향적인 사람과는 달리, 내성적인 사람은 에너지를 회복하려면 혼자 있어야 한다. 사교장에서 기관총처럼 말을 쏟아내는 내성적인 사람, 말주변이 좋은 내성적인 사람을 본 적이 있다. 에너지를 끊임없이 분출하는 내성적인 사람도 있다. 하지만 결국 이 사람들도 하루 일을 마치고 나면 집에서 잠옷 차림으로 텔레비전이나 보고 책이나 읽고 싶다는 생각만 하게 마련이다.

개성의 차이가 불러온 내성적인, 외향적인 성격의 특징

내향성과 외향성의 차이는 직장 생활에서만 나타나지 않는다. 어쩌면 어린 시절 일상의 디테일에서도 그 차이를 똑똑히 구분해낼 수 있을지 모른다. 도라Dora와 네이선Nathan은 나이 차가 얼마 나지 않는 남매이다. 비슷한 유전자에 같은 생활환경에서 자랐다. 하지만 어려서부터 판이한 성격을 보였다. 네이선은 활달한 남자아이여서 무슨 게임을 하든 앞장서서 나서는 편이었고 다른 아이들과도 금세 한편이 되었다. 상대적으로 도라는 훨씬 내성적이었고 남동생이 놀이터에서 흥에 겨워할 때도 그 옆 모래판에서 혼자 잘 놀았다. 하지만 모래 장난을 치면서도 시시각각 남동생의 위치에 주의를 기울이는 등 네이선이 자기 시야 안에 있는지 확인했다. 엄마가 당부했기 때문에 도라는 늘 시간을 확인했고, 정해진 귀가 시간이 되기 전에 남동생을 불러서 동생과 자신의 물건과 옷을 정리한 뒤, 남동생을 데리고 집으로 돌아갔다.

성인이 된 뒤에도 이 남매의 이런 분업은 계속되었다. 네이선은 가족 식사 모임 분위기 돋우기, 사교 활동 잡기, 가게에서 사야 할 물건 규격 확인하고 흥정하기, 이웃과 인사 주고받기 등 도라가 부끄러워하는 일을 도맡아 처리했고, 도라는 하나하나 잘 마무리 지어야 할 일을 맡아 처리했다. 가족 식사 모임의 장소, 메뉴, 좌석 배치, 교통수단 등 네이선이라면 애초에 도망칠 일들을 도라는 늘 조용히 처리했다.

앞선 검사, 도라와 네이선 남매의 이야기에서 여러분은 아마 내성적인 사람과 외향적인 사람의 뚜렷한 특징적 차이를 발견했을 것이다.

• 내성적인 사람과 외향적인 사람의 특징적 차이

내성적인 사람	외향적인 사람
• 혼자 있는 시간에 에너지를 얻는다.	• 다른 사람과 함께 있을 때 에너지를 얻는다.
• 관심의 초점이 되는 걸 피한다.	• 관심의 초점이 되는 걸 즐긴다.
• 모든 걸 다 생각해본 뒤 행동에 나선다.	• 행동하면서 생각한다.
• 사생활을 중시하고, 소수의 사람들과만 개인적인 상황을 공유한다.	• 좀 더 자유롭게 개인 상황을 공유한다.
• 말하기보다는 들으려고 한다.	• 듣기보다는 말하려고 한다.
• 외부의 자극을 그다지 필요로 하지 않는다.	• 쉽게 지루해하고 외부의 자극이 있어야 한다.
• 모든 걸 다 생각해본 뒤에야 대답을 내놓는다. 좀 느린 호흡을 좋아한다.	• 대답이 빠르고, 좀 빠른 호흡을 좋아한다.
• 넓이보다는 깊이를 중시한다.	• 깊이보다는 넓이를 중시한다.
• 쉽게 방해받는다.	• 쉽게 한눈을 판다.
• 서면 소통을 선호한다.	• 구두 소통을 선호한다.
• 혼자서 일하기를 즐기고 그런 일을 잘한다.	• 단체 안에서 다른 사람과 일하는 걸 즐긴다.
• 한 글자 한 문장 숙고해서 신중하게 의사를 표현한다.	• 자기 느낌을 아주 빨리 말한다. 사람을 끄는 힘과 드라마틱한 효과를 발현해가며 의사를 표현한다.
• 디테일을 중시한다.	• 복잡하지 않은, 쉽게 얻은 정보를 좋아한다.
• 길고 복잡한 결정 과정 중에도 쉽게 집중도를 유지한다.	• 길고 복잡한 결정 과정에서 쉽사리 피로를 느끼고 인내심을 잃어버린다.

참고 : • 폴 티거Paul D. Tieger, 바버라 배런Barbara Barron, 켈리 티거Kelly Tieger, 《나에게 꼭 맞는 직업을 찾는 책》
• 도리스 메르틴Doris Martin, 《혼자가 편한 사람들 : 내성적인 당신의 잠재력을 높여주는 책》
• 로리 헬고Laurie Helgoe, 《은근한 매력 : 내성적인 사람이 성공하는 자기관리법》
• 실비아 뢰켄Sylvia Löhken, 《조용한 사람 큰 영향》

• 30분 정도 일찍 출근하거나 30분 정도 늦게 퇴근하는 걸 좋아한다. 그 시간이 '그나마 좀 조용해서 일을 제대로 할 수 있는 시간이기 때문이다.'

• 블로그, 페이스북에 올린 글에서는 유머와 재치가 느껴지는데, 온라인 대화방이나 작가와의 만남 등의 행사에서 보면 조용히 구석에 앉아서 미소를 지으며 다른 사람이 하는 이야기 듣는 걸 즐기거나 심지어 다들 주의하지 않을 때 먼저 빠져나간다.

• 기획서는 논리가 정연하고 구조가 완벽하며 인용 자료도 많은데, 회의 중에 갑자기 이름이 불려 대답을 해야 하는 때가 되면 어쩔 줄 모르는 모습이 전혀 딴사람 같다.

• 단상에 올라 프레젠테이션을 할 때는 생기발랄하고 활력이 넘쳐 박수갈채를 받는데, 공개적으로 칭찬을 들으면 아예 입도 못 여니 꼭 일부러 자기 능력을 부인하려는 것만 같다.

• 100쪽이나 되는 계약서를 짧은 시간에 살펴보면서도 가장 디테일한 실수를 잡아낸다.

• 퇴근 뒤 동료와 식사하고 노래방에 가서 놀거나 술을 마시기보다는 집에 틀어박혀서 조용히 차를 마시고, 책을 읽으며 재충전하는 걸 좋아한다.

• 아이를 데리고 공원에 가서 놀 때, 다른 부모들과 육아 지식을 나누는 시간보다는 아이 옆에서 혼자 책 보는 시간이 더 길다.

• 한 동네에서 십수 년을 살고도 알고 지내는 이웃은 한두 명밖에 없다. 그리고 알고 지낸다는 것 역시 쓰레기 버리러 갈 때 만나면 인사하는 정도이다.

내성적인 성격의 특징 이해하기

내성적인 성향은 타고나는 거라고 보는 사람이 있는가 하면, 내성적인 성향은 바꿀 수 있다고 확신하는 사람도 있다. 과학적인 관점에서 보면, 지금도 여러 가지 설이 있지만 선천적인 영향과 후천적인 영향 모두 관련이 있다는 게 일반적인 인식이다. 데브라 존슨Debra Johnson 박사가 《미국정신의학회지American Journal of Psychiatry》에 연구 결과를 발표했는데, 양전자방출단층촬영PET을 활용해 내성적인 사람과 외향적인 사람이 대뇌 자극에 맞닥뜨렸을 때 나타나는 전도 현상과 반응을 관찰한 연구였다. 존슨 박사는 이 연구를 통해 내성적인 사람은 질문에 답변해야 하는 상황과 같은 외부적인 자극에 맞닥뜨리면, 외향적인 사람보다 더 많은 혈액이 대뇌를 향해 흐른다는 사실을 발견했다. 이는 내성적인 사람의 대뇌 활동이 더 활발해짐을 보여주는 것이고, 더 많은 혈액이 대뇌에서 내부, 기억, 문제 해결, 계획 등을 주관하는 부분으로 흘러간다는 뜻이기도 하다. 상대적으로 좀 더 길고 복잡한 혈액 이동에 해당한다. 다시 말해서 내성적인 사람과 외향적인 사람의 대뇌가 선천적으로 다르다는 것이다.

여기에 신경 전도 물질(도파민과 아세틸콜린에 대한 민감도와 수요 정도), 대뇌 신경 전도 경로(교감신경체계와 부교감신경체계 중 어느 게 우세를 점하는가), 자율신경계 중추신경의 기능 분석 등이 덧붙여진다. 신경 분석 박사 마티 올슨 래니Marti Olsen Laney가 《내성적인 사람이 성공한다》에서 제시한 결론에 따르면, 사람은 누구나 내향성과 외향성 이 두 가지 체계가 동시에 작동한다. 어느 체계가 우세를 점해 좀 더 자주 사용되는지 그 차이가 있을 뿐이다.

성장 환경, 사회적인 기대, 교육 방식, 가정과 직업 수요 등을 포함한 후천적인 요인도 훈련을 통해 한 사람의 내향성 또는 외향성을 강화할 수 있다. 도리스 메르틴은 《혼자가 편한 사람들 : 내성적인 당신의 잠재력을 높여주는 책》에서 이렇게 말했다. "생리적 요소와 심리적 요소가 아주 복잡한 상호 작용을 일으킨다. 만일 서른다섯 살인 당신이 내성적인 사람이라면, 당신에게 당신은 태어나면서부터 이런 사람이었다고 또는 과거 서른다섯 해 동안의 생활 경험이 당신을 이렇게 만든 거라고 아니면 둘 다 해당한다고 명확하게 말해줄 수 있는 사람은 아무도 없다. 하지만 확신할 수 있는 건 내성적인 특징을 유전자로 가진 사람이 정말 있다는 것이다. 그렇지만 유전자만으로 내성적인 성격이 되지는 않는다."

| 겉으로 드러나는 내성적인 사람의 특징 |

• 생각하는 데 시간이 좀 오래 걸리고, 말할 때 쉬어가는 시간도 좀 길며(대부분 새로운 정보와 과거의 경험, 감정적인 기억을 반복적으로 비교, 대조하고 있는 것이다), 작은 소리로 가만가만히 말한다.

• 말할 때 (정확한 단어와 표현 방식을 고르는 데 집중하다 보니) 눈빛을 많이 건네지 않는다. 다른 사람의 말에 귀를 기울일 때는 (정보를 흡수해야 하므로) 눈빛 교류가 잦아진다.

• 매사에 사전 준비하는 걸 좋아한다.

• 디테일에 집중하고 이런 걸 중시한다.

• 기억력은 아주 뛰어나지만, 기억을 돌이키려면 시간이 좀 걸린다.

• 구두로 설명하는 방식의 소통보다는 서면으로 소통할 때 자기 생각을 더 명확히 정리해낸다.

- 반성을 잘한다. 어떤 때는 심지어 과하게 반성하기도 한다.

- 생김새에 민감하지 않고, 얼굴을 잘 기억하지 못한다.

- 친구가 적지만 깊이 사귀는 편으로, 우정이 오래간다.

- 공개적인 상황과 사적인 상황에서의 모습이 좀 다르다.

이런 특징 때문에 내성적인 사람은 직장 생활에서 특유의 우위를 점하기도 하고 도전에 맞닥뜨리기도 하는데, 이 내용은 다음 장에서 설명한다. 여기서 일깨우고 싶은 점은 광범위하게 사용되는, 세심하게 분류된 MBTI 직업 성향 테스트도 사람을 열여섯 종류로 분류하는 정도인데, 인간의 심리적 특징은 절대로 열여섯 가지로 분류할 수 없다는 점이다. 이 책에서 이야기하는 내향성 또는 그 특징도 개론적인 설명이라 이걸 MBTI에서 I로 시작하는 분류에 속하는 모든 사람에게 100퍼센트 적용할 수는 없다.

"저는 내성적이라서 이래요." 또는 "저는 내성적이라서 그렇게 못해요." 이런 성급한 일반화는 위험할 뿐 아니라 내성적인 사람의 발전 가능성을 대폭 제한한다. 어쨌든 이 책의 가장 주요한 목적은 내성적인 사람이 자기 자신을 이해하고 더 나아가 직장 생활에서 모든 능력을 아낌없이 발휘할 수 있는 방법을 찾아내는 것이다.

05

내성적인 사람에게
적합한 일은 무엇일까?

내성적인 사람들로 구성된 외국의 수많은 페이스북 그룹에서 종종 흥미로운 이야기가 나온다. 최근 열띤 토론을 불러일으킨 이슈가 있는데, 한 대학생이 페이스북 그룹에서 이렇게 물었다. "저는 내성적인 사람인데, 앞으로 어떤 커리어를 선택해야 할지 고민 중입니다. 다들 어떤 일에 종사하시나요? 어떤 일을 해야 우리 같은 사람들이 장점을 발휘할 수 있을까요?"

나 자신이 얼마나 내성적인지 이해하고 난 뒤, 나 역시 내 천성에 맞는 일을 찾기 위해 적잖은 책을 찾아 읽고, 인터넷상의 논의도 열심히 찾아봤다. 2014년 〈포브스〉에서 인용한 구직 사이트 커리어캐스트CareerCast의 발행인 토니 리Tony Lee가 내성적인 사람에게 적합한 이상적인 일로 제시한 직업에는 지리학자, 파일 관리자, 법원 서기관, 소셜미디어 관리인 등이 있다. 평생교육 사이트에서는 '내성적인 사람에게 가장 적합한 56개의 직업'을 열거하고 앞으로 일자리가 창출될 직종 수와 평균 연봉까지 직접적으로 게재했다. 여기에는 개인 요리사, 사립 탐정, 패션 디자이너, 오디오 엔지니어, 커리어 컨설턴트 등이 내성적인 사람이 고려해볼 만한 일에 포함되어 있다.

이렇게 보면 내성적인 사람의 커리어는 앞날이 아주 창창해 보인다. 하지만 솔직히 말하면 그다지 도움이 되지는 않는 이야기들이다. 첫째, 일자리가 생길 거라고 제시된 많은 직업이 타이완에서는 아예 시장 자체가 크지 않고, 둘째, 여기 제시된 일자리 개수와 급여가 타이완 사람들에게는 참고 가치가 거의 없기 때문이다. 그 밖에도 이들 대부분이 전문성을 갖춰야 하는 직업들이다. 이는 시간을 들여 관련 능력을 쌓거나 자격증을 따야 한다는 뜻이다. 서른몇 살에 이직을 고려해야 하는 사람이나 커리어를 쌓고 있는 상황에서 자기 성격에 맞는 일을 찾아가려는 사람이 다시 진학해서 관련 능력을 쌓기에는 시간 비용이 너무 많이 들어간다.

앞에서 나온 그 네티즌의 질문에 사람들도 비슷한 답변을 내놓았다. 네티즌들이 내성적인 사람에게 적합한 일로 가장 많이 권유한 직업은 엔지니어, 애널리스트Analyst였고, 화가, 작가, 패션 디자이너, 실험실 연구원, 도서관 직원, 경호원, 트럭 운전사 등 그 능력을 순전히 운에 맡겨야 하거나 자격 조건이 까다로운 직업들이 뒤를 이었다. 문과생인 나는 숫자만 보면 머리가 멈추고 예술적인 소질이라고는 찾아볼 수 없는 데다 장거리 트럭 운전에 필요한 체력도 없다. 만일 정말 세상의 3분의 1이 내성적인 사람이라면, 이런 일들이 내게 떨어질 가능성은 거의 없는 것이다.

어떤 직업이 내성적인 사람에게 적합한 꿈의 직업인지는 그게 누구냐에 따라 달라진다. 내향성이라는 건 그냥 어떤 경향일 뿐이므로, 이걸 어떤 조건이나 한계로 봐서는 안 된다는 점을 기억해야 한다. 자신의 핵심 가치와 목표를 찾고 여기에 필요한 훈련이나 기술을 결합해야만 꿈의 직업에 다가갈 기회에 가까워질 것이다.

내적인 사고를 통해 자신의 핵심 가치와 목표 찾아내기

내적인 자극(가치감)을 중시하는 내성적인 사람은 우선순위를 배열할 때 핵심 가치가 능력보다 중요하다고 생각한다. 하지 않으면 안 될 중요한 일이 있다면, 낯선 사람을 찾아가 만나거나 전화를 해야 한다 해도 그게 아주 큰 문제가 되지는 않는다. 다만 늘 그렇듯이 핵심 가치를 찾아내는 게 쉬운 일이 아니다. 특히 동양 사회에서 어려서부터 '~해야 한다'는 말을 가슴에 새긴 채 자란 사람에게는 더 그렇다.

나는 과거에 적잖은 업계를 경험하며 다양한 역할을 시도해보았다. 개중에는 업무 환경도 좋고 하면서 즐거웠던 일들도 있었다. 꽤 괜찮은 수입을 올렸고, 타이베이 중심지에서 직장 생활을 하면서 고급 연회장을 들락거렸으며, 퇴근하면 백화점에 쇼핑을 하러 갔다. 그러던 어느 날 당시 남자 친구가 가만히 나를 상기시켰다. "너 예전엔 이런 거 중요하게 생각하는 사람 아니었잖아." 나는 그제야 화들짝 놀라며 내가 사회의 가치관 속에서 길을 잃어버렸음을 깨달았다. 다 지나가고 난 지금 그때를 돌이켜 보면, 당시 나는 마약이라도 한 사람처럼 감각적인 자극과 체험에 푹 빠져 있었다. 하지만 나중에 든 생각은 그런 삶은 내 것이 아니라는 것이었다. 설사 그렇다 해도 그때의 경험 덕에 나 자신의 핵심 가치를 더 잘 이해할 수 있게 되었기에 나는 지금도 그런 경험을 할 수 있었던 것에 감사한다.

과거의 경험을 합쳐 취업이나 이직을 준비하고 있는 많은 사람과 이야기를 나눠본 뒤, 심리학자 로리 헬고, '콰이어트 레볼루션'의 설립자이자 베스트셀러 작가인 수전 케인이 제안한 내용을 종합하면서, 나는 다음의 몇 가지를 생각해보는 것이 자기에게 적합한 일을 찾는 데 도움이 된다는 점을 깨닫게 되었다.

| 내성적인 사람이 취업 이전이나 전직을 앞두고 해보면 좋은 생각 |

• 어렸을 때 내가 뭘 좋아했는가?

어렸을 때 꿈이 선생님이었다면, 나누는 걸 좋아하고 다른 사람들보다 박학다식한 느낌을 좋아했던 걸까 아니면 단상에 올라 시선의 초점이 되어 주목받는 걸 즐겼던 걸까? 어렸을 때 꿈이 불도저를 모는 거였다면, 기계와 힘을 좋아했던 걸까 아니면 어떤 힘을 통제하는 느낌을 좋아했던 걸까? 어렸을 때의 꿈에서 출발하면 실마리가 조금 잡힐 수 있다.

• 어떤 일이 매력적으로 느껴지는가?

스포츠 매니지먼트 석사 학위를 밟던 시절, 내 논문 제목은 〈공익 활동이 스포츠 마케팅에 끼치는 영향)이었다. 나는 피곤도 잊은 채 즐거운 마음으로 공익과 자선 관련 연구 자료를 찾아보았고, 이 일이 변화를 가져올 거라고 진심으로 믿었다. 그 뒤 미국 주 정부에서 일할 때는 상사가 내게 보너스를 지급하려고 할 때마다 그 보너스를 비영리 조직에 기부해달라고 부탁하면서 내가 왜 그 조직에 기부하려고 하는지 설명했다. 상사가 이 일의 의미를 이해해주길 바랐기 때문이다. 당시의 나는 이미 내가 비영리 조직의 일을 좋아한다는 걸 알고 있던 게 분명하다. 다만 사회 주류의 가치가 담긴 소리가 내 내면의 목소리보다 컸을 뿐이다.

• 나는 뭘 부러워하는가?

어쩌면 당신은 슈퍼모델 케이트 모스Kate Moss의 몸매, 프로 운동선수의 수입, 대통령의 권력을 부러워할지도 모른다. 하지만 그렇다고 그걸 좇을 생각인가? 어떤 부러움은 그냥 연기처럼 사라져버린다. 정말 원하는 게 아니기 때문이다. 만일 강렬하게 동기 부여가 되었다면, 식이 조절을 해가며 몸을 만들고, 스포츠 산업에 접근하거나 정치에 뛰어들 방법을 찾아볼 것이다. 자신이 정말 부러워하는 일을 찾아보자. 그게 아마도 자신이 정말 하고 싶은 일일 것이다.

• 나한테는 어떤 소질이 있는가?

내가 힘들이지 않고 할 수 있거나 수월하게 하고도 칭찬을 들을 수 있는 일은 무엇일까? 어린 시절 피아니스트 왕위자王羽佳의 피아노 선생님은 그의 학습 속도에 놀랐지만, 왕위자는 '다들 이렇게 치는 거 아닌가?' 이렇게 생각했다고 한다. 여러 가지를 시도해보면서 자신이 잘하는, 게다가 좋아하는 일을 찾아보자.

꿈의 직업을 찾아가는 과정에서 단박에 성공하는 사람은 거의 없다. 심지어 평생 찾지 못할 수도 있다. 사실 우리가 먼저 확실히 알아둬야 할 건 나에게 꼭 맞는 맞춤형 일은 없다는 사실이다. 직장 생활을 하며 우리는 누구나 자신의 강점을 발견하고 이 강점을 살려서 살아남으려 한다. 바꿔 말하면, 핵심은 우리가 최대의 가치를 부여할 수 있는 일을 찾는 것이지 가장 편한 일을 찾는 게 아니라는 것이다. 곰곰이 생각해보면, 이건 사실 내향성이나 외향성과는 관계가 없다. 만약 당신이 가진 어떤 재능과 어떤 특징이 마침 어떤 직위에서 필요한 조건과 맞아떨어진다면, 더더군다나 당신도 마침 그 일을 아주 좋아한다면, 그게 바로 꿈의 직업이다. 그렇지만 그보다는 많든 적든 우리가 우리 자신을 그 일이 필요한 조건에 맞게 조절해야 하는 경우가 훨씬 더 많다. 게다가 꿈의 직업이라는 것도 변할 가능성이 있다. 사회에 갓 진입했을 때 가졌던 이상이나 세웠던 목표가 5년에서 10년 뒤 자신이 생각조차 해보지 못했던 모습으로 바뀔 수 있다. 미국의 전 재무장관 로런스 서머스Lawrence Henry Summers가 당시 수석 참모였던 셰릴 샌드버그Sheryl Sandberg에게 한 말처럼 말이다. "누가 로켓에 올라탈 기회를 주면, 바로 올라타세요. 어느 자리에 앉게 될지부터 따지지 말고." 지금은 페이스북의

COO(최고운영책임자)를 맡고 있는 셰릴은 이렇게 권한다. "커리어를 너무 세세하게 계획하면 좋은 기회를 놓치게 됩니다. 왜냐하면 이 좋은 기회들이 아직은 만들어지지 않은 기회들이기 때문이죠."

내성적인 사람들 다수가 완전히 독립적으로 할 수 있는 일을 찾고 싶어 한다. 심지어 자신은 그런 일만 감당할 수 있다고 생각하는 경우도 있는데, 사실 독립적으로 하는 일이라고 해서 결코 소통이 덜 필요한 게 아니다. 독립적으로 일하는 엔지니어도 동료나 다른 부서, 고객들과 소통해야 한다. 온종일 혼자서 일하는 화가와 작가도 창작에 매달릴 때는 조용한 장소에서 조용한 시간을 보낼 수 있지만 일단 전시회를 열게 되면, 작품을 홍보해야 하는 때가 되면, 심지어 스폰서를 찾아야하는 때가 되면 얼굴을 내비쳐야 하는 공개적인 자리나 식사 모임에 참석해야 한다.

보기에는 가장 독립적인 소호족(SOHO족, Small Office Home Office족)도 직접 영업을 뛰어야 하고 일할 때는 고객과 무엇이 필요한지 의견을 주고받아야 하며 수시로 작업을 수정해야 한다. 마지막까지 인간관계를 잘 맺어놓아야 그 인맥을 통해 다음 프로젝트를 맡아 성공적으로 자금을 따낼 수 있다. 일의 내용과 관련된 다른 사람과의 논의라든가, 세금 관련 업무 처리라든가, 회계 등 영업 이외의 부분은 이야기도 하지 않은 게 이 정도이다. 경호원, 도서관 직원은 더 말할 것도 없다. 업무 이외의 시간이나 학교 수업 끝나고 홀hall이나 도서관 사무실에 갔다가 출퇴근하는 직장인으로 살아야 그나마 좀 내성적으로 지낼 수 있다는 생각을 하게 될지도 모를 일이다.

좀 우울해지는가? 정말 그럴 수도 있지만 그나마 다행인 것은 세상에 외향적인 사람에게 딱 맞는 일도 없는 건 마찬가지라는 점이다. 아무리 대단한 슈퍼 영업맨도 차분하게 전략을 짜고 카드를 쓰거나 보고서를 읽어야 한다. 말을 청산유수처럼 쏟아내는 자기계발 강사의 가장 중요한 내공은 사실 단상에 오르기 전 강의 내용을 세심하게 설계하고 수없이 반복 연습하는 데 있다.

나를 사례로 들어보자. 나는 줄곧 연결하는 일을 해왔다. 구단과 선수를 연결하고, 자금과 기회를 연결하고, 공급과 수요를 연결하고, 기부자와 기부받는 사람을 연결해왔다. 직함이 영업 담당자로 소개된 명함을 받아본 적은 없지만, 나는 줄곧 일정 정도 마케팅을 해왔다. 사람과 프로젝트처럼 형태가 있는 것이든 기회와 효과, 이익처럼 형태가 없는 것이든 상관없이 나는 이것저것 참견하기 좋아하는 중매쟁이처럼 아무 관계없는 양쪽을 하나로 모아 그들이 협력하게 하는 일을 해왔다. 어쩌면 이미 눈치챘을지도 모르지만, 이는 내가 공급하는 쪽과 수요가 있는 쪽을 모두 찾아내야 하고 이들을 연결해야 한다는 뜻이다. 슈퍼 울트라 외향적인 일인 것이다. 하지만 나는 내 방식으로 살아남았고, 사람들이 내게 어떻게 해냈느냐고 묻기 시작했다.

내성적인 사람들이 모인 페이스북 그룹에 질문을 올린 미국 대학생에게 나는 이렇게 대답해주었다. "내성적인 사람에게 적합한 일은 없지만, 당신에게 적합한 일은 있답니다. 자신의 장점을 찾아보시고, 내성적인 자신을 꼭 안아주세요. 그러면 자신에게 맞는 일을 찾을 수 있을 거예요."

애덤은 어린 시절 대자연을 사랑했다. 시골에서 자란 애덤은 숲속에서 혼자서 몇 날 며칠을 지낼 수 있을 정도였다. 동물에 호기심이 많았는데, 특히 물고기에 관심이 많아서 모르는 종種만 보면 늘 열정적으로 관련 자료를 찾아보곤 했다. 다른 아이들이 만화책에 빠져 있을 때도 애덤은 벽돌처럼 두꺼운 어류도감을 제일 좋아해서 성경 외듯 달달 외울 정도였다. 나이가 들수록 이런 열정은 줄기는커녕 늘어만 갔고, 애덤은 순조롭게 어류를 전공한 생물학 박사가 되었다.

혼자 오랜 시간 대자연 속에 머물 수 있는 생물학 박사인 애덤의 커리어는 그 자신의 연구 대상과 닮아 있었다. 물고기가 물을 만난 듯 말이다. 하지만 경력이 쌓이고 직위가 높아져 관리직으로 승진한 뒤, 애덤은 컴퓨터 앞에서 보내는 시간은 점점 늘어나는데 대자연 속에서 보내는 시간은 점점 줄어든다는 사실을 깨달았다. 다른 사람과 함께 하는 시간은 점점 늘어나는데 어류와 함께 하는 시간은 점점 줄어들었다. 가장 좌절했던 점은 생물학 연구에 대한 열정으로 채워져야 할 곳이 점차 익숙하지 않은, 좋아하지도 않는 일들로 가득 채워졌다는 것이었다. 정치인들과 안면을 트고 그 사람들이 생태보육 정책을 지지하게 하는 데 상당한 시간을 바쳐야 했고, 기획서를 써서 스폰서로부터 연구 경비를 따는 데 온 신경을 써야 했다. 동시에 연구팀을 관리하는 일에도 몰두해야 했다.

심리학자 로리 헬고는 《은근한 매력: 내성적인 사람이 성공하는 자기관리법》에서 일을 크게 자연스럽게 할 수 있는 일Natural Work과 반드시 해야 하는 일Imposed Work 두 가지로 나눈다. 자연스럽게 할 수 있는 일이란 특기는 물론 하고 싶은 일도 포함한다. 가령 글쓰기를 좋아하면, 쓰는 게 너무 힘들 때도 블로그를 글로 채우고 매일 일기를 쓴다. 그런데 반드시 해야 하는 일은 자기 자신을 설득해야 하고, 심지어 그 일을 하도록 자신을 강제해야 한다. 이를테면 담판 짓는 걸 싫어한다 해도, 블로그 내용을 모아서 책으로 엮어 출간하려면 출판사와 조건을 협의해야 한다.

애덤의 업무 내용으로 보면, 자연스럽게 할 수 있는 일에는 야외 현지 조사, 연구가 포함되고, 정책 소통, 스폰서 확보와 팀 지휘는 반드시 해야 하는 일이다.

'지금 하는 일이 내게 적합한 일일까?' 이 문제를 생각하면서 동시에 일상적인 업무를 분류하여 자연스럽게 할 수 있는 일은 어떤 일이고 반드시 해야 하는 일은 어떤 일인지, 이 둘의 비율은 어느 정도인지, 조정 가능한지 살펴볼 수도 있다.

이 책이 계속 강조하는 개념은 '자신에게 적합한 일을 찾지 못하면 자신을 일에 적합한 사람으로 변화시키자'는 것이다. 이상적인 꿈의 직업이 없다면, 자신을 그 일을 해낼 수 있는 전사로 변모시키자!

06

스트레스 제로
환경 적응법

몇 년이 흐른 뒤 업무 경력을 돌아보다가 돌연 내 특기 중 하나가 험난한 업무 환경에서도 살아남는 것임을 깨달았다. 인사이동이 격렬한 자리도 내가 가면 비바람이 확 잦아들었다.

어쩌면 엉덩이가 무겁고 의자에 안정적으로 앉아 있다는 것이 비바람이 잦아든 원인이었을 수도 있다. 하지만 높은 충성도와 높은 스트레스 저항성이라는 겉모습 아래에는, 또다시 환경을 새로 바꾸고 싶지 않다는, 새 동료를 만나고 싶지 않다는 이유가 깔려 있었다.

'아니 뭘 그렇게 무서워해. 이유가 너무 황당하네.' 아마 이렇게 생각하겠지만 내성적인 사람이 새로운 업무 환경에서 어떤 도전을 마주해야 하는지 상상해보기 바란다.

| 내성적인 사람이 처음 새로운 환경에 처하게 되었을 때
마음속에서 열리는 소극장 공연 |

• 새로운 문화, 새로운 친구를 마주하면서 큰 스트레스를 받는다

한번은 채용이 확정되고 나서, 사무실 부근에 잠복해서 동료들의 옷차림 스타일을 관찰했다. 입사 첫날 혼자서 옷차림이 확 튈까 봐 그걸 피하고 싶었던 것이다. 내성적인 사람은 특히 외모에 민감하지 않은데, 인사 담당자가 나를 데리고 가서 새로운 동료들을 소개해줄 때 아무리 최선을 다해도 사람들 대부분의 얼굴을 기억하지 못하기 일쑤다.

• 개방적인 공간이 주는 스트레스가 크다

요즘 개방적이고 투명한 사무 공간을 강조하다 보니, 공간에 숨어서 일하는 걸 좋아하는 내성적인 사람으로서는 말 못 할 스트레스를 받게 된다. 다들 바쁜 것 같은데, 그러면서도 또 나를 관찰하고 있는 듯한 느낌이 드는 것이다.

• 생각해봐야 할 디테일이 너무 많다

복사기는 어떻게 사용하는지, 커피가루는 어디에 두는지, 테이프 커터기의 테이프를 다 쓰면 어디 가서 받아와야 하는지……. 디테일을 중시하는 내성적인 사람은 대답이 필요한 질문을 수천수만 개 갖고 있는데, 이 질문을 밝게 웃으며 수월하게 입 밖으로 낼 방법이 없다. 내성적인 사람은 혼자 있을 때 에너지를 얻는 데 익숙하기 때문에 점심시간

내성적이지만 인싸 직장인입니다

에 혼자 쉬면서 에너지를 얻고 싶은데, 첫날부터 혼자 밥 먹으면 괴팍한 사람으로 보이지는 않을지 걱정스럽기만 하다. 더더군다나 동료가 같이 밥 먹으러 가자고 하면 나가지 않을 수 없다.

• 수시로 회의에 참석해서 토론하면 쉽게 긴장한다

회의에서 한 발언은 내가 쓸모 있는 사람임을 증명하는 가장 빠른 방법이다. 하지만 내성적인 사람은 무슨 일이든 많이 준비하고 싶어 한다. 다들 새로 온 사람은 가능한 한 많이 참석해야 빨리 분위기를 파악하고 감을 잡을 수 있다는 생각에 수시로 수많은 다양한 회의에 불러들이는데, 내성적인 사람은 하고 싶은 말이 있어도 머릿속이 백지장이 되어 온종일 잔뜩 긴장한 상태로 있게 된다.

이사를 하든, 일을 바꾸든, 심지어 이민을 가든, 매번 새로운 곳에 가면 내성적인 사람은 이런 난제에 부딪힌다. 이해심이 있는 외향적인 동료나 옆자리 동료가 잡아끌어 주지 않는 한, 대부분의 경우 내성적인 사람 혼자서 이런 문제를 극복해나가야 한다.

이런 난제를 좋아하지 않는다는 게 그걸 극복할 수 없다는 뜻은 아니다. 내성적인 사람이 마주하게 되는 새로운 환경 속의 난제를 귀결해보면, 이 난제들을 돌파할 지점은 친구를 사귀고, 도드라진 업무 능력을 보여주고, 눈에 띄는 것에 있다. 이 세 가지 중점 사항을 완성하면 대부분의 과제를 해결하게 되는 것이나 마찬가지이다.

일단 친구 한 명 사귀는 데서부터 시작한다

회사에서 성장 책임자Head of Growth로 일하는 내성적인 직장인 파이
잘 알 칼리디Fisal Al-Khalidi는 〈새로운 도시로 이사하기: 내성적인 사람이
30일 만에 새 친구를 200명 이상 사귀는 방법 Moving to a New City: How an
Introvert Made 200+ New Friends in 30 Days〉이라는 글에서 새로운 환경에 적응하
는 첫 단계는 마음가짐을 바꾸는 것이라고 언급한다. 사실 당신도 내내
이렇게 자신을 훈련해왔을 것이다. 그러지 않은가? 매번 새로운 반에,
새로운 그룹에, 새로운 사무실에 들어가게 될 때마다, 무서워하지 말고
적극적으로 다가가서 말을 걸자고, 냉담하게 거절당해도 두려워하지
말자고 열심히 자기 자신에게 말할 것이다.

이제 막 새로운 환경에 들어간 내성적인 사람에게 처음부터 인산인
해에 대응할 방법은 없으니 일단 친구를 한 명 사귀라고 권하고 싶다!
한 명이면 된다. 잠시 자신의 유리 멘탈을 보호하고 나서 가장 친절해
보이는, 코드가 가장 잘 맞을 것 같은 사람을 찾아보라. 그 사람을 바탕
으로 천천히 다른 동료들을 알아나가면서 팀 안의 권력 구조와 모든 세
세한 부분을 학습해나가는 것이다.

이렇게 말해놓고 보니, 새로운 회사에 가도 그다지 무서울 게 없을
것만 같다.

하지만 낯설고 물선 외국에서 일하게 되면, 내성적인 사람은 어떻
게 해야 할까? 컨버전 랩Conversion Lab 사이트[3)]의 발행인으로 싱가포르,
일본, 중국 상하이에서 일한 적 있는 엘사 호Elsa Ho는 인터뷰에서 온라

인 그룹을 적절히 이용해서 맡은 업무 성격이 같거나 취미가 같은 사람을 찾아보라고 했다. 이런 종류의 활동이야 당연히 적잖이 있다. 하지만 역시나 내성적인 사람인 엘사는 많은 사람이 참여하는 활동에 직접 참여하기보다는 딱 한 사람을 찾아내서 이야기를 나누는 편이라고 한다. 내성적인 사람에게는 일대일 접촉이 훨씬 더 효율적이다.

파이잘도 운동, 자원봉사 활동, 동창회 참석, 이웃이나 룸메이트와 친하게 지내는 방식을 통해서도 교우 범위를 효과적으로 확대할 수 있고, 이 모든 것들이 새로운 도시에서 멋진 첫걸음을 내딛는 데 도움이 된다고 언급한다.

복습, 사무실 안에서 '안면인식장애'가 불러올 곤경에서 벗어나는 길

《내성적인 사람이 성공한다》에 이렇게 쓰여 있다. "내성적인 사람은 사실 외모를 잘 기억하지 못한다." 나만 봐도 정말 그렇다. 매번 영화를 볼 때마다 외향적인 룸메이트는 내게 이렇게 묻는다. "저 배우가 누구인지 알아보겠어?" 룸메이트는 머리를 쥐어짜내는 내 모습에 '웃음보'를 터뜨리곤 했다. 영화배우 얼굴 못 알아보는 건 괜찮지만, 새로운 회사에 가서 동료를 못 알아보면 정말 난감해진다. 특히 어제 막 인사 나눠놓고 오늘 깨끗이 잊어버리는 경우가 그렇다.

---

3 컨버전 랩 사이트는 경험 디자인Experience Design에 열정을 가진 일군의 산업 전문가들이 2013년 창립한 곳이다. 뛰어난 사용자 경험을 통해 전환율을 높이고 사업과 사이트가 큰 효과를 거둘 수 있기를 희망한다.

사실 내성적인 사람이든 외향적인 사람이든 실상 대부분의 사람은 이름을 잘 기억하지 못한다. 신경학자의 연구에 따르면, 대뇌에서 고유 명사와 기타 정보를 처리하는 방식이 다르기 때문이라고 한다. 외모와 이름 두 가지를 연결하는 건 두 가지 시스템을 교차 비교한 뒤 종합하는 것과 마찬가지이다. "'회의에서 발언한' 사람의 이름은 '마크'이다."처럼 말이다.

자신에게 무엇이 필요한지 명확히 인식할수록, 더 쉽게 도움을 받을 수 있다

뉴욕대학교 경영대학원 부학장을 지낸 엘리자베스 모리슨Elizabeth Wolfe Morrison의 연구에 따르면, 새로 들어온 직원이 질문을 많이 할수록, 도움을 자주 요청할수록 그 직원의 업무 성과가 좋아진다. 하지만 새로운 환경에서 질문한다는 게 내성적인 사람에게는 좀 난이도가 있는 일이다 보니 내성적인 사람은 보통 여러 측면을 신중하게 고려한다. 예를 들면 '이 일은 누구한테 물어야 좋을까? 그 사람한테 너무 방해되는 건 아닐까? 지금 급하게 처리해야 할 일이라도 있는 건 아닐까?' 하지만 사실 새로운 동료들에게 자기소개하는 김에 앞으로 질문할 게 있으면 물어봐도 되냐고 하면, 보통은 다들 그러라고 하거나 누구에게 물어보면 좋을지 알려준다.

질문하기 전에 자신이 뭘 묻고자 하는지 정확하게 알고 있을수록 도움을 쉽게 얻을 수 있다는 점에 주의하자. "시즌별 매출 보고 시스템은 어떻게 사용하는지 물어봐도 될까요?"보다는 "시즌별 매출 보고 양식 관련해서 질문이 있는데요. 이해하려면 5분에서 10분은 걸릴 텐데 어느 분한테 물어봐야 할까요?" 이렇게 묻는 게 낫다.

듣기 좋은 말은 못 해도 자기 생각은 표현할 수 있다

직설적으로 얘기하자면, 내성적인 사람은 보자마자 눈에 확 띄는 그런 타입은 아니다. 좋은 소식이 있다면, 그래도 외향적인 상사는 우리가 쓸모 있는 직원이라는 사실을 안다는 점이다. 내성적인 사람한테는 귀 기울여 듣는다는 장점이 있는데, 이는 파이잘이 열세를 역전시키고 자신감을 갖게 된 방법이기도 했다. 진심으로 경청하는 태도에 내성적인 사람이 흔히 가진 예리함을 더하면 아주 멋들어진 대답을 내놓을 수 있고 의미 있으면서도 인상적인 대화를 나눌 수 있다.

나와 가까운 젊은 두 여성을 예로 들어보자. 한 사람은 외향적이면서 활달하고 다른 한 사람은 내성적이면서 조용하다. 그런데 매번 같이 사교 활동에 참석하고 나면 애프터 요청을 받는 쪽은 다 내성적인 여성이다. 놀랍지 않은가! 외향적인 여성은 늘 내성적인 여성이 상대적으로 질문을 잘 던지는 편이다 보니, 이 여성이 입 밖으로 내는 말을 듣다 보면 상대방이 '이 사람은 정말 나를 이해하고 싶어 하는 사람이구나' 이런 느낌을 받게 되는 거라고 생각한다. 자기 말만 하고 휙 사라지는 외향적인 사람과 달리 말이다.

직장 생활을 해본 사람은 누구나 안다. 회의 때 말 잘한다고 해서 그게 근사한 성과표로 돌아오는 건 아니라는 사실을 말이다. '멋들어지게 말하기'에서 내성적인 사람이 좀 손해를 보는 건 사실이다. 하지만 일단 상사를 믿어보자. 외향적인 상사 몇 사람에게 물어봤더니, 사실 팀에 내성적인 사람이 있어서 참 고맙게 생각한다며 그 이유를 이렇게 말했다. "내성적인 사람들은 세심하니까 생각도 좀 깊고 멀리 볼 줄 알잖아요."

상사들은 거기까지 그냥 놀면서 올라간 사람들이 아니다. 이 사람들은 상황을 종합해서 비교적 정확히 본다. 하지만 소극성을 적극성으로 변모시키고 싶다면, 당연히 상사의 선의가 깃든 시선만 기다려서는 안 된다.

혁신적인 서비스 회사 마인드젯Mindjet의 부사장 맷 채프먼Matt Chapman은 클라우드 소프트웨어가 바로 내성적인 사람이 두각을 나타낼 수 있는 계기가 되어줄 수 있다고 본다. 이런 시대에 태어난 우리로서야 당연히 이를 놓쳐서는 안 된다. 이를테면 비즈니스 중심의 소셜네트워크 서비스 링크드인LinkedIn을 활용하면 계속해서 사교 모임에 참여하지 않고도 전문가 인맥을 확대할 수 있다. 클라우드를 이용해 자료를 공유하고 의견을 내세우면 시끄럽고 혼잡한 회의실을 비집고 들어가서 자기 생각을 큰 소리로 말할 필요가 없다. 맷은 이런 말도 했다. "내성적인 사람은 이런 방법을 통해 훨씬 더 효율적으로, 더 편안한 방식으로 창의성을 내보일 수 있습니다. 스무 명이 빽빽이 둘러앉은 회의실에서 머리를 쥐어짜가며 내놓은 아이디어가 다 가장 뛰어난, 가장 혁신적인 아이디어라고 할 수는 없는 건 확실하죠."

예를 들어 타이완 사람들은 보편적으로 라인LINE을 사용한다. 연장자급 상사들도 흔히 습관적으로 사용하기 때문에 라인은 내가 주로 쓰는 소통 도구가 되었다. 과거에는 전화하기 전이면 늘 몇 번이나 깊게 심호흡을 했지만, 지금은 그냥 글자만 입력하면 된다. 내용을 고칠 수도 있고 이모티콘까지 붙일 수 있으니 심호흡 같은 건 아예 할 필요도 없다. 상대의 취향, 가치관을 알아보고 싶다면, 페이스북 친구 신청을 하면 어느 정도 알 수 있다. 깊은 대화도 필요하지 않고, 소통 속도는 예전보다 백 배는 빠르며, 텍스트를 통해 직접적으로 상대방을 이해할 수 있다. 물론 과학기술이란 도구에 지나지 않는다. 선결 조건은 결국 자신의 실력이다.

수동적으로 이름이 불리느니
충분히 준비해놓고 알아서 출격하는 게 낫다

아무리 실력이 뛰어나도 눈에 띄어야 하는데, 이럴 때는 과학기술의 도움도 제한적이다. 내 경험에 따르면 실적처럼 명확하게 수치화할 수 있는 지표 말고 눈에 띌 수 있는 가장 효율적인 방법 중 하나는 상사 관리이고, 다른 하나는 업무 관련 프레젠테이션을 멋들어지게 해내는 것이다.

나는 정기적으로 혹은 부정기적으로 시간을 정해 상사와 일대일로 업무 진도, 앞으로 진행할 일에 대한 생각과 계획을 보고했다. 내성적인 사람에게는 이런 일대일 면담이 상대적으로 통제하기 쉽다. 첫째, 준비를 할 수 있다. 둘째, 뭇사람들의 시선을 피할 수 있다. 셋째, 깊이 있는 논의를 할 수 있다. 나와 함께 일한 경험이 있는 외형적인 상사들도 이런 방식을 아주 좋아했다. 부하 직원인 내가 도대체 무슨 일을 하고 있는지 제대로 살펴볼 수 있었기 때문이다.

프레젠테이션은 상사에게 보여주는 것이기도 하지만, 동료들이 당신을 어떻게 볼지에도 영향을 끼친다. 내성적인 사람이 단상에 올라가면 쉽게 긴장한다는 건 맞는 말이지만, 연습하고 준비해서 극복할 수도 있다. 무슨 심오한 학문이나 기술이 필요한 게 아니다. 그냥 시간을 충분히 들여서 준비하고, 친구들에게 의견을 달라고 하면 보통은 효과가 난다. 물론 강연 수준으로까지 가면 문제가 또 달라지기는 하지만 말이다.

아주 인상적으로 기억에 남은 사례가 있는데, 프레젠테이션의 일인자 왕융푸王永福 강사가 청방문화출판사城邦文化出版集團의 허페이핑何飛鵬 사장에게 제안을 하고 나서 성공을 굳히는 열쇠가 되어준 대화이다. 왕융푸는 이렇게 말했다.

"사장님의 책을 읽고 아주 큰 영향을 받았습니다. 사인을 해주실 수 있는지요?"

"물론입니다. 이 책의 어느 부분을 가장 좋아하시는지요?" (허 사장은 편하게 물었다.)

"○○쪽의 이 이야기를 가장 좋아하는데(곧장 해당 쪽으로 책을 넘기며), 제 ○○와 ○○ 등 다방면에 영향을 끼쳤지요."

이런 행동은 허 사장에게 깊은 인상을 남겼고 이후 두 사람의 협력으로 이어지기도 했다. 하지만 허 사장이 몰랐던 부분은 왕융푸가 집에서 이 질문에 대한 답을 예습해두었다는 것, 이쪽으로 책을 넘기는 연습까지 해두었다는 것이다. 가장 좋아하는 부분은 물론이고 두 번째로, 세 번째로 좋아하는 부분까지 다 준비해놓고, 미리 해당 쪽들을 접어놓았으며, 허 사장에게 사인해달라고 요청할 모든 책을 다 이렇게 해놓았던 것이다.

외향적인 사람의 청산유수 같은 말솜씨가 대포라면, 내성적인 사람의 세심함과 침착함은 저격수이다. 겸손하고 진지하면서도 힘 있는 태도로 열쇠가 되는 사소한 부분에서부터 전체 상황을 바꿔버리는 것이다.

무서워하지 말자. 다들 마찬가지니까

최근 외향적인 친구와 이야기를 나누다가 뜻밖에 알게 된 것이 있다. "너무 외향적인 것도 사교나 직장 생활에서 장애가 될 수 있어. 너희 내성적인 사람들만 연습이 필요한 게 아니라니까." 나는 이 말을 듣고 매우 놀랐다. 그게 가능하기나 한 일인가? 외향적인 사람도 연습이 필요하다니? 무슨 연습을 해야 한다는 거야? 친구가 되물었다. "필사적으로 호의를 내비치면서 어떻게든 너와 친해지고 싶어 하기는 하는데, 좀 과하다는 생각이 드는 사람 만나본 적 없어?"

나는 그 순간이 되어서야 깨달았다. "그렇다니까. 너희 내성적인 사람들만 연습이 필요한 게 아니야. 외향적인 사람도 연습이 필요하다고." 이 사회에서 사람들은 누구나 사회화된다. 다들 사회의 관행 아래에서 어떻게 자기 자신으로 살아갈지 연습하고, 자기만의 방식으로 다른 사람에게 받아들여지는 연습, 심지어 사랑받는 연습을 하는 것이다.

그러니 무서워하지 말자. 새로운 환경, 새로운 친구, 새로운 일……. 다 괜찮다. 우리 같이 연습하자.

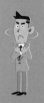

내성적인 사람의
인간관계 공방전

01

양보다는 질을 중요시하는
내성적인 사람의 인간관계

어렸을 때, 이런 놀이가 있었다. 반 전체 학생들이 동그란 원형으로 자기 의자에 앉아 정해진 리듬에 맞춰 손뼉을 치고 책상을 쳤다. 왼손을 들어 자기 이름을 말하고 다시 오른손을 들어 다른 친구를 가리키며 이름을 불렀다. 이름이 불리면 이걸 계속해야 했다. 이름을 부르지 못하거나 리듬을 따라가지 못하면 벌칙을 받았다.

내가 아주 처참하게 진 적이 한 번 있다. 실은 놀이를 시작하기 전에 벌칙을 받지 않으려고 미리 만반의 준비를 해두었다. 내 이름이 불리기라도 하면 다음으로 누구 이름을 부를지 일찌감치 생각해놓고 마음속으로 계속 되뇌었다. 갑자기 이름이 불렸을 때 바보같이 넋이 나간 채로 있지 않으려고 그런 것이다. 반 전체의 시선이 쏠리면 머릿속 전원이 강제로 꺼지는 게 내성적인 사람의 특징 중 하나이니 말이다. 처음에는 놀이가 아주 순조롭게 진행되었다. 그러다 내가 '속으로 점찍어둔 친구'가 갑자기 울기 시작했고, 선생님이 잠시 놀이에서 그 친구를 빼기로 하셨다. 아니나 다를까 그 친구가 울먹이면서 자리로 가 앉는데 내 이름이 불렸고, 나는 무의식적으로 그 친구 이름을 부르고 말았다. 내 첫 패배였다. 그 뒤 내가 같은 사람 이름밖에 부를 줄 모른다는 사실을 알게 된 반 친구들은 나를 향해 연이은 공격을 퍼부었고 나는 고장난 로봇처럼 이미 놀이에서 빠진 친구의 이름만 불러댔고, 계속 벌칙을 받았다.

'너무 바보 같은 거 아냐? 뭐 하러 그렇게 버텨?' 어쩌면 이렇게 생각할지도 모르지만, 내성적으로 설정된 나는 이런 놀이를 하면 가장 친한 친구 이름을 부를 수밖에 없었고, 내 가장 친한 친구는 딱 한 명뿐이었다.

잡담 떨기 전에 일단 '제대로 준비하기'

"출근할 때, 건물 경비원 만나면 어떻게 하세요? 전 눈 마주치면 어떻게 인사해야 할지 매일 걱정이에요."

"방법을 알려드릴게요. 기선을 제압하세요. 먼저 경비원한테 안녕하시냐고 인사하면 그분이 받아서 인사하실 텐데, 그 틈을 타서 빠른 걸음으로 지나가는 거예요."

"만일 경비원이 저한테 계속 말 붙이면 어떻게 하죠?"

"흠…… 그건 저도 아직 돌파하지 못한 부분이네요."

나와 한 엘리트 여성이 나눈 대화이다. 이 말을 입 밖으로 내지 않았으면, 창업을 하고 새롭게 만든 팀을 이끄는, 영업 개발 능력이 엄청난 그녀가 건물 경비원과 인사하는 것 하나 어쩌지 못한다는 사실을 아는 사람은 아무도 없을 것이다.

내성적인 사람에게는 준비되지 않은 상황에서 다른 사람과 인사 나누고 어울리는 게 맨발로 지뢰 구역을 밟고 지나가는 것과 마찬가지로 다가온다. 어쩌면 "오늘은 좀 늦게 오셨네."라는 아침 식사 파는 가게 사장님의 말 한마디나 "어제 뭐 했어? 오늘 왜 이렇게 피곤해 보여?"라고 묻는 옆자리 동료의 말에 내성적인 사람들의 마음속에서는 소극장 공연이 이어질지도 모른다. '세상에! 사실대로 말해줘야 하나? 이렇게 짧은 시간에 대충 넘어가려면 어떻게 해야 할지 아무 생각도 안 드는데. 하지만 집에서 나오기 전에 남편과 싸웠다는 이야기를 가게 사장님에게 하고 싶지는 않다고! 지금 이미 분위기가 좀 굳어졌는데, 내가 계속 입 닫고 있다가는 사장님이 나를 정말 어울리기 힘든 사람이라고 생각하시지 않을까? 어떻게 하지? 얼른 생각 좀 해봐!'

내성적인 거로는 베테랑급에 오른 나 같은 사람에게는 잡담에 대응하는 표준 운영 절차가 있다. 가령 "그러게요."라며 빠른 걸음으로 슬그머니 사라지는 것이다. 보통은 곧장 대화에 마침표를 찍어버리지만, 우리 같은 사람이 마침표 찍는 것보다 더 두려워하는 건 제한된 에너지를 경비원이나 아침 식사 가게 사장님, 헬스장의 열정 넘치는 이웃들에게 쓰는 것이다.

그렇지만 동료나 친구에게 같은 방법을 써서는 안 된다. 제한된 경험으로 보건대, 마침표의 일인자치고 보통 끝이 좋은 경우가 없다. 특

하나 직장 생활에서 마침표의 일인자는 손에 공연장 핵심 구역에서 멀어지게 될 편도 티켓을 꼭 쥐고 있는 것과 마찬가지다. 그러면 내성적인 사람의 숙제는 어떻게 다른 사람이 이 사람이 능력도 넘치고 아주 재미있는 사람인데 말을 너무 많이 걸지는 말아야겠다고 생각하게 할 것인지로 바뀌게 된다.

내가 말하는 '친구'란

내가 정의하는 친구는 어쩌면 일반인들의 정의와는 좀 다를지 모른다. 나는 사람들이 얼굴 한 번 본 사람을 '친구'라고 부르거나 인사 나눈 지 30분밖에 되지 않은 사람과 단짝처럼 잘 지내는 모습을 보고 전부터 정말 의아했다. 하지만 점차 사회화를 거치면서 나도 친구에 대한 여러 종류의 정의를 내리게 되었다.

직장 생활 중에 혹은 영업을 뛸 때, 누군가를 가리켜 내 친구라고 할 때의 친구란 만나본 적은 있지만 접점이 많지는 않은 사람이다. 어쨌거나 직장 생활에서의 핵심은 주말에 같이 나가서 노는 사이인가가 아니라 수요와 공급, 전문성, 신용이니 말이다. 사적인 상황에서 내가 소개해주고 싶은 친구가 있다고 말한다면, 그건 좀 친하거나 같은 관심사를 가진 사람을 말하고, 같이 이야기를 나누다 보면 서로 즐겁긴 하지만 아직 그렇게 깊은 사이는 아닌 사람을 말하기도 한다. 그 사람과 나 사이의 관계를 빠른 시간 안에 설명하기 위해 일률적으로 '친구'라는 단어를 대명사로 쓰는 것인데, 이 두 가지 정의 모두 사회화를 거친 뒤 내리게 되었다.

하지만 나한테 진정한 친구란 무척 친해서 서로 의지할 수 있는, 함께 있어도 거리낄 것이 거의 없는, 심지어 서로의 가족과도 다 아는 사이이고, 힘든 일이 있을 때는 위험도 불사하며 서로 돕는, 대략 의미를 따지는 게 아니라 의리만을 따지는 막역한 사이를 말한다. 내성적인 사람에게 이는 그야말로 500명을 떨어버리고도 남을 조건인데, 그러다 보니 나는 이런 정의에 맞는 친구가 극소수이다. 어쩌면 어느 날 오갈 데 없는 신세가 되어 금전적인 도움이 필요할 때, 기계음으로 돈 빌리겠냐고 묻는 대출 상담 전화 담당자가 내 진정한 친구보다 더 많을지도 모른다.

확장하기 힘든 업무상 인간관계

친구가 적은 게 정말 문제가 되지 않을까? 좋은 쪽으로 말하면, 친구가 적은 걸 정예병 정책이라 할 수 있겠지만, 사실은 곁에 사람도 없고 힘도 없는 것이다 보니 처음에는 정말 환영받지 못한다. 친구가 많다는 것의 장점은 그만큼 자원이 많다는 것이다. 친구와 같이 나가서 놀든, 사람을 모아 공동구매를 하거나 좋은 직장, 학습 기회 관련 정보를 나누든, 기본 수 자체가 크고 생활권이 같거나 나와 코드가 같은 사람의 수가 많으면, 일이든 사람이든 연결해야 할 때 좀 더 빠른 속도로 할 수 있으니 말이다.

하지만 내성적인 사람은 아마 이런 행운을 누리기 힘들 것이다. 같이 놀고 싶어도 사람을 모을 수 없어 난처해지거나 새로운 사람이 필요할 때도 인력 은행을 통해 하나하나 찾는 수밖에 없다. 직장 생활에서는 어려움이 더 뚜렷해지는데, 상사 눈에 다른 사람들 속에 빠른 속도로 녹아들지 못하는, 괴팍하거나 사람들과 잘 어울리지 못하는 사람으로 보일 수도 있다. 일을 아무리 잘해도, 먼저 나서서 동료들을 도와줘도 아무 소용없이, 동료들은 당신에게 상당한 거리감을 느낀다. 더더군다나 일 이야기를 할 때도 잡담으로 분위기를 띄우는 법이라고는 없이 곧장 본론으로 들어가버린다. 사실 내성적인 사람한테는 잡담 떠는 게 일 이야기 하는 것보다 더 에너지가 소모되는 일이다 보니 처음부터 에너지를 다 쏟아부을 수는 없는 노릇인데 말이다.

얼마나 손해를 보든 이 말은 꼭 해야겠다. 아시아나 북유럽에 사는 내성적인 사람이 미국에 사는 내성적인 사람들보다는 훨씬 행운이라는 사실 말이다. 문화가 다르다 보니, 내성적인 문화를 좀 더 잘 받아들이는 지역이 있다. 외국에는 심지어 일본이나 북유럽 등지의 내성적인 업무 환경을 전문적으로 다룬 책들도 있다.

내가 맞닥뜨렸던 환경은 훨씬 더 가혹했다. 예전에 미국 회사나 조직에서 몇 번 직장 생활을 한 적이 있다. 슈퍼 울트라급으로 외형적인 문화 때문에 매일 일하면서 극한 스포츠extreme sports를 하는 기분이 들곤 했다. 간신히 점심시간까지 버텨 혼자서 조용히 밥 먹는 시간을 확보했고, 더군다나 퇴근한 뒤에는 가고 싶은 데가 하나도 없었다. 그저 아무도 내게 말을 걸지 않는 발코니에 서서 난간에 기대 바람을 쐬는 게 최고였다.

하지만 좋은 소식이 하나 있다면, 전 세계가 서서히 변하고 있다는 것이다. 한 미국인 친구가 내게 미국인의 직장 생활에 변화가 나타났다면서 알려주었는데, 예전에 미국 사람들이 누구누구는 너무 조용하다고 하면, 그건 많든 적든 부정적인 의미였다고 한다. 반응이 너무 느려터졌다든가, 자기 생각이 없다든가, 사람들과 잘 어울리지 못한다든가 하는 것 말이다. 하지만 지금은 누가 너무 조용하다고 하면, 그 사람이 정말 조용하다는 사실만 가리킨다는 것이다.

내성적인 사람은 친구 그룹도 깊이 집중해서 만드는데, 그렇게 공들여 만든 친구 그룹이 종종 생각하지 못했던 효과를 발휘하곤 한다. 나한테는 내성적인 친구가 하나 있다. 그가 친구는 많지 않지만, 다들 10년 이상 우정을 이어왔다. 게다가 세심하고 의리를 중시하는 친구라서 신혼여행 가서도 친한 친구들에게 줄 자그마한 선물을 잊지 않고 사온다. 커리어를 쌓으면서 그 친구가 잡은 많은 기회가 실은 이런 깊은 신뢰 관계를 바탕으로 친구의 친구를 통해 소개받은 것들이었다. 느슨하게 연결된 관계인데도 왜 기꺼이 그렇게 해주는 것일까? 친구들이 하나같이 다 그 친구라면 믿을 만하다고 보증을 서주고 싶어 하기 때문이다. 지금은 신용보다 더 귀중한 건 없는 시대니까.

직장은 최고의 교우 장소

다들 "일을 하게 된 뒤로 좋은 친구 사귀는 게 정말 힘들어졌어." 이런 말을 분명히 들어봤을 것이다. 커리어 초창기에는 사실 이 말에 크게 공감했었다. 다들 바쁘고, 더군다나 가정이 있는 사람은 친구 사귈 시간을 내기도 힘드니까. 내가 회의를 수도 없이 열어봤는데, 회의가 끝나고 이런 감사 편지를 여러 번 받으면서 정말 느낀 것이 많았다. "○○○ 선생님 초대해주셔서 감사해요. 그 선생님과 약속 잡아서 만나자고 이야기한 지 정말 오래됐는데, 이번에 징런 씨가 초대해준 덕분에 같이 회의 참석해서 오랜만에 회포를 풀었네요." 오랜 친구도 만나려면 이렇게 오래 서로 맞춰봐야 하는데, 새로운 사람을 만나고 상대와 어울리면서 우정을 쌓아가는 일이야 말할 것도 없다.

계산기를 두드리고 서로 속고 속이는 일이 비일비재한 직장에서 진정한 친구를 사귀는 건 불가능하다고 말하는 사람도 있다. 일본 드라마 〈작은 거인〉의 대사를 빌려오면, "적은 아군으로 가장해 나타난다". 내 외국 친구 중 몇몇은 심지어 공사를 명확히 나누어야 한다는 생각을 고집하며, 매일 같이 일하는 동료에게 집이나 개인적인 이야기는 절대 하지 않고, 퇴근 시간이 되면 고개도 돌리지 않고 나가버린다. 회사에 일하러 온 거지, 친구 사귀러 온 게 아니기 때문이다.

직장은 전쟁터이니, 전쟁터에서 친구를 사귄다는 건 현실적이지 못하다는 느낌이 든다. 하지만 최근 몇 년 들어 난 좀 다른 생각이 든다. 내 친구이기도 한 내성적인 수학 작가 라이이웨이賴以威가 페이스북에 같은 생각을 써놓은 걸 보기도 했다. 라이이웨이는 이렇게 말했다.

"수학을 널리 알리거나 연구 협력을 확대하는 일을 하면서, (적어도 일방적인 생각으로는) 내가 아주 좋은 친구를 몇 명 사귀었다고 생각한다. 일 때문에 관계를 맺었지만, 몇 번 같이 일을 하며 어울리다가 서서히 친구가 되었고, 일 이야기 끝내놓고 차차 잡담도 나누다 보니, 잡담의 범위도 점차 확대되었다. '이런 말을 해야 하나? 상대방 시간을 너무 많이 뺏는 거 아닌가?' 이런 생각을 하지 않아도 되니 이야기가 끝나고 나서도 마음이 편하다. 일하면서 서로 강하게 맞붙는 과정에서 상대방이 어떤 사람인지 알게 되고, 서로의 성격과 가치관이 비슷하다는 걸 알게 되었다. 일부러 접대해가며 사귀지 않아도 되고, 상대방에게 잘 보이려고 애쓰지 않아도 된다. 저도 모르는 새 서로 말하지 않아도 통하는 사이가 돼서, 이쪽이 힘든 상황이라는 걸 알면 저쪽에서 반드시 도움의 손길을 뻗친다. 반대로 나도 상대방 일을 내 일로 여겨 함께 처리하고 싶은 마음이 생긴다. 옛날 사람들이 군자의 사귐은 물처럼 담백하다고 했다. 어쩌다 가끔 만나 한담이나 나누는 사이가 딱 이렇다. 나는 이게 어른들이 친구를 사귀는 아주 낭만적인 방식이라는 생각이 든다."

이 단락을 읽고 나니 좀 서글펐다. 공교롭게도 서로 알고 지낸 지 참 오래된 사이인데 둘 다 '집순이, 집돌이' 성향이 강해서 최근 들어서야 일 이야기를 함께 하게 된 참이었다. 라이이웨이와 마찬가지로 나도 최근 몇 년 동안 사귄 친한 친구들은 다 일 때문에 인연을 맺은 이들이었다. 직장 생활을 하다 보면 자원은 제한되어 있는데 서로 경쟁하다 보니 그 사람이 내적으로 가치를 두는 신조가 무엇인지 알게 된다. 다들 일이 많은 까닭에 서로가 인생에서 어떤 일을 우선시하는지 이해할 수 있게 된다. 어려운 임무를 함께 맡다 보면 난관에 봉착했을 때 상대가 어떤 태도로 나오는지 알 수 있을 뿐 아니라 전우애와 신뢰가 생길 수 있다. 학교, 동아리, 학교 간 미팅 등을 통해서도 이런 게 쉽게 생길 수 있다. 나중에 라이이웨이를 만났을 때 그는 이렇게 말했다. "내성적인 사람한테는 일이 자기를 강제로 밖으로 내모는 이유가 되어주더라고." 나는 이렇게 말했다. "물론이지. 우리가 일을 안 하면 어떻게 친구를 사귀겠어!"

02

갈등에 직면하기는 싫지만……

　"됐어." 금융업계에서 신입 컨설턴트로 일하는 엘리스는 속으로 혼 잣말을 하면서 입버릇처럼 이 말을 덧붙인다. 엘리스는 다른 사람과 다 른 의견을 내는 걸 싫어한다. 엄밀히 말하면 다른 사람이 자기를 남들 과 다르게 보는 걸 두려워한다. 엘리스는 늘 '내가 대세를 따라주면 다 들 좋아할 거야. 날 좋아할 거라고.'라거나 '완벽하게 해내야 해. 다른 사람한테 짐이 되면 안 된다고. 안 그러면 분명히 미움받을 거야.'라고 생각한다. 엘리스는 늘 다른 사람을 자기 앞에 놓았다. 그러다 보니 팀 에서 자기 의견이 없는 사람이 되고 말았다. 상사 눈에 아무 생각이 없 는 사람이 되었을 뿐 아니라 동료들도 엘리스가 존재감이 전혀 없다고 생각한다. 엘리스는 높은 공감 능력과 팀 중심적인 태도 덕에 직장 생 활을 하면서 풍파를 겪지는 않았지만, 일단 심사가 있거나 책임 소재를 따져야 할 때가 되면 이 장점이 악몽으로 변해버렸다.

한 번은 두 부서 사이의 내부 소통에 문제가 생겨 어떤 고객에게 상당 금액의 비용을 더 물리게 되었다. 이 고객이 하필이면 신중하기로 소문이 자자한 데다가, 회사에서도 컴퓨터 시스템을 통해 들어오고 나가는 각종 비용을 관리하고 있는데 뜻밖에 이런 착오가 일어나는 바람에 그는 머리끝까지 화가 나고 말았다. 엘리스와 관계가 좋은 고객이었다. 엘리스는 늘 고객을 먼저 생각했고, 고객도 엘리스에 대한 믿음이 컸다. 상사도 이 고객과의 관계 유지 임무를 엘리스에게 맡겼다. 하지만 노발대발 화를 내는 고객 앞에서 엘리스는 속수무책이었다. 그저 어디 숨어버리고만 싶었다. 모나지 않게, 편하게 행동하는 평상시의 엘리스와는 전혀 딴판이었다.

상사의 협조를 받아 간신히 이 고객을 안정시키고 회사로 돌아왔지만, 내부 평가는 또 하나의 난관이었다. 원인을 따지고 따져 보니 다른 부서 동료가 엘리스의 말뜻을 오해하는 바람에 잘못 처리한 것이었지만, 엘리스는 동료가 이 일로 벌점을 받는 건 원하지 않았고, 자신도 그 짐을 같이 지고 싶지 않았다. 그래서 부서 간 대질 당시, 온화하게 말하는 쪽을 택했다. "어쩌면 제가 명확히 말하지 않아서 그분이 오해하셨을 수도 있겠네요. 앞으로는 같은 일이 벌어지지 않도록 제가 그분한테 반복해서 확인하도록 하겠습니다." 이렇게 말을 해버리는 바람에, 엘리스의 상사는 책상을 내려치며 화를 낼 수 있는 카드를 완전히 잃어버리고 말았다. 다행히 상대 부서 상사도 자기 부하 직원이 실수했다는 걸 알고 있었기에 별말이 없었고, 이 일은 이렇게 조용히 마무리되었다. 그런데 회의실에서 나와 다 잘 되었다며 안도의 한숨을 내쉬던 엘리스

내성적이지만 인싸 직장인입니다

는 곧바로 상사의 호출에 회의실로 불려 들어가 한바탕 질책을 받았다. "상대방 잘못이 틀림없으니 그 사람한테 넘기면 되는데, 그걸 자기가 떠안아버리다니, 머리가 어떻게 되기라도 했어요? 그때 상황 기록된 이메일이라도 있습니까? 없잖아요! 그렇게 나가다가는 조만간 또 일 터지고 말 겁니다. 그러다 나까지 엮이게 되겠죠."

시끄러운 일이 터지기는 했지만 별 탈 없이 넘어갔다고, 원만하게 잘 마무리되었다고 생각했는데, 자신의 처리 방식 탓에 상사가 단단히 화가 났다니 엘리스는 속으로 이렇게 생각했다. '휴, 정말 다들 기분 좋게 해결할 수 있는 방법은 없는 걸까? 상사 앞에서 인상을 구겼으니 부서 내 동료들도 날 좋아하지 않을 거야. 됐어. 그냥 내버려두자.'

입장이 다르고 의견이 맞지 않을 때는 어떻게 해야 할까?

막 사회에 나왔을 무렵, 나도 엘리스와 비슷한 상황에 부닥친 적이 있다. 당시 고객은 자신이 원하는 증정품을 제작해달라고 요구했고, 제품 부서로부터 가능하다는 확답을 들은 나는 영업 담당자에게 그렇게 해드리겠다고 답변해달라고 전했다. 그런데 소통 단계에서 실수가 생겼고, 제품 부서에서는 그런 선택지는 절대로 제공할 수 없다고 했다. 눈앞에서 사고가 날 판이었다. 일개 기획 담당자에 불과했던 나는 제품부, 영업부, 기획부 사이에서 벌어지는 충돌을 처리할 방법이 없었고, 그저 어디로 숨어들고만 싶었다.

《센서티브 : 남들보다 민감한 사람을 위한 섬세한 심리학》에서는 민감한 그룹에 속하는 사람 중 70퍼센트는 내성적인 사람이라고 지적한다. 이 사람들은 주변 분위기가 좀 이상하다는 걸 쉽게 알아채고 불편함을 느낀다. 심지어 자신도 어느 정도 책임을 져야 하며, 뭔가 해야 한다고, 그렇지 않으면 도망치는 거라는 생각까지 한다. 충돌은 심리적 스트레스와 생리적 피로를 초래하는데, 민감하면서도 내성적인 사람들은 특히 그렇다. 그러다 보니 내성적인 사람들 다수가 충돌을 피해 에너지를 남겨두려는 경향이 있다. 하지만 일상생활에서든 직장에서든 계속 피하는 쪽만 택하면 결국 자기가 장악할 수 있는 영역은 점차 줄어들게 된다.

| 충돌이 일어났을 때 취할 수 있는 방법 |

• 일단 그 장소를 벗어난다. 하지만 돌아와야 한다는 점을 잊어서는 안 된다

충돌이 일어나는 순간, 내성적인 사람은 더 힘들어한다. 게다가 머릿속이 온통 혼란스러워지니 무슨 유리한 행동을 하지도 못할 것이다. 내성적인 사람이라면 일단 충돌이 일어난 현장을 벗어나거나 생각을 정리할 시간을 벌어보는 것이 좋다. 그렇지만 충돌이 일어난 지점으로 돌아와서 문제를 마주하고 해결해야 한다는 점은 기억해야 한다.

• 공감 능력을 발휘해 귀를 기울이는 건 동의와는 다른 것이다

말을 끊지 않고, 말하는데 중간에 끼어들지 않고, 마음을 다해 상대

방의 마음에 걸리는 부분에 귀를 기울이며, 상대방의 입장을 이해한다. 그리고 조율할 수 있는 여지가 있는지 생각해본다. 이게 내성적인 사람의 강력한 장점 중 하나이다. 하지만 꼭 상기해야 할 게 있다. 공감하고 상대방의 느낌을 존중하는 게 상대방의 생각에 동의한다는 뜻은 아니라는 것 말이다.

• 소통의 기회를 확보한다

내성적인 사람 중에 자기감정이나 생각을 드러내고 싶어 하지 않는 사람들이 있다. 특히 스트레스를 많이 받는 상황이 되면, 이 사람들은 말을 입 밖으로 내뱉었을 때 일어날 수 있는 온갖 상황을 머릿속으로 재연해보게 되고, 이런 생각을 하면 할수록 말을 더 하기 싫어진다. 하지만 그 상황에서 입을 열지 않으면, 소통의 기회를 놓치게 될 가능성이 높다.

• 내려놓는다

내성적인 사람은 생각에 잘 빠진다. 모든 정보를 쉽게 머릿속 장기 기억 장치에 집어넣는다. 그래서 내성적인 사람에게 일깨워주고 싶은 점은 충돌이 해결되고 나면 그 일을 마음에 담아두지 말라는 것이다. 나는 십여 년 전 직장에서 일어난 오해를, 그 당시의 기분을 지금까지 기억하고 있고, 심지어 어떤 사람이 전에 누군가와 충돌한 적이 있다는 사실을 알고 나면 다시는 그 사람에게 말을 꺼낼 엄두도 내지 못한다. 이런 그늘을 마음에 담아두면 거기서 교훈을 얻을 수는 있겠지만 그게 오랫동안 쌓이고 쌓인다면 그건 그다지 건강한 해결 방식은 아니다.

　당시 일어난 충돌은 나중에 세 개 부서의 상급자들이 출동하고 나서야 원만하게 마무리되었다. 인상 깊었던 건 일이 일단락된 뒤에 상사가 나를 곁으로 불러서 해준 한 마디였다. "사무실이 커봤자 이 정도 아닙니까? 앞으로 무슨 일 있으면 두어 걸음 걸어와서 직접 이야기하세요." 시간이 지나고 나서야, 직접 마주하고 말하는 걸 피하는 것이 내성적인 사람이 타인들과의 소통에서 겪는 애로 사항이라는 점을 알게 되었다.

사실 일대일로 이야기하는 게 그렇게 무서운 일은 아니다

　내성적인 사람이 원래 글로 소통하는 능력이 뛰어나기는 하지만, 간혹 이메일이나 SNS 메시지가 오가는 중에 쌓이고 쌓여서 일어나는 오해도 있다. 예전에 고객, 프로젝트 매니저, IT 컨설턴트 셋이 시차와 언어 때문에 내내 이메일로 소통한 적이 있다. 한번은 회사의 컴퓨터 시스템 전환 과정에서 일이 터지고 말았다. 프로젝트 매니저가 고객에게 끊임없이 사과하는 이메일을 보내 소통하면서 이런 실수가 벌어진 원인과 앞으로 취할 예방 조치를 설명했지만, 고객은 이 마음을 받아주지 않았다. 인내심도 바닥을 친 듯했다. 메일에 담긴 뉘앙스에서 불신이 가득 느껴졌고 표현도 점점 매서워졌다.

이래서는 안 되겠다 싶어 내가 얼른 끼어들었다. 직접 전화를 걸어 고객에게 중국어로 설명하면서 소통하고 나서야 사실 해결할 수 없는 일은 아니었는데 중간에 이메일로 소통하면서 수많은 오해가 발생한 게 틀림없다는 걸 알게 되었다. 특히 언어와 문화가 다른 상황에서 글로만 소통한 게 문제였다. 고객이 영어 이해 능력이 좀 떨어지는 상황에서 몸짓과 표정 등 다른 정보의 도움을 받지 못하다 보니, 낯선 언어만으로는 상대방이 뭘 전하려고 하는지, 그 글이 어떤 뉘앙스를 담고 있는지 완벽하게 이해할 수 없었던 것이다. 그래서 이메일을 읽으며 좌절감을 느꼈고, 그와 동시에 자기방어 기제가 발동하고 말았다. 문제를 해결하겠다는 생각 없이, 초점을 책임 소재를 다투는 쪽으로 돌려버린 것이다.

제니퍼 칸와일러Jennifer B. Kahnweiler는 《상처받지 않고 일하는 법 : 내성적인 사람의 일하는 방식은 달라야 한다》에서 맷 언더우드Matt Underwood라는 중학교 교장 선생님의 관리 스타일을 언급한다. 이 교장 선생님은 '이메일을 중심으로 소통한다'는 관리 스타일을 표방하고 있는데, 그렇다고는 해도 기본적인 정보를 전할 때나 이메일을 쓴다고 한다. 이유는 '다른 사람 얼굴 앞에 서면 키보드와 모니터로는 전할 방법이 없는 것들을 전할 수 있기 때문'이란다. 나도 상사가 내성적인 동료에게 크게 소리치는 걸 눈앞에서 본 적이 있다. "아니 도대체 얼굴 보면서 하지 못할 이야기가 뭐가 있습니까? 나 사무실에 있잖아요. 문도 항상 열려 있고. 이메일 쓸 시간은 있는데, 어떻게 직접 들어와서 이야기 나눌 시간 5분을 못 내요? 내가 이메일을 다 읽어도 결국 다시 ○○ 씨

들어오라고 부르게 되잖아요!"

　기업 컨설턴트Business Consultant 실비아 뢰켄도 내성적인 사람들에게 어떤 종류의 직위에 오르든, 상황이 허락한다면 가급적 컴퓨터를 떠나 사무실을 많이 돌아다니면서 일대일 만남에 뛰어난 내성적인 사람의 장점을 발휘해보라고 권한다. 특히 내성적인 상사에게는 돌아다니면서 관리하고 대화를 나누는 게 단체 회의에서 토론하는 것보다 훨씬 더 좋은 소통 효과를 불러올 수 있다는 것이다.

내성적이지만 인싸 직장인입니다

03

다른 사람의 분노, 우울 혹은
감정적인 영향을 떨쳐버리자

내성적인 사람은 다른 사람의 감정을 쉽게 읽는다. 아주 예민한 그룹의 사람들도 마찬가지이다. 내성적인 사람의 장점은 상대의 눈빛과 안색을 잘 살펴 마음속 의중을 잘 파악하고, 사소한 실마리를 근거로 판단을 내린다는 것이다. 단점은 쉽게 영향을 받는다는 것이고. 내가 아는 내성적인 사람들 대부분이 말할 때 목소리가 크지 않고 격한 표현과 문구도 좋아하지 않는다. 소통할 때, 상대적으로 부드럽고 실사구시實事求是적인 유형에 속한다. 하지만 당신 주변에 당신과는 정반대인 사람, 즉 성격이 급하고 목소리가 크며 솔직하고 시원시원한, 기분이 좋든 나쁘든 그게 다 뚜렷하게 드러나는 사람이 있게 마련이라는 사실을 잊지 말기 바란다. 대부분의 경우 나는 이런 사람을 좋아한다. 명랑하고, 대범하고, 보통 의리도 넘치는 사람들이니까. 그렇지만 나는 이 사람들과 '토론'을 벌이는 데는 아주 미숙하다. 여기서 '토론'이란 그 사람들이 내린 정의이고, 내가 내린 정의에 따르면 그건 논쟁이나 말싸움이다.

한번은 옆 팀 동료 S와 우리 팀 동료 M이 서로의 선을 밟고 말았다. 나는 M의 총괄 상사로서 두 사람과 그 둘의 직속 상사를 회의실로 불러 상황을 정확히 파악해보았다. 그런데 회의실에 들어서자마자 S가 다짜고짜 큰 소리로 따지기 시작했다. 상사로서 양쪽을 조율해가며 소통을 이끌어야 했지만, 당시 나는 아무 생각도 할 수 없었다. 엄청나게 자극을 받은 생리적인 방어 기제를 마주하고 있으려니 머릿속에서는 얼른 엄폐물을 찾아야겠다는 생각밖에 들지 않았다. 하지만 회의실에 숨을 곳이 어디 있나? 그저 거기서 듣고 있을 수밖에. S의 융단폭격식 공격에 말로 끼어들 여지도 찾을 수 없었으니.

S가 너무 많은 감정을 담아 큰 소리로 말을 쏟아내다 보니 오히려 무슨 말을 하고 싶은지 확신할 수 없었다. 나는 기관총 공격이 일단락될 때까지 기다렸다가 그제야 S의 직속 상사에게 고개를 돌려 평온한 말투로 물어보았다. "지금 이게 무슨 상황인가요?"

나중에 동료가 해준 말에 따르면, 그 한 마디가 회의실 전체 분위기를 확 바꿔놓았다고 한다. 상대가 전체 상황은 아랑곳하지 않고 고압적으로 원망부터 쏟아내고 있던 참에, 내 평온하고 강단 있는 반응이 두 가지 메시지를 전해주었다는 것이다. 첫째는 당사자가 큰 소리부터 치게 내버려둘 게 아니라 일단 직속 상사가 먼저 나서서 상황을 설명해줘야 한다는 것이었고, 둘째는 감정을 표현하는 건 괜찮지만 어쨌거나 이성적으로 소통하고 토론을 벌여야 한다는 것이었다.

사실 당시 나는 생각이고 뭐고 할 여유도 없었다. 그저 단순히 상대방의 큰 목소리에 제압당한 터였으니까. 하지만 이 일로 상대 팀의 직속 상사는 부하 직원이 큰 소리로 따져봤자 통하지 않는다는 걸 깨닫게 되었다. 내 페이스에 맞는 방식으로 소통할 수 있게 된 뒤, 나는 양쪽의 오해를 포함한 사건 전체의 전후 관계와 이 오해가 두 팀의 업무 실적에 끼친 영향을 파악했고, 꼬인 부분도 찾아냈다. 알고 보니 이메일 속 문장을 서로 다르게 이해한 게 화근이었다. 마지막으로 나는 팀 간의 체계적인 소통 시스템을 구축해 사적인 논의 과정에서 일어날 수 있는 오해를 피하도록 해결 방법과 의견을 제시했다. 순조롭게 사태를 풀고 충돌을 막은 셈이었다.

사무실에서 혹은 일터에서 각양각색의 사람들을 만나게 될 때, 내성적인 사람들은 진심으로 자기 안테나를 잘라버리고 싶을 때가 한두 번이 아니다. 그러면 혹시 주변으로부터 그렇게 많은 영향을 받지 않을까 싶어서 말이다. 이 때문에 어떤 사람들은 상황을 회피하기도 하고 자신의 마음에서 들려오는 목소리를 무시하기도 한다. 〈뉴욕타임스〉에서 '미국에서 가장 환영받는 영성靈性 분야 작가'라는 찬사를 받은 에크하르트 톨레 Eckhart Tolle는 이렇게 말했다. "자신의 감정을 느끼지 못하고 자신과 정서를 분리해버리면, 결국에는 몸에 문제가 생깁니다."

이렇게 말하는 사람도 있다. "너는 늘 그 모양이야. 너무 순하다고. 그러니까 다른 사람이 네 머리 꼭대기까지 밟고 올라가잖아. 상대가 너한테 큰 소리치면 너도 되받아쳐. 안 그러면 상대가 널 물로 봐도 쌤통이지 뭐!" 듣고 있으면, 이런 반격이 통할 것 같다. 내 주변의 많은 내성적인 친구들 역시 '세게 나가는 걸' 시험해본 적이 있는데, 결국 뒤이어 따라오는 죄책감을 포함해 역효과만 났다고 한다. 늘 '정말 미안해요. 일부러 이렇게 사납게 군 게 아닌데.' 이런 생각이 드는 것이다. 또 어떤 압박으로 자기 성격에 맞지 않는 행동을 하고 나면 속으로 '내가 정말 이런 사람인가? 내가 어쩌다가 이렇게 됐지?' 이렇게 외치게 된다. 싸움 막판에 가면 양쪽이 강조하는 핵심이 원래 말하려던 내용에서 일찌감치 동떨어져, 불만스러운 감정을 쏟아내는 쪽으로 바뀌고 만다. 의미를 잃는 것이다.

거리를 두면서 전선戰線을 연장한다

상대의 분노에 정면으로 응대할 필요는 없다. 어쨌거나 그런 건 내성적인 사람이 잘하는 일이 아니니까, 일단 냉정하게 전선을 늘어뜨리자. 그렇다. 전선을 늘어뜨린다는 게 핵심이다. 제삼자의 시각에서 상황을 보는 것이다. 이를테면 '저 사람은 내 상사야. 상사가 지금 엄청 화가 났는데, 나는 저 사람이 왜 갑자기 저렇게 화를 내는지 모르겠어. 저 사람 미쳤나? 원래 살짝 그랬던 것 같기는 해. 아니면 어느 눈치 없는 동료가 멍청하게 사고라도 쳤나? 설마 내가 지뢰를 밟은 건 아니겠지?' 이러면 상황이 좀 더 쉽고 명확하게 정리된다.

전선 연장은 내성적인 사람에게 상당히 도움이 된다. 상대가 융단 폭격식으로 계속 화를 내면 다급하게 반박하거나 설명하지 말고, 상대의 분노가 일단락되기를 기다리는 게 오히려 내가 생각할 시간을 더 많이 확보하는 데 도움이 된다. 만일 전선이 충분히 길지 않고, 상대가 여전히 화가 머리끝까지 나서 당신에게 해답을 내놓으라고 요구하면, 시간부터 확보해야 한다. 예를 들어 이렇게 말해보자. "죄송한데, 저도 지금은 이 일에 대한 해답을 갖고 있지 않습니다. 하지만 곧바로 처리하도록 하겠습니다. 조금 있다가 그 팀 팀장을 찾아가서 상황을 조율해보겠습니다. 두 시간 뒤에 다시 보고드리겠습니다. 회의에 참석했으면 좋겠다고 생각하는 사람 또 있으신가요?"

상황을 분석하면서 자신의 감정도 돌봐야 한다

확보한 시간을 이용해 일의 이해관계를 분석하는 것 외에 자신의 감정과 기분도 돌봐야 한다는 점을 기억하자. 예전 동료 중 한 사람이 업무 능력도 아주 뛰어났고, 상사도 수완이 뛰어난 그녀의 업무 능력을 매우 흡족해서 자기가 발굴한 고객을 넘겨줄 정도였다. 정말 힘 하나 들이지 않고 일을 처리하는 동료였다. 그러던 어느 날, 상사가 갑자기 사소한 일들을 끄집어내서 동료에게 트집을 잡기 시작했다. 다른 사람은 양식form 작성하는 걸 잊어버려도 아무 일이 없었는데, 그 동료가 내부 신청 양식을 작성하면서 오타를 낸 일을 콕 짚어내는가 하면, 어떤 고객과 전화 통화 시간이 너무 길다며 나무라기도 했다. 예전에 전화 통화 시간이 훨씬 더 길었을 때는 고객을 정성껏 관리한다며 칭찬했으면서 말이다. 처음에는 동료도 상사가 요즘 기분이 좋지 않아 그렇다고, 좀 지나면 나아질 거라고 농담 삼아 이야기했지만 상황은 날이 갈

수록 심각해졌다. 상사가 툭하면 이 핑계 저 핑계를 대며 화를 내는 바람에 동료도 몹시 괴로워했다.

상황이 뭔가 심상치 않다는 걸 눈치챈 동료는 업무나 소통에서 무슨 문제가 있었는지 분석하기 시작했다. 동료는 한바탕 시뮬레이션을 돌려본 끝에 업무 성과에는 별문제가 없다고 생각했다. 문제가 있었으면 상사가 분명히 업무 성과를 질책했을 터였다. 동료들과도 잘 지내고 있으니, 다른 동료가 뭔가 고자질을 했을 가능성도 배제했다. 그녀는 가능성을 하나하나 배제한 뒤 상사가 자신의 업무 성과 때문에 위협을 느꼈으리라, 관심의 초점과 인맥이 모두 자신에게 옮겨지는 게 달갑지 않았으리라 생각했다.

냉정하게 판단을 내린 뒤, 동료는 자문해보았다. "나한테 뭐가 더 힘든 일일까? 상사가 종일 성질을 내는 걸까? 아니면 업무 성과의 영광을 내가 가져갈 수 없다는 걸까? 지금 이 일을 그만두면 내가 얼마나 자신감을 갖고 창업을 할 수 있을까?" 그녀는 모든 가능성을 따져본 뒤 매일 상사한테 이것저것 트집 잡히느니 이직하는 게 낫다고 생각했지만, 현실적인 문제를 생각하니 자기가 아직 고객을 데리고 나갈 조건은 갖추지 못했다는 생각이 들었다. 이 보 전진을 위해 일 보 후퇴하기로 한 동료는 상사에게 이 많은 고객을 자신이 맡지 않아도 상관없다는 사인을 보내면서 상사가 코치해준 것에 감사한 마음을 전했다. 심지어 고객들이 다 상사의 얼굴을 보고 주문을 넣는 거라고 말하기도 했다. 상사가 내부 회의에서 자신을 칭찬할 때도 이렇게 말했다. 매일같이 벼락을 맞던 동료는 이렇게 조절한 끝에 전세를 뒤집고 상사의 오른팔 명단에 다시 이름을 올렸을 뿐 아니라, 업무 성과도 자신이 가져가게 되었다.

내성적인 사람은 정말 화를 못 낼까?

내성적인 사람은 화를 내지 않는다고 오해하는 사람이 정말 많다. 사실 내성적인 사람은 화가 났다는 걸 드러내는 방식이 온화한 것뿐인데, 좀 무심한 사람은 내성적인 사람이 화가 났다는 걸 전혀 눈치채지 못하기도 한다. 반대로 내성적인 사람은 다른 사람들이 너무 쉽게 벌컥 화를 내고 말을 할 때도 심사숙고하지 않아 결국 자기가 크게 상처받는다고 생각하곤 한다.

생리학자 월터 캐넌Walter Cannon이 1915년 제기한 '투쟁 도주 반응fight or flight response'은 생물체가 위협에 맞닥뜨렸을 때, 싸워야 할지 아니면 도망쳐야 할지 판단하는 일련의 신경과 내분비 반응이 촉발된다고 설명한다. 이 이론은 여러 상황에서 광범위하게 응용된다. 내성적인 사람이 대량의 자극을 받을 때를 보자. 이를테면 부정적인 감정이 심각한 스트레스를 초래하는 상황이 이런 경우인데, 그와 싸우는 쪽을 택할지(화를 낸 상대방을 때려서 기절시키는 등 스트레스의 근원을 소멸시키는 것) 아니면 도망치는 쪽을 택할지(이어폰을 끼거나 그 자리를 떠나는 식으로 스트레스로부터 멀리 떨어지는 것) 선택할 수 있다.

하지만 나는《센서티브 : 남들보다 민감한 사람을 위한 섬세한 심리학》의 저자이자 심리치료사인 일자 샌드Ilse Sand가 제시한 방법, 즉 남 탓하기와 자책하기 사이에 있는 중용의 길을 훨씬 더 선호한다. 이런 중용의 길을 택한다는 건 상대적으로 전장에 남는 쪽에 가까워진다는 건데, 그 목표는 스트레스를 떨어뜨리는 것이다.

문제를 해결할 때, 보통 양측은 도대체 누구의 잘못인지 가려내고 싶어 한다. 하지만 일자 샌드는 이런 이분법을 버리고 상대방이 내 생각을 이해하게 하는 쪽에 초점을 맞춰야 한다고 조언한다. 특히 내성적인 사람은 화내고 싸우는 걸 좋아하지 않다 보니 늘 자기 생각과 느낌을 드러내지 않고 꾹 참는데, 이게 오래 이어지면 인간관계에도 도움이 되지 않을 뿐 아니라 몸과 마음의 병을 초래할 수도 있다. 자기와 관련된 부분만 이야기하고 가급적 중립적인 정보나 괜찮은 표현 방법을 제시해보자. 가령 이렇게 말하는 것이다. "고객에게 가능한 한 빨리 처리해드리겠다고 답변하신다는 거 알고는 있어요. 하지만 서류 하나하나 다 정리하려면 한 시간은 걸리거든요. 그런데 서류를 늘 퇴근 직전에 넘기시면 제가 그날 안에 처리할 방법이 없더라고요."

이런 표현 방식은 이렇게 '해석'할 수 있다.

- 고객에게 가능한 한 빨리 처리해드리겠다고 답변하신다는 거 알고는 있어요 → 공감 능력 십분 발휘

- 하지만 서류 하나하나 다 정리하려면 한 시간은 걸리거든요 → 중립적인 정보 제공

- 그런데 서류를 늘 퇴근 직전에 넘기시면 제가 그날 안에 처리할 방법이 없더라고요 → 요구 사항 표현

내성적이지만 인싸 직장인입니다

내성적인 사람은 생각이 너무 많고 싸우는 것도 좋아하지 않는다. 그러다 보니 빨리 응대해야 할 상황에서 손해 보기 십상인 건 사실이다. 하던 말로 돌아가면, 입장을 명확히 하고 자신이 편한 방식을 활용해 이를 표현하는 것 역시 사실 하나의 스타일이다. 어쨌거나 소통의 핵심은 어떻게 표현할 것인가에만 있는 것이 아니라 상대방이 내 정보를 어떻게 온전히 받아들이게 할 것인가에 더 있으니 말이다.

큰 소리 치거나 책상을 내리치는 것도 하나의 소통 방식이지만, 이는 결코 내성적인 사람에게 가장 효과적인 방법은 아니다. 심사숙고한 뒤 신중하게 요구 사항을 제시하는 것 역시 하나의 소통 방식이지만, 외향적인 사람 입장에서는 이미 다 지나간 일이어서 이걸 무슨 소통이라고 할 수 없을지도 모른다. 각도를 바꿔 생각해보자. 사람은 원래 다 다르다. 내성적인 사람에게 외향적인 사람이 되라고 강제할 필요가 없다. 가장 중요한 건 개인 사이의 차이를 존중하고 좋은 소통 방식을 찾는 것이다.

저와 가깝게 지내지 않으셔도 됩니다. 하지만 절 믿게 되실 거예요

어쩌면 대다수의 경우 우리는 잘못된 초점에 관심을 기울이고 있는지도 모른다. 직장에서의 인간관계는 사실 대부분 이해관계 위에 성립된다. 물론 양쪽이 가까운지 아닌지가 중요하기는 하지만, 더 중요한 건 내가 그 사람의 문제를 해결해줄 수 있는가 없는가이다. 여기에는 신뢰할 수 있는가, 중대한 프로젝트를 진행하면서 이 사람을 팀에 들일

수 있는가, 외국으로 나가는 휴가를 앞두고 업무를 대행해달라거나 중요한 고객을 맡아달라고 이 사람에게 부탁할 수 있는가가 포함된다. 심지어 이런 신뢰 관계가 생사를 가를 정도로 중요해질 때도 있다. 예를 들어 우주에서 임무를 수행할 때면, 미항공우주국National Aeronautics and Space Administration은 늘 문화적 배경이 서로 다른 사람들이 우주 공간에 도착해서 고난도의 임무를 수행하게 될 때까지 단기간에 팀워크를 발휘하도록 훈련한다.

2011년 국제우주정거장 팀은 극도로 정밀한 임무를 수행해야 했다. 우주정거장에서 로봇의 팔을 조작해 무중력 상태에서 마구 날아다니는 보급선을 붙잡아야 했는데, 옆에서 시속 500킬로미터로 미친 듯이 달리는 차를 붙잡아서 안으로 손을 뻗어 차 안에 있는 작은 버튼을 정확히 누르는 것에 맞먹는 난이도의 임무였다. 실패하면 보급선이 우주정거장과 충돌할 터였다. 생사를 가를 정도의 임무라서 일면식도 없는 우주인들 사이의 상호 신뢰가 무엇보다 중요했다. 우주 임무를 수행하기 전 같이 지낸 시간이 길지 않았고, 심지어 그중 한 러시아 지휘관은 처음부터 끝까지 여성은 우주에 갈 수 없다고 생각하는 사람이었다. 팀에 버젓이 여성 우주인이 있는데도 말이다.

야외 리더십 훈련 전문가인 존 캐넌지에터John Kanengieter는 미항공우주국을 도와 이 팀의 훈련에 나서면서 '저와 가깝게 지내지 않으셔도 됩니다. 하지만 절 믿게 되실 거예요'라는 업무상 관계를 구축했다. 분노, 비난처럼 업무로 생기는 부정적인 감정과 반응은 대부분 그냥 스트레스 때문이다. 스트레스가 촉발되는 지점은 사람마다 다른데, 수동적인 동료를 견디지 못하는 사람이 있는가 하면, 헐뜯는 뉘앙스가 담긴 비판을 견디지 못하는 사람도 있다. 그런데 이런 스트레스가 불러일으키는 사람들의 반응도 다 같지는 않다. 누군가는 긴장하고, 누군가는 핑계를 찾거나 다른 사람을 탓하며, 또 누군가는 자기는 뭐든 다 괜찮은 척하기도 한다.

캐넌지에터는 우주정거장 팀을 데리고 11일에 이르는 야외 생존 훈련에 나섰다. 함께 임무를 수행해야 하는 우주인들이 극도로 낯선 환경에서 고강도의 스트레스를 받게끔 하면서 이들의 스트레스 촉발 지점과 항 스트레스 능력, 정서적 반응을 관찰했다. 11일 뒤, 야외에서 생사고락을 같이한 우주인들은 스트레스를 받을 때 서로가 어떤 반응을 보이는지 알게 되었다. 서로 좋은 친구 사이가 될 수는 없을지 모르지만 어떤 상황에서 누가 가장 쓰임새가 있는지 알게 되었다. 우주인 전원의 생명을 짊어져야 하는 임무는 결국 러시아 출신의 지휘관과 여성 우주인이 공동으로 수행하게 되었는데, 러시아 지휘관은 여성 우주인을 "로봇의 팔을 조작할 때 보면 사람이 없는 곳에 들어가기라도 하는 것처럼 거침이 없어서, 닿는 즉시 바로 붙잡아버립니다."라고 묘사했다. 휴스턴 기지가 이들이 임무를 순조롭게 완수했음을 축하하자, 막 절체절명의 임무를 마친 러시아 지휘관은 "휴스턴, 우리 아무 문제 없어요 Huston, we have no problem."라며 농담까지 내뱉었다.

내성적인 사람이라면 각양각색의 스트레스 반응 앞에서 감정적으로 소리를 지르며 되받아치거나 서로 비난하는 것보다는 분석에 능한 강점을 발휘해 이렇게 생각해보는 게 좋다. '저 사람이 소리를 지르는 이유는 우리 프로젝트가 실패할 거라고 생각해서 스트레스를 심하게 받았기 때문이야. 나는 내가 잘하는 부분을 잘 해내면 돼. 그러면서 동시에 나는 내가 잘하는 부분을 잘 해내고 저 사람도 자기가 잘하는 부분을 잘 해내면, 우리에게 여전히 이 일을 잘 해낼 수 있는 50퍼센트의 가능성이 있다는 걸 저 사람이 알게 해줘야 해.' 어쨌거나 말단이든 관리직이든 '감정적'이라는 딱지가 붙으면 그다지 좋은 결과가 나오지는 않으니 말이다.

04

어떻게 해야 우아하게
자화자찬할 수 있을까?

탕비실에서 동료 몇 명이 커피를 타며 최근 날씨 이야기를 하는데, 갑자기 대리가 끼어들었다. "제가 예전 직장에 있을 때 ○○로 출장을 자주 갔는데요. 거기가 겨울 기온이 항상 영하로 내려가거든요. 그런데도 상사가 믿을 수 있는 사람이 저밖에 없으니까 매번 저를 보내더라고요. 그쪽 사람들은 다 밍크코트를 입는데, 정말 따뜻해요. 그래서 저도 몇 벌 샀는데요. 기회 되시면 꼭 가서 사세요."

한 동료가 슬그머니 눈을 흘겼다. "다들 밍크코트 살 수 있는 능력자부터 되는 게 최선이겠어요. 밍크코트가 무슨 편의점에서 균일가로 파는 내복이라도 되는 것처럼 말씀하시네요." 내근직 직원도 속으로 중얼거렸다. '그러게 말이야. 사장이 저만 보내줬으면 좋은 거 아닌가.' 그 순간에는 다들 아무 말 하지 않았지만, 대리가 자리를 뜨고 나자 이러쿵저러쿵 떠들어대기 시작했다. 연세 있으신 분들은 이런 사람을 '일만 할 줄 알지 처신은 못하는 사람'이라고 하는데, 이런 사람을 '눈치 없는 사람'으로 묘사하는 사람도 있다. 그런데 솔직히 이야기하자면 그 사람들은 그냥 적당한 표현 방식을 모르는 것뿐이다.

다른 사람에게 깊은 인상을 남기는 게 정말이지 쉬운 일은 아니다 (물론, 자신이 부정적인 이미지로 비치는 것쯤이야 개의치 않는다면 방법이야 많다). 연구에 따르면, 우리가 보고 들은 것 중 하루가 지난 뒤에도 남아 있는 건 20퍼센트 정도라고 한다. 바꿔 말하면, 좌담회에서 안면을 튼 어떤 거물이 반년 뒤 나를 기억하고 그것도 모자라 내게 연락하는 걸 꺼리지 않게 하려면, 심지어 나를 돕게 하려면 보통 수완이 필요한 게 아니라는 것이다. 그러나 내성적인 사람은 보통 자기 마케팅에서는 상대적으로 좀 보수적이다. 성격이 내성적이어서 그렇기도 하고 다른 한편으로는 칭찬을 받아 시선을 끄는 게 훨씬 더 민망해서 그렇기도 하다.

한 기업가가 내게 이렇게 말한 적이 있다. "자기 자신도 마케팅을 못 하면서 자기 상품이나 생각을 어떻게 마케팅합니까?" 툭하면 겸손하고 참 좋은 사람으로, 예의 바른 사람으로 묘사되는 나는 내가 단 한 번도 스타의 매력을 내뿜는 '분위기 메이커'였던 적이 없다는 사실을 잘 알고 있다. 그러다 새로 출범한 비영리 조직을 대표해 여기저기 가서 강연하고 사교 행사에 참여해야 할 상황이 되어서야, 체면 불고하고 나나 내 조직의 강점을 소개하게 되었다. 그러나 불행하게도 내가 다른 사람의 주의를 끌고 싶어 할수록, 또는 내가 겹겹의 포위를 뚫고 호감을 사고 싶어 할수록, 망신스러운 상황은 더 잘 벌어졌다. 너무 힘을 주는 바람에 쉽게 '오버'하고 말았던 것이다. 집에 돌아가는 길에 그날 내

모습을 돌아보면서 상대방 눈에 내가 오만하기 짝이 없는 머저리로 보였으리라 생각한 게 한두 번이 아니었다(얼굴 가리고 울고 싶은 심정이다).

과유불급이다. 내 능력과 성취를 뚜렷이 드러내 보이려고 노력할수록, 다른 사람으로부터 신뢰를 얻고 존중을 받으려 하면 할수록, 우리는 듣는 사람이 유쾌하게 받아들이게 하는 것이야말로 소통의 핵심이라는 점을 잊어버리곤 한다. 사실 미움받는 것과 깊은 인상을 남기는건 종이 한 장 차이이다. 그 차이는 나의 성취를 어떻게 선명히 드러내느냐에 있다.

거리 좁히기

어떻게 해야 사람들이 당신이 오만하다고 생각하지 않을까. 핵심은 자신의 성취를 드러내면서도 상대방이 사실 이 사람도 다른 사람과 별반 다르지 않다고 생각하게 하는 것이다. 내가 아는 한 여성 작가의 예를 들어보자. 그 작가는 젊은 나이에도 내는 책마다 호평을 받으며 높은 판매고를 올린다. 그런데 그 작가는 내는 책마다 대박을 터트리는 자신의 성취를 과시하기보다는 이렇게 말할 때가 많다. "원고 마감 때가 되면 그야말로 지옥이에요! 마감 다가오면 편집자가 매일같이 독촉해대지, 다크 서클은 진해지지, 하다 하다 우리 엄마 생신에도 못 가게 된다니까요." 다들 많든 적든 시간에 쫓겨 정신없이 일에 매달린 경험이 있다 보니, 이 작가가 이렇게 말하면 듣고 있던 사람도 곧장 공감하게 된다. '베스트셀러 작가가 정말 대단하기는 하지만, 이 사람도 나와

다를 게 없구나!'

다른 사람에게 남다른 내 경험을 이야기해주는 김에 자신이 느낀 것을 덧붙이거나 초점을 옮기는 것도 상대방에게서 공감을 얻어내는 기술이다. 예를 들어 "그때 연예인 ○○○의 전 세계 순회 콘서트를 진행하고 있었는데, 그 콘서트가 엄청나게 흥행했어. 하지만 매일 세 시간도 못 자니 지쳐 쓰러질 지경이었지."라거나 "연예인 ○○○는 사람이 참 괜찮아. 일도 열심히 하고. 사적으로는 또 얼마나 친절한지 몰라. 우리한테 야식도 자주 사줬다니까." 이렇게 말하면 자신의 성취와 그 뒤에 숨겨진 고생이 연결되면서, 듣는 사람도 '잘나셨네. 그래 얼마나 많이 버셨나?'가 아니라 '정말 대단하다. ○○○가 엄청난 완벽주의자라니, 이 사람들도 엄청 힘들었겠는걸?' 이런 느낌을 받게 된다.

성취한 것에 감사하기

내게 미국 금융계 요직에 있는 친구가 하나 있다. 젊은 시절 하마터면 메이저리그에 들어갈 뻔했던 것 말고, 아프리카에서 고아원을 운영한 적도 있고 책을 낸 적도 있다. 자신의 것을 기꺼이 내주는 친절한 사람이라, 그를 싫어하는 사람은 본 적이 없다.

자신의 성취에 상당한 긍지를 느끼는 그는 휴대폰을 꺼내 진기한 사진들을 한 장 한 장 자랑삼아 보여주며, 자신이 이룬 것을 다른 사람들과 나누느라 여념이 없다. 사람들이 찬탄을 금치 못하면, 그는 "정말 너무 신기하지 않나요. 저도 못 믿을 정도라니까요." 이런 반응을 보인다.

'행운'은 흔히 듣게 되는 표현인데, 사실 효과도 괜찮다. 돈 많은 건 마찬가지인데도 워런 버핏Warren Edward Buffett은 이렇게 말하곤 한다. "저는 아주 운이 좋은 사람입니다. 알맞은 시기에 알맞은 장소에 있었고, 운 좋게도 보수가 두둑하게 돌아오는 시장경제 안에 있었으니까요." 지폐를 벽처럼 쌓아 올린 부자들이 하는 말, "별거 아니야. 이거 그냥 내 딸 혼수야."보다 훨씬 낫게 들리지 않나?

자기 디스

미국의 변호사이자 작가인 존 코코란John Corcoran은 이십 대 초반에 백악관에 들어가 클린턴 전 대통령의 연설 비서관직을 맡았다. 연설 비서관직은 흔히 정치 경력이 풍부한 사람이 맡는 자리였다. 다른 사람에게 이 놀라운 성취를 이야기할 때마다 그는 늘 "다른 사람들이 쓰기 싫어서 저한테 넘긴 거예요."라거나 "저는 2군이었다니까요. 중요한 연설은 당연히 저한테 차례가 돌아오지 않았죠." 같은 말을 덧붙인다. 이렇게 말하면, 듣고 있던 사람은 쉽게 마음의 문을 연다. 깊은 인상을 받는 동시에 이 사람이 닿지도 못할 높은 곳에 서서 오만하게 거들먹거리는 사람이라는 생각을 하지 않게 되고, 뒤이어 이런 가십거리를 묻기 시작한다. "우와, 그럼 모니카 르윈스키Monica Samille Lewinsky를 아시겠네요?"

자기 디스는 특히 대중이 속으로 '당신이 뭐가 그렇게 잘났는데?' 이런 생각을 품는 사람에게 적합하다. 젊고 아름다운 여성 교장을 인터뷰한 적이 있는데, 그 교장 선생님이 내게 이렇게 말했다. "교장이라고 부르지 마시라니까요. 학교에서야 다 같이 서로 도우면서 각자가 할 수 있는 일을 하는 거예요. 변기가 고장 났는데, 제가 고칠 줄 알면 제가 가서 하는 거죠!" 순간적으로 친근감이 200점은 올라가는 발언이었다.

'속 보이는 가짜 불평으로 자기 자랑하기'는 냉소만 불러올 뿐이다

페이스북을 보면 "강연이 연이어 이어지니, 도대체 언제나 되어야 쉴 수 있을지 모르겠네!"라거나 "정말 짜증난다. 이번 주말에도 테니스 연습에 매달려야 한다니. 다음 주에 마리아 샤라포바^{Maria Yuryevna Sharapova}와 게임을 하려면 말이지!" 이런 속마음을 써놓은 경우를 흔히 보게 된다. 불평이라는 외투를 두른 이런 정교한 자기 자랑은 보는 사람의 심기를 더 불편하게 만들기 십상이다.

이런 말을 얼굴 마주 보고 하면, 부정적인 효과만 배가된다. SNS에서는 그냥 사진으로 모든 설명을 대신하거나 "우와! 다음 주에 샤라포바를 직접 볼 수 있다니!"처럼 흥분되는 마음과 기대심을 직접적으로 표현하자. 과한 사탕발림은 오히려 가식적이라는 느낌을 주기 쉽다. 이런 말을 얼굴 마주 보고 하면, 그렇게 잘난 척한다는 느낌이 들지 않을 수도 있다. "이 자선 활동이 참 의미 있다는 생각이 들어서 친구한테 같이 가서 도와달라고 했어."와 "저기, 나도 500만 위안이나 기부하고 얻은 기회거든!" 중에서 어느 쪽이 매를 번다 싶은가?

전우를 찾자!

중요한 사교 장소에서는 혈혈단신으로 나서는 것보다 집단지성을 발휘해 여럿이 힘을 모으는 게 나을 때가 있다. 팀 전체를 현장으로 불러들여야 한다는 뜻이 아니라, 옆에서 당신을 도와가며 좋게 말해줄 사람이 있으면 효과가 훨씬 더 좋아질 수밖에 없다는 뜻이다. 〈인턴십〉이라는 영화가 있다. 혼자 지원하면 효과가 그렇게 좋지 않을 수 있다. 유명한 마케팅 컨설턴트이자 작가인 도리 클라크Dorie Clark는 이렇게 조언한다. "먼저 자신과 서로 칭찬을 주고받을 수 있는 이들을 미리 정해놓고, 중요한 장소에는 파트너와 함께 가시기 바랍니다!" 자기가 이룬 것을 자랑하다 보면 상대방이 불편해할 수도 있지만, 같은 말도 제삼자의 입에서 나오면 사람들이 훨씬 쉽게 받아들인다. 쌍황雙簧[4]을 부르듯, 이쪽에서도 파트너를 도와서 잡아끌어 줘야 한다. 안 그러면 써먹을 수 있는 파트너 명단이 순식간에 다 사라지고 말 거라고 장담한다.

적절한 유머 감각 발휘하기

유머는 강한 인상을 남기게 해준다. 하지만 상대방이 이 사람이 자화자찬한다고 느끼지 않도록 수위를 조절하는 게 정말 어렵다. 나도 안다. 마침 유명 인사와 관계를 트게 되었다면, 유머 감각을 발휘해볼 수

---

4 중국 전통 공연의 일종으로, 한 사람은 무대 위에서 동작을 선보이고, 다른 사람은 무대 뒤에서 무대 위에 오른 파트너의 동작에 맞춰 대사를 치고 노래를 부른다.(옮긴이)

있는 절호의 기회이다. 예를 들어 명함이 마침 똑 떨어졌다면, 이렇게 말할 수 있다. "죄송합니다. 제가 명함이 마침 떨어져서요. 그런데 사실 명함이라고 해봤자 쓰여 있는 거 몇 줄 없거든요. 제 이름은 ○○○입니다. 베스트셀러 작가 ○○○의 남동생이죠." 어차피 형보다 유명세도 덜한 판이니, 형을 직접 활용하는 것도 괜찮다.

당신이 패션 디자이너라고 가정해보자. 그렇다면 자신이 이룬 것을 이런 식으로 설명할 수 있다. "제가 어려서부터 인형 옷 입히는 걸 좋아했거든요. 지금이야 인형 옷보다 치수가 좀 더 큰 옷을 만들고 있는 것뿐이고요." 과학기술 업계의 대선배 이야기를 들은 적이 있다. 업계 관련 그룹에서 모르는 사람이 없는 그분도 다른 업계에서는 알아보는 사람이 그다지 많지 않은 모양이었다. 하지만 한 번도 그걸 개의치 않고 자기소개를 하게 될 때면 이렇게 한다고 한다. "저는 ○○○입니다. 맞습니다. 그 가수와 동명이인이죠. 하지만 제가 좀 더 젊어요. 게다가 과학기술 업계에 있지요."

간단한 자기 홍보 멘트 준비해두기

여러 사람이 있는 자리에서 처음 만나는 경우, 진행자나 강사가 각자에게 1분 정도 간단하게 자기소개를 해달라고 부탁하곤 한다. 자기 차례가 다가오면 긴장하지 않는가? 조금 있다가 뭐라고 말해야 할지 계속 이 생각만 하게 된다. 그러다 보면 자신의 자기소개도 잘 못하게 될 뿐 아니라, 다른 사람이 자기소개할 때도 제대로 못 듣게 된다.

내성적이지만 인싸 직장인입니다

리더십 코치 겸 작가인 페기 클라우스Peggy Klaus는 불시에 필요할 경우를 대비해서 몇 가지 버전의 자기소개 글을 준비해놓으라고 조언한다. 내용은 3분 안에 자기 생각을 명확하게 설명해야 하는 엘리베이터 연설elevator pitch처럼 간단하면서도 깊은 인상을 주는 것이어야 한다. 만일 "저는 아메리칸 스타일 레스토랑을 운영합니다. 작년에 타이베이, 타이중臺中, 컨딩墾丁에 총 네 곳의 분점을 열었고, 내년에는 좀 더 많이 열고 싶습니다. 손님들 미소를 보면 정말 기분이 좋아지기 때문입니다." 어떤가, 그렇게 밉살맞게 들리지 않지 않나?

모든 게 마케팅이다

창업 초기부터 애플, 인텔, 마이크로소프트의 마케팅에 협력해 '실리콘 밸리 최강의 홍보 전문가'라는 영예를 안은 레지스 매키너Regis McKenna가 이렇게 말했다. "마케팅은 모든 것이다. 모든 게 마케팅이다." 무엇이든 마케팅을 중시하는 이 세상에서 자신의 혁혁한 공로를 드러내는 건 수많은 사람에게 직장 생활의 필수 코스이다. 하지만 어려서부터 "명성이 실제보다 넘치는 일이 없게 하고, 어둠 속에서도 내면에 빛을 품고 있으라."5)는 가르침을 받고 자란 우리가 어떻게 '적당하게' 자신을 드러낼지는 영리하고 민첩한 수위 조절이 필요한 하나의 예술이라 할 수 있다.

---

5 후한後漢의 학자 최원崔瑗의 좌우명에 나오는 글귀이다.(옮긴이)

다음에 자신의 휘황찬란한 전적을 뽐낼 때는 한꺼번에 표현하면서, 그와 동시에 상대방의 표정과 반응을 기억하기 바란다. 어쩌면 앞에서 이야기한 몇 가지 방법을 써먹을 수 있을 때가 올지도 모르니.

내성적이지만 인싸 직장인입니다

05

소통 도구
효율적으로 사용하기

미국 주 정부에서 일히던 시절 매년 여름이면 인턴들이 사무실로 실습을 하러 왔다. 대부분 이상이 높은 대학생들이었다. 대다수가 꽤 괜찮은 가정에서 좋은 교육을 받았고, 더더군다나 국제 무역, 국제 관계, 외교 관련 영역에 강한 열정을 드러냈다.

그중 한 인턴이 내게 깊은 인상을 남겼다. 말 없고 친절한 화교 여성이었는데, 미국 서부의 명문 학교 출신으로, 머리가 좋았으며 논리도 매우 명확했다. 내놓는 기획서도 늘 조리가 정연했다. 딱 한 가지 내가 이해가 가지 않았던 점은 전화 통화하는 걸 아주 달가워하지 않는다는 것이었다. 전화를 거는 건 물론 받는 거나 바꿔주는 것까지, 어쨌거나 전화 관련된 일만 생기면 이 인턴이 눈살을 잔뜩 찌푸린다는 걸, 온몸의 근육이 굳어버린다는 걸 느낄 수 있었다. 심지어 따르릉따르릉 울리는 전화를 노려보며 심호흡을 하는 모습을 본 게 한두 번이 아니었다.

지금 돌이켜 보면, 사실 나도 마찬가지였다. 우리는 모두 내성적인 사람들이었다.

전화를 거는 용기

학창 시절, 학교 친구 몇 명은 여름방학이면 학원에서 고객 유치 전화 아르바이트를 했다. 무료 수강을 해보라며 전화로 어린 남학생, 여학생들을 끌어들였다. 그 친구들은 피곤한 기색도 없이 전화 아르바이트를 하러 다녔다. 다른 일과 비교하면, 사무실에서 에어컨 바람 쐬며 대충 떠들기만 해도 시간당 아르바이트비를 벌 수 있으니 그야말로 편하고 만족스러운 일이었다. 그 친구들에게는 손바닥 뒤집듯 쉬운 일이 내게는 진실 게임에서 져서 받는 벌칙이나 마찬가지였다. 도대체 무슨 잘못을 얼마나 해야, 사람들을 무료 수강으로 끌어내겠다는 그 일념으로 하루 여덟 시간 동안 쉬지도 않고 전화기 저쪽의 낯선 사람과 날씨 이야기를 하고 영화 이야기를 해야 한단 말인가.

내성적인 사람이 '전화 받기'를 싫어하는 이유는 전화가 아무 예고도 없이 울리고, 누구나 다 전화를 걸어올 뿐 아니라 상대방이 아무 이야기나 다 꺼낼 수 있기 때문이고, 전화를 받으면 상대방의 말을 들으면서 생각하고, 곧바로 결정을 내려 대답을 해줘야 하기 때문이다. 전화를 받는 사람은 생각의 흐름을 끊어버리고 손에 잡고 있던 일을 내려놓아야만 한다. 받지 않으면 죄책감까지 든다.

그리고 내성적인 사람이 '전화 걸기'를 달가워하지 않는 이유는 이해심 때문이다. "이 시간에 전화를 걸면 방해가 되지 않을까?", "전화벨이 세 번 울렸는데도 안 받는 걸 보면 아주 중요한 제안을 구상하고 있는지도 몰라. 과연 내가 방해가 됐구나. 정말 미안하네." 그래서 상대방이 미처 전화를 받기도 전에 서둘러 끊어버린다. 여러 명이 전화로 하는 회의는 더 말할 것도 없다. 잘 들리지 않거나 심지어 전화가 끊기는 일이 툭하면 일어나다 보니 전화 회의는 그야말로 재앙이다.

| 다음과 같은 방법으로 전화 공포증을 극복해보자 |

• 휴대폰에 전화번호 식별 시스템을 설치한다

온갖 앱 중에서 내가 제일 유용하게 쓰는 앱이 바로 '후스콜Whoscall'이다. 이 전화번호 식별 앱은 내성적인 사람과 전화 초조증 사이의 유일한 방어선 역할을 하면서 방해가 되지 않도록 텔레마케팅을 걸러주고, 누가 전화를 걸어왔는지 미리 알려준다. 내성적인 사람이 마음의 준비를 한 다음 전화를 받도록, 그래서 일하는 시간에 필요한 에너지를 보존할 수 있도록 도와주기도 한다.

• 편하게 전화할 수 있는 시간이 얼마나 되는지 미리 설명한다

쓸 수 있는 시간이 제한적이거나 상대방 전화에 너무 오래 마음이 분산되기를 원치 않는다면, 일단 이렇게 물어보자. "제가 지금 5분 정도 시간이 있는데요. 이 정도 시간이면 충분하신가요?"

- 여러 사람이 함께 전화로 소통하거나 오랜 시간 전화 회의를 하는 경우, 일단 진행자에게 토론 거리를 알려달라고 요청한다

매번 발언하기 전에, 우선 이름부터 말하고 상대방이 한 말을 반복한다. 질문하는 걸 두려워하지 말자. 몸짓이나 표정을 볼 수 없는 전화 통화에서 상대방의 말을 확인하는 건 정상적인 일이다.

- 미리 준비한 내용으로 하나하나 토론을 이어간다

전화를 걸기 전에 상대방에게 먼저 이메일로 자신이 토론하고 싶은 사항을 알린다. 나 자신을 일깨우는 효과도 있지만, 곧바로 깊이 있고 효율적인 대화로 들어갈 수 있다. 다른 연락 수단이 없는 낯선 사람을 대상으로 한 영업 개발 전화라면, 이야기할 사항을 종이에 적어 알림용으로 손 옆에 두면 된다.

- 말하는 리듬을 유지한다

중대한 담판을 짓게 되었을 때, 지위가 높은 사람을 만나게 되었을 때, 내성적인 사람은 긴장한 탓에 나아가고 뒤로 빠지는 등의 대응을 해야 할 시점에 영향을 받기 십상이다.

전화기 저쪽에서 소리만 나지 않아도, 상대방이 너무 빠른 속도로 패를 던져도, 내성적인 사람은 쉽게 전열이 흐트러지고, 뒤이어 덮어놓고 패를 던지거나 비장의 카드를 던져버리는 일이 벌어진다. 이런 상황이 벌어졌을 때는 깊게 심호흡을 하고, 생각을 해가면서 말을 할 수 있도록 말하는 리듬을 조정해서, 자기가 가장 우위를 점할 수 있는 리듬

으로 되돌아가야 한다는 점을 기억하자.

• 답변 보낼 시간을 지정해두자

상대방이 전화에서 제안한 내용에 즉답할 수 없을 때는 일단 이렇게 대답해보자. "생각하고 논의할 시간이 좀 필요해 보입니다. 가능한 한 오늘 오후 5시 이전에 답변드리도록, 늦어도 내일 점심 이전까지는 답변드리겠습니다. 괜찮으신가요?"

• 전화했는데 상대가 받지 않았을 경우, 이메일이나 SNS 메시지
  를 보낸다

전화를 걸었는데 상대방이 받지 않았다면 이메일이나 SNS 메시지를 보낸다. 개중에는 SNS 메시지로 바로 대답해주는 사람들도 있다.

내성적인 사람들 다수가 이메일이나 SNS 메시지로 정보를 전하는 방식을 좋아한다. 중요한 날짜, 연락처 등을 알릴 때처럼 이런 방식이 필요한 상황이 있기는 하지만, 아무리 불편해도 전화로 소통하는 게 더 나은 상황도 있다. 민감하고 중요한, 정확성이 요구되는 토론 사항 같은 것들이 그런데, 이를테면 계약 가격, 경쟁 상대의 전략, 담판 교섭 등이 해당한다. 기밀과 관련된 경우 서면 자료에 기재된 정보를 누군가 나쁜 의도로 퍼 나르거나 유포할 수 없도록 막아야 하고, 자주 논의해야 하는 사안이 있는가 하면(가령, 가격을 놓고 벌어지는 공방전), 사안이 중대한

경우(예를 들어, 능력자를 모셔 와서 요직에 앉히는 경우)가 있기 때문이다. 전화 소통은 양쪽이 즉시 소통할 수 있는 경로를 제공해주고, 자기 입장을 설명할 수 있는 충분한 시간을 확보할 수 있게 해주며, 상대방의 생각에 귀 기울일 수 있게 해준다. 인스턴트 메시지 앱이 아무리 유행한다 한들, 자신을 믿으시라. 직접 전화를 거는 게 더 성의 있다고 생각하는 사람이 아직도 아주 많다.

마지막 고려 사항은 바로 '효율'이다. 이 점은 나도 참 의외로 다가온다. 사실 많은 경우 나는 곧장 전화 거는 쪽을 택한다. 상대가 빨리 전화를 받기를 혹은 내가 운 좋게 어느 전화를 받게 되기를 매우 바라면서 말이다. 다른 이유는 없다. 바로 '효율' 이 두 글자 때문이다. 어떤 일들은 전화로 3분 통화하는 게 30분 동안 이메일을 쓰거나 SNS 메시지만 온종일 주고받는 것보다 낫다. 효율을 생각하면 전화 통화를 하면서 느끼는 불편함도 사실 그럭저럭 괜찮게 느껴진다. 일을 빨리 해결하는 게 좀 더 중요하니까 말이다.

화상 회의conference call 하기

닉은 업무 중에 외국 동료들과 연락해야 할 일이 많다. 본사에서는 원활한 소통을 위해, 또 팀이 더 밀접하게 연결되기를 바라는 마음에 글로벌 회의를 늘 화상으로 진행한다. 표정과 손동작을 볼 수 있으니 화상 회의가 상당히 괜찮은 소통 경로임은 확실하다. 하지만 대형 회의를 진행해야 하는 닉은 회의를 열 때마다 늘 한참을 긴장해야 한다.

내성적인 사람 입장에서는 시도 때도 없이 어디서나 아무 예고 없이 울려대는 전화벨 소리보다는, 화상 회의가 상대적으로 예측할 수 있고 명확한 토론 주제가 정해져 있어 사전에 충분히 준비할 수 있다 보니 불확실성이 떨어지고 간섭을 줄이는 데도 효과적이다. 유일한 차이점이라면 다른 사람에게 자기를 드러내야 한다는 것인데, 내성적인 사람에게는 이것도 고민거리가 된다.

업무 성격으로 보면 나도 닉과 별 차이가 없다. 거의 매일 화상 회의가 열리는데, 어떤 때는 아침에만 회의가 세 번 있다. 나는 지금도 컴퓨터로 내 얼굴 보는 걸 좋아하지 않는다. 심지어 다른 사람도 내 얼굴을 볼 수 있다는 생각을 하면 온몸이 부자연스러워지고 머릿속이 새하얘지면서 손발을 어디에다 둬야 할지 모를 지경이다. 하지만 최선을 다해서 여러 차례 연습한 덕에, 지금은 아침에 동료가 깨우는 소리에 침대에서 일어나 두서없이 갈피를 잡지 못하면서도 또렷한 정신 상태로 준비하지 않은 사항까지 상대방과 토론할 수 있게 되었다.

| 화상 회의하기 전에 내성적인 사람이 할 수 있는 것들 |

• 5분에서 10분 전에 화상 회의 장치 준비하기

사전에 토론 주제에 대해 충분히 준비해놓는 것 외에 화상 회의 장치를 적절히 준비해두는 일도 아주 중요하다. 렌즈를 잘 조정해두거나 켜두는 것, 용모와 의상을 잘 정돈해두는 것 등이 포함되는데, 이런 식으로 서서히 '액션' 모드로 진입하게 한다.

- 화상 회의 시작 후 던질 첫마디, 심지어 첫 번째 주제까지 미리 생각해두기

첫마디는 보통 아침 인사, 저녁 인사 등의 인사말과 함께 상대방에게 오늘 어떻게 보냈냐고 묻는 말이다. 여러 사람이 참여하는 화상 회의는 모든 사람이 온라인상에 들어올 때까지 잠시 틈이 생기기 마련인데, 미리 잡담거리를 한두 가지 준비해두면 썰렁한 그 시간에 활용할 수 있다. 많은 사람이 컴퓨터 화면으로 서로를 바라보고 있다 보니 한마디도 하지 않으면 분위기가 정말 이상해진다. 떠오르는 화제가 하나도 없거나 상대방이 상사나 임원이어서 잡담을 해도 되는지 확실하지 않다면 대놓고 이렇게 말하는 것도 괜찮다. "5분은 더 기다려야 할 것 같은데, 다들 이 회의가 있다는 걸 알고 있는지 확인 좀 해보겠습니다. 잠시 뒤 얘기나누도록 하시죠."

- 소통 도구로 주의 분산시키기

다들 영양가 있는 이야기와 핵심을 찌르는 제안을 좋아한다. 그런데 화상 회의를 하다 보면 표정, 손동작, 공책, 온라인 프레젠테이션 등을 소통의 보조 도구로 활용하게 된다. 다들 이런 도구에 주의를 집중하게 되면 당신의 표정에 주의할 수 없게 된다.

앞에서 열거한 전화 회의와 화상 회의 등은 모두 공식적인 소통이지만 이런 소통 상황만 있는 건 아니다. 탕비실, 복도 등에서 우연히 이

루어지는 '비공식적인 소통'도 있다. 사실 앞에서 말한 기교는 이런 비공식적인 소통 상황에서도 유사한, 심지어 훨씬 더 좋은 효과를 발휘할 수 있다. 다음에 탕비실에 들어갔다가 우연히 동료를 만나면, 자연스럽게 프로젝트 진도나 '고객 ○○○ 씨 잘 지낸대? 소식 들은 지 엄청 오래된 것 같은데?' 이런 걸 물어보는 것도 괜찮다. 혹시 의외의 정보를 얻는 수확이 있을지도 모르니!

06

협상장에서의
냉정한 킬러

제임스는 가는 곳마다 당해낼 자가 없는 사람이다. 영업 개발이든 가격 담판이든, 늘 자신만만하고 전공이 혁혁하다 보니 직장 생활의 모든 것이 순조로워서 사장의 총애를 한 몸에 받는다. 거액이 오가는 거래를 할 때나, 중요한 계약을 할 때, 위기를 처리해야 할 때를 막론하고 제임스는 늘 핵심 그룹의 고정적인 구성원에 포함되어 있고, 한 번도 사장을 실망시킨 적이 없다. 한때 직업 군인이었던 제임스에게 담판은 너 죽고 나 살기 식 생존 법칙이 작동하는 전투나 밀림과 다름없다. 목표를 정하고 작전을 짠 다음, 상대가 패배해 투항할 때까지, 백기를 들 때까지 연이어 공세를 퍼붓는다. 제임스에게는 사장의 신뢰, 승진, 보너스가 모두 유인誘因으로 작용하지만, 근본적으로 제임스는 심리적으로 이런 공격을 통해 승리를 거둘 때의 성취감을 즐기는 사람이다.

듣고 있으면 제임스야말로 아주 전형적인 슈퍼 영업맨 같다! 뛰어난 재능과 지략을 갖춘, 청산유수의 말솜씨를 뽐내며 온몸에서 에너지를 내뿜는, 싱글싱글 웃는 얼굴로 담판을 짓는 사람 같아 보이지 않나? 그런데 사실 제임스가 내게 알려준 사실에 따르면 그는 영락없이 내성적인 사람이다.

내성적인 야심가

미국 '우먼 온라인Women Online' 사이트 창립자인 모라 애런스-밀리Morra Aarons-Mele는 〈포브스〉와 한 인터뷰에서 이렇게 말했다. "다들 야심만만한 사람은 외향적인 사람일 거라고 생각합니다. 목소리가 크고 사람들의 시선을 끄는 사람일 거라고 말이죠. 그런데 사실 야심이 있는지 없는지는 성격과 아무 상관이 없어요." 태어날 때부터 은둔형 선비 스타일이었다고 자처하는 초특급 내성적인 성격의 소유자 겸 기업가인 모라는 성격마다 그만의 무기가 있음에도 내성적인 사람들은 종종 자신이 발휘할 수 있는 살상력을 저평가한다고 본다.

리더십 개발 및 전략 소통 회사 랠리RALLY의 CEO 힐러리 모글렌Hillary Moglen은 이십 대에 자신이 완벽하게 내성적인 사람이라는 사실을 깨달았지만, 절대 포기하지 않고 외향적인 사람처럼 보이려고 필사적으로 노력했다. 외향적인 사람이 돼야 직장에서 살아남을 수 있다고, 내성적인 사람으로 사는 건 악몽이라고 굳게 믿었기 때문이다. 힐러리는 몇 년을 발버둥 치고 나서야 자신이 뭘 좋아하는지 정면으로 직시하게 되었다. 자신은 사교를 좋아하지 않는, 물건을 억지로 팔아넘기는 걸 싫어하는 사람이었다. 그래서 더는 가장하지 않기로 결정하고, '더 영업 마인드를 가져야 하고, 더 말을 잘할 수 있어야 한다'는 생각이 들게 하는 회사를 떠났다. 지금 힐러리는 업계에서 '반드시 협력해야' 하는 대상으로 불린다. 그녀는 여전히 자신이 세일즈를 잘한다고 생각하지 않는데도 말이다.

모라는 힐러리를 '영업의 롤모델'로 묘사한다. 힐러리는 일상적인 잡담을 늘어놓지는 않지만, 기회만 있으면 고객 앞에서 자신의 전문성을 보여주고, 영화 속 스타처럼 빛을 발한다. 힐러리의 새로운 고객은 백이면 백 입소문을 듣고 온 이들이다. 오랜 고객들이 입에 침이 마르게 힐러리를 칭찬하는 까닭이다. 제임스도 비슷한 사례이다. 그가 직장 생활을 막 시작할 무렵, 동료들은 모두 그를 '예의만 바른, 총알받이가 되기는 아예 글러 먹은 사람'이라고 생각했다. 제임스가 큰 프로젝트를 연이어 따내고 온갖 까다로운 문제를 해결하고 나서야 다들 그게 바로 제임스의 위력이라는 사실을 깨닫고는 놀랐다.

│ '아주 뛰어난 말솜씨'에 비해, 내성적으로 보이는
아래와 같은 특징들은 어떻게 우리를 도와줄 수 있을까? │

• 귀 기울여 듣기

고급 헤드헌팅 전문가 겸 커리어 코치인 주단단朱丹丹에 따르면 뛰어난 영업자는 답을 얻어내는 능력을 갖추고 있어야 한다. 그래서 마케팅 회사들은 저마다 영업자들이 상대방을 이해할 수 있도록, 내부 정보를 확보하거나 결산에 도움이 될 만한 실마리라면 그게 뭐든 찾아낼 수 있도록, 영업자들에게 질의응답 훈련을 시킨다. 하지만 주단단도 "외향적인 사람인 나는 늘 입조심해야 한다고 나 자신을 일깨우곤 한다."는 말을 한다. 질문을 제대로 해도 귀 기울여 듣는 기교가 없으면 아무 소용이 없다.

같은 답변도 듣는 사람에 따라 그 답변에서 얻어낼 수 있는 정보의 양이 하늘과 땅 차이가 난다. 모라는 내성적인 사람을 '모든 회사의 비밀 영업 무기'로 본다. 내성적인 사람들에게 '깊이 있게 듣는 경청' 능력이 있기 때문이다. 내성적인 사람은 고객이 진정으로 원하는 것이 무엇인지 주의를 기울이는데, 이것이 잡담 몇백 시간 나누는 것보다 정확하고 효과적이다. 모라는 자신의 경험을 들려준다. 예전에 큰 계약을 따낼 때, "회의를 일곱 차례 여는 동안 처음부터 끝까지 다 참석해서 그 사람들이 도대체 뭘 원하는지 꼼꼼히 들었던 것"이 주효했다고 한다. 일반적으로 외향적인 사람들은 하지 못하는 일이 내성적인 사람에게는 익숙하면서도 아주 손쉬운 일이 된다. 그냥 듣기만 하는데도 말이다.

• 장인 정신

내성적인 사람은 예민한 감각에 입장을 바꿔 생각하는 공감 능력을 갖추고 있어, 상대방의 기분을 순식간에 알아차리는 경우가 흔하다. '다들 물건은 사고 싶어 하지만, 영업당하고 싶어 하는 사람은 없다.' 내성적인 사람 대부분은 고객에게 물건을 사라는 말을 계속하지 않는다. 《혼자가 편한 사람들 : 내성적인 당신의 잠재력을 높여주는 책》의 저자 도리스 메르틴은 자아를 절제하는 이런 특징이 마케팅에서 도리어 고객에게 신뢰감을 준다고 본다.

이외에도 내성적인 사람은 깊은 관계를 오랫동안 맺는 데 뛰어나다. 모라는 이렇게 비유한다. "영업자는 거래가 이루어졌는지 여부에 관심을 기울이지만, 장인은 물건을 산 사람이 만족하는지 여부에 관심을 기울입니다. 이것이 영업 정신과 장인 정신의 차이입니다." 처음으로 자동차를 대량 생산한 포드 자동차 창업자 헨리 포드Henry Ford는 이렇게 말했다. "차 한 대 팔았다고 해서 거래가 끝난 것이 아닙니다. 그때부터 관계가 하나 시작되는 겁니다." 그런데 내성적인 사람의 '장인 정신'이 바로 이런 관계를 맺어나가는 중요한 요소가 된다.

• 분석 능력

칼럼니스트 제프리 제임스Geoffrey James는 효과적인 영업 모델은 '영업자의 소개-설득-지속'으로 이어지는 전통적인 영업 모델과 달리, 응당 '고객 연구-고객의 니즈needs 경청-반응'이 되어야 한다고 본다. 그런데 이 세 가지가 모두 내성적인 사람들의 특기이다. 외향적인 사람은 애를 써야 통제할 수 있는 영역인데 말이다. 인터넷 자료 수집, 읽기, 정보 분석, 경청 등은 하나같이 인내심이 필요하다. 또 개방적인 태도를 유지하면서 새로운 의견을 받아들이고 상대방에게 보조를 맞춰 반응하고 거래를 완성해야 한다.

기업 컨설턴트 실비아 뢰켄에 따르면, 내성적인 사람은 분석 능력이 뛰어나기 때문에 양측의 입장과 조건을 분석할 수 있다. 여기에 태

생적으로 조화를 중요시하는 내성적인 사람의 특징이 더해지면 더 쉽게 원활한 조율 공간이 만들어지고 쌍방의 니즈가 조율된다.

목표는 사령관 정복이다

예전에 이런 사례를 들었다. 한 홍보회사가 대규모 행사 개최를 앞두고 연예 기획사를 통해 외국 연예인을 초대해 공연을 열기로 했다. 시간이 촉박해서 일단 티켓 판매와 홍보부터 시작해놓고, 다른 일도 활발하게 진행했다. 그런데 행사를 겨우 2주 앞두고 연예인 측에서 개런티를 16퍼센트 올려주지 않으면 참석하지 않겠다고 했단다. 애초에 양측이 구두로만 합의를 해놓고 서면으로 사인을 하지 않은 탓에, 홍보회사에서 대만 쪽 연예 기획사와 수차례 소통해봤지만 해당 연예인이 16퍼센트를 더 주지 않으면 이야기할 생각이 없다고 하니 어찌할 도리가 없었다. 그렇지만 16퍼센트를 더 주면 행사 전체가 큰 손해를 보게 될 판이었다. 만일 당신이 홍보회사 담당자라면 어떻게 하겠는가?

이 홍보회사의 팀장은 겨우 2초 만에 문제를 풀 방법을 생각해냈다. 그는 마음이 다급한 프로젝트 기획자에게 말했다. "기획사 쪽에 얘기해서 그쪽이 8퍼센트 책임지라고 해보세요." 일 전체의 이해관계를 분석해보니, 기획사 수익이 커미션에서 나오기 때문에 행사를 개최하지 못하면 기획사에서는 단 한 푼도 벌 수 없는 상황이었다. 기획사는 이를 헤아려본 뒤 홍보회사와 각각 8퍼센트씩 부담하기로 했다. 이렇게 해서 한쪽은 적게 벌고, 한쪽은 적어도 손해보는 장사는 하지 않아도 되었다. 홍보회사 팀장은 이해관계를 따져본 뒤, '손해봐도 개최한다' 와 '행사를 펑크 낸다' 이외에 세 번째 선택지를 찾아냈다. 이것이 바로 분석 능력이다.

내성적인 사람은 보통 사람 수가 적은 전장에서는 손해를 보지 않는다. 헤드헌팅 전문가 주단단은 이렇게 본다. "영업 쪽 일은 논의가 막바지에 이르면 보통 혼자, 많아봤자 둘이서 결정을 내립니다. 외향적인 사람은 많은 사람 앞에서 매력을 드러내는 게 특기이니, 이럴 때는 쓸모가 없죠. 바꿔 말하면, 이런 상황에서는 오히려 내성적이라고 해서 손해를 보리란 법이 없다는 겁니다. 도리어 좀 더 우위를 점할 수도 있죠." 이 말에 나도 예전에 미국으로 출장 갔을 때의 에피소드가 떠올랐다. 당시 출장 목적은 방대한 금액의 구매안을 논의하는 것이었다. 담판을 짓기 전, 우리는 일단 미국 쪽 파트너와 전략을 짜면서 시뮬레이션을 돌려보았다. 나는 팀장님 옆에 앉아서 그 사람들의 생각에 귀를 기울이며, 어떻게 해야 할지 생각했다. 외향적인 팀장님이 청산유수로 고견을 늘어놓는데, 미국 쪽 파트너가 돌연 고개를 돌려 나를 바라보았다. "제가 과거 십여 년에 걸쳐 터득한 경험에 따르면, 보통은 조용한 사람이 가장 조심스럽고 신중하기 마련이더군요. 질의 생각을 들어보고 싶은데요?" 보아하니 예전에 어느 내성적인 분께서 이 파트너에게 아주 치명적인 일격을 가한 적이 있는 모양이었다!

07

원거리 업무, 내성적인 사람의
만병통치약?

나는 〈본 아이덴티티〉 시리즈를 좋아한다. 남자 주인공이 한 번 바뀌기는 했지만, 촬영 기간 14년 동안 이 시리즈물에 대한 내 애정은 시종일관 줄어든 적이 없다. 이 영화는 한마디로 말하면, 미국중앙정보국CIA이 통제 범위를 벗어난 인간 병기를 죽이기 위해 뒤쫓다가 결국 실패하는 이야기이다. 첫 편에서 맷 데이먼Matt Damon은 자기가 누구인지는 잊어버렸지만 정교하게 훈련받은 살인 기법은 모두 기억하고 있다. 미국중앙정보국에서 맷 데이먼을 처리하기 위해 보낸 킬러 클라이브 오언Clive Owen의 숨이 끊어지기 전, 맷 데이먼이 묻는다. "당신 말고 누가 더 있지?" 오언은 대답한다. "나 하나야. 당신처럼 우리는 다 단독으로 움직이지. 당신은 누구지? 로마 아니면 파리?"

지금 내 생활이 대충 이렇다. 자기소개 할 때 국가나 도시 이름을 덧붙인다. "저는 질이라고 합니다. 타이베이 출신입니다." 휴대폰으로 동시에 여러 시간대의 시간을 확인하는 것 이외에 무슨 이야기를 하든 도시를 대명사로 쓴다. 같이 일하는 파트너들도 헷갈리는 법이 없다. "샌프란시스코(사람 지칭)에 이야기하셨어요? 맞다. 아마 마닐라(프로젝트 지칭) 같은 게, 홍콩(지역 지칭)에도 있어야 할 것 같아요." 대부분 국가에 사람은 딱 하나뿐이고, 모든 문서는 클라우드에 올린다. 오프라인 사무실도, 동료도 없다. 심지어 출퇴근 시간을 관리하는 사람도 없다. 그냥 나 '혼자'뿐이다.

2013년 야후 CEO 머리사 메이어가 재택근무 정책을 취소하자, 한바탕 소동이 일어났다. 비판자들은 이렇게 말했다. "지금이 어느 시대인데, 억지로 같은 시간에 같은 사무실에 앉혀놔야 직원들이 일할 수 있다는 겁니까." 야후가 창립되기 전, IBM은 1983년에 재택근무를 시행하기 시작했다. 당초 실험적으로 2,000명이 참여했으나, 2009년이 되자 IBM의 전 세계 173개국 사무소에서 약 40퍼센트의 직원이(38만 6,000명) 아예 사무실을 쓸 필요가 없어졌다. IBM 역시 이 덕에 2억 달러에 달하는 임차료와 수도세, 전기세를 절약할 수 있었다. 그러나 뜻밖에도 20분기 연속 수익 하락을 기록한 뒤인 2017년 3월 IBM은 재택근무 선택지를 취소해버렸다. 이런 변혁을 두고 궁지에 몰린 IBM 최후의 반항으로 보는 이도 있었고, 원거리 근무가 아예 불가능하다는 걸 보여주는 사례라고, 애플과 구글 같은 회사들이 처음부터 모든 직원이 사무실에서 일하게 한 게 당연하다고 보는 이도 있었다.

갤럽이 실시한 표본추출조사에 따르면, 현재 미국 노동자 중 43퍼센트가 풀타임으로 혹은 적어도 파트타임으로 재택근무를 하고 있다.

도대체 재택근무와 사무실 근무 중 어느 게 더 효과적인지는 양쪽을 뒷받침해주는 연구 결과가 다 나와 있지만, 결국 본질적으로 이 문제는 업무 스타일과 가장 밀접하게 관련되어 있다.

업무에 집중하게 해주는 효율적인 소통

컨설턴트나 보험 영업사원처럼 업무 내용이 주로 고객과 오가는 것이라면 또는 칼럼니스트처럼 혼자 힘으로 완성할 수 있는 일이라면, 억지로 같은 사무실에 모아놓고 일하게 하는 건 일리가 없어 보인다. 그렇지만 엔지니어들로 이루어진 팀처럼 동료와 자주 소통해야 하는 일은 서로 아이디어를 논의할 수 있도록 같은 환경에서 일하는 게 어떤 과학기술과도 비교가 안 될 정도로 효율적이다. 더 심한 경우도 있다. 캘리포니아대학교 샌디에이고 캠퍼스University of California, San Diego와 어바인 캠퍼스University of California, Irvine는 보잉727 한 대의 기내에서 발생하는 상황과 기내 직원들의 소통 과정 및 모델을 시뮬레이션해보고 이를 기록, 분석하는 공동 연구를 진행했다. 실험 전 과정이 녹음되었는데, 그중 이런 내용이 있었다.

한 기내 직원이 연료 유출로 보이는 상황을 발견하고는 바로 말한다. "상황이 좀 이상합니다!"
기장 : "음……."
부기장 : "아아아."

그리고 문제가 해결되었다(뭐라고!?).

연구자는 녹음 내용과 영상을 대조한 뒤 이렇게 효율적인 소통 과정에서는 많은 정보가 몸짓과 목소리, 표정 등으로 전달되어 완성된다는 사실을 발견했다. 연료 유출을 발견한 기내 직원은 몸을 기장과 부기장 쪽으로 돌려 문제가 있는 눈금 두 군데를 가리킨 뒤, 연이은 손짓으로 계기판을 가리켰다. 기장과 부기장은 고개를 끄덕이고는 손짓으로 오케이 사인을 해 보였고, 연료를 다른 엔진으로 옮겨 문제를 해결했다. 이 모든 과정에 걸린 시간은 겨우 24초에 불과했다. 만일 이 세 사람이 서로 다른 장소에 있을 때 같은 상황이 발생했다면, 화상 회의를 하든 사진을 찍어서 계기판 수치를 다른 두 사람에게 전달하든 SNS 메시지로 전하든 이렇게 짧은 시간에 소통을 마무리 지을 수 없었을 것이다.

내성적인 면으로는 전문가에 오른 사람으로서, 내게 이 연구 결과는 그야말로 청천벽력이나 마찬가지였다. 그도 그럴 것이 나는 재택근무보다 더 좋은 업무 환경을 생각할 수도 없기 때문이었다. 침대에서 책상까지 출근 시간은 10초면 되고, 민낯에 잠옷 차림으로도 일을 할 수 있으며, 장대비가 내리는 날 러시아워에 집을 나서거나 회의실에서 아무 의미 없는 시간을 숱하게 흘러보내지 않아도 되니, 심지어 아무도 없는 무인 사무 환경을 누리기 위해 특별히 30분 일찍 일어날 필요도 없으니 말이다! 나는 지금 이렇게 환상적인 환경에서 일하고 있다. 혼자서 집에서 일하는 것은 물론이고 타이완 전역에 내 동료는 한 명도 없어서 온종일 늘어지게 잠을 자도 가장 가까운 곳의 동료가 타이완까지 달려오려면 적어도 비행기를 두 시간은 타야 하니 그야말로 천하무

적이라 할 수 있다.

하지만 소통 효율의 측면에서 이야기하면, 자주 논의해야 하는 업무는 확실히 재택근무가 환영받기 힘든 것이 사실이다. 내 경우 늘 동료와 화상 회의를 할 시간을 잡아놓아야 한다. 의제와 자료를 준비해서 논의가 끝나면 그때 로그아웃한다. 휴게실에서 동료를 만난 김에 프로젝트 진도를 확인할 수도 없고, 동료의 통화 내용을 듣게 될 일도 없으며, 동료가 컴퓨터에 띄워놓은 화면을 무심코 스캔했다가 그 동료가 뭘 처리하고 있는지, 업무량은 어느 정도인지 알게 될 일도 없다. 더 중요한 건 나 혼자뿐이라는 것이다. 천재지변이 일어났든 인재가 발생했든, 하다못해 손톱을 삐끗했든, 다른 나라에 있는 동료로서는 알 도리가 없다. 설사 안다 한들 도와줄 수도 없고. 그냥 내가 알아서 해결하고 업무를 감당할 수밖에 없는 것이다.

재택근무가 아주 이상적으로 들릴지 모르겠지만, 세상에 완벽한 건 없다. 감당해야 할 문제는 훨씬 더 많고, 더 어려운 상황이 숱하다. 특히 관리직을 맡으면 다른 팀, 다른 부문과 소통해야 하는 일이 많아지는데, 같은 사무실에서 근무하는 게 아니라 구성원들이 다 재택근무를 하거나 나처럼 동료들이 여러 나라에 흩어져 있는 경우 소통을 하려면 별도로 시간을 잡아서 온라인상에서 만나야 하기 때문에 소통 비용이 커진다. 주동적으로 소통을 하자니 상대방이 메시지를 읽어야 하기에 제약이 따르고, 다른 사람이 시간을 내거나 온라인상에 들어올 때까지 기다려야 질문에 대답해줄 수 있다. 고군분투하다 보면 멀리 있는 샘물로는 가까운 불을 끌 수 없는 법이라 승패가 모두 자기 자신에게 달려 있게 되고 그러다 보면 스트레스도 더 심해진다. 결국 '각자 자기 일에 집중하는 것'과 '서로 순조롭게 소통하는 것' 이 둘을 다 이루기란 어려운 법이니까.

당신은 원거리 업무에 적합한 사람입니까?

나는 풀타임 재택근무자remote worker가 되기 전, 사실 2년 동안 재택근무 겸직 실험을 해보았다. 내내 즐겁게 일했지만, 정말로 풀타임 재택근무자로 전직하려고 하자 다들 내게 의미심장한 조언을 해주었다. "생각 잘해야 해. 개발자 출신도 아니잖아. 앞으로 재택근무 일이 그렇게 많아지지도 않을 텐데, 일단 재택근무에 익숙해지면 매일 출퇴근해야 하는 일상으로 되돌아갈 수도 없을 거라고." 그렇긴 하지만, 내성적인 나는 불구덩이 속으로 뛰어드는 나방처럼 매일 혼자 점심을 먹는 일상을 향해 돌진했다.

만일 지금 당신에게도 풀타임 재택근무의 기회가 주어졌다면, 개발자 출신의 재택근무자 알렉스 청Alex Tzeng이 처음 풀타임 재택근무로 진입하면서 고려한 세 가지 측면을 참고하면 도움이 될 것이다.

| 재택근무 고려 사항 |

• 몸과 마음의 건강

'외롭지 않을까?'나 '집에서 일하면 정신이 분산되지 않을까?' 심지어 '재택근무를 하다 보면 일과 생활의 균형이 깨지지 않을까?' 같은 질문들.

• 일을 완성할 수 있을까

'사무실에서 떨던 수다가 그리워지지 않을까?'나 '그럼 의사소통은 어떻게 하지?' 심지어 '동료들이 나를 잊어버리지는 않을까?' 이런 질문들.

• 커리어 발전

'내가 중요한 프로젝트를 스스로 처리할 수 있을까?'와 '재택근무자는 어떻게 승진을 해야 하지?' 그리고 '내가 재택근무를 하면서 팀장이 될 방법이 있을까?' 이런 질문들.

온종일 코딩에 몰두하는 엔지니어는 일 자체가 너무 복잡해서 바깥사람에게 이를 명확하게 설명하기가 어렵다 보니 외로움을 타기 십상이라고 한다. 내 일은 정보공학 전문가information engineer의 일과는 성질이 다르지만, 그래도 문과 출신 재택근무자의 업무 상황 그리고 재택근무를 하면서 맞닥뜨릴지도 모를 우려스러운 점이 어떤 게 있을지 생각해볼 수 있다.

원거리 업무에 대한 우려

나한테 고독이나 외로움은 '나 혼자서 일한다'는 매력에는 절대 비할 수가 없는 것들이다. 게다가 업무 특성상 늘 외부와 소통하고 회의를 열고 사교 행사에 참석하다 보니 업무 내용도 다양한 편이다. 그래서 엄밀히 말하면, 결코 커피숍에 앉아서 해낼 수 있는 일은 아니다. 더군다나 팀워크가 아주 좋다 보니, 잠에서 깨 일어난 동료가 내가 잠들기 전 말을 걸어와 잠깐 수다를 떨 때도 있다. 그러다 보면 친밀감이 높아진다.

일하면서 맞닥뜨리게 되는 좀 큰 도전이 있다면 오히려 어떻게 일과 생활 사이에서 균형을 잡을 것인가 하는 문제이다. 지역별 시차에 맞춰야 하다 보니 나는 보통 매일 아침 7시가 되기 전에 일을 시작해서 밤 11시가 돼야 일을 마친다. 어떤 때는 심지어 새벽 1시까지 일하기도 한다. 장점은 출퇴근하지 않아도 되고, 인터넷만 연결되면 일을 할 수 있으며, 실제 업무 시간을 아주 충실하게 보낸다는 것이다. 하지만 업무 시간을 의도적으로 잘 지켜야만, 이런 편리함 탓에 가정과 개인 시간을 희생하게 되는 일이 벌어지지 않는다. 예를 들면, 나는 가족들과 함께 참석할 수 있는 경우가 아니면 주말에는 행사를 잡지 않는다. 주말 저녁에 잡힌 행사도 가족들과 조율해보고 나서 참석한다.

내성적인 사람은 보통 집중도가 좋아서 쉽게 외부의 방해를 받지 않는다. 나는 주변 사람들이 궁금해하는 '무심코 텔레비전을 보다가 두 시간을 흘려보내지는 않는지?'나 '침대를 보면 졸리지 않은지?'와 같은 일은 아직 일어난 적이 없다. 오히려 곁에 동료가 없다 보니 자칫 잘못하면 일에 너무 과하게 몰두하게 되고, 몇 시간 만에 고개를 들었다가 그제야 점심시간이 일찌감치 지나갔다는 걸 깨닫게 되기도 한다. 그밖에 좀 어려운 점은 친한 친구들에게 이런 부탁을 받을 때다. 가령 "어쨌든 넌 계속 집에 있잖아. 나 대신 택배 좀 받아줘."라거나 "넌 딱히 일도 없잖아. 대신 은행 좀 다녀와주라." 같은 것들이 그렇다. 사실 나도 회의하러 나가야 하는데 말이다. 재택근무를 한다고 해서 일이 없는 게 아니라고!

원거리 업무에서 흔한 소통 방식

아무리 내성적인 사람이라도 사람들과 오가기는 해야 한다. 이게 재택근무자에게 가장 도전적인 부분일 것이다. 어쨌거나 사무실에서는 고개를 돌리면, 전화를 걸면, 또는 복도에서 사람을 만나 멈춰 서면 이야기를 나누게 되니 말이다. 구성원들이 오대양 육대주에 퍼져 있다 보니 심지어 같이 창업까지 해놓고 상대방이 어떻게 생겼는지도 모르는 사례도 본 적이 있는데, 이런 상황에서는 구심력을 만들어내기도 쉽지 않다.

그러나 훌륭한 소통은 일을 완성하는 주춧돌 역할을 한다. 3년 동안 재택근무를 한 소프트웨어 엔지니어 유촨하오尤川豪는 효율적으로 재택근무를 하려면, 소통 방식 변화와 충분한 소통 도구 확보 등 최소 두 가지 기교가 필요하다고 정리했다. 도구에는 상대방이 바로 답 메일을 보내리란 법이 없는 이메일, 동시적인 SNS 메시지, 화상 회의, 전화 회의 그리고 대부분 팀워크에 기대 복잡한 문제를 해결하는 당면 소통 등이 포함된다. 이외에 트렐로Trello 같은 프로젝트 관리 도구도 재택근무자의 좋은 파트너이다. 소통 도구는 적극적이고 소극적인 정도에 따라 달리 선택할 수 있다. 이를테면 급하지 않고 복잡하지 않은 일은 화상 회의를 열지 말고, 질문을 받은 사람과 정보를 받은 사람 위주로 답변을 가지고 반응하면 된다.

완벽한 방법은 없다. 적합한 방법인지 아닌지만이 있을 뿐

'팀장이 나를 보지 못하는 상황인데 어떻게 해야 눈에 띌 수 있지?' 재택근무자가 마주하게 되는 중요한 승진 의제 중 하나가 이것일 것이다. 소프트웨어 엔지니어 알렉스 청이 들려주는 경험에 따르면, 사실 업무 성과는 재택근무 환경에서 훨씬 더 쉽게 드러난다고 한다. 사무실에 있을 때 팀장 눈에 보이는 건 '직원이 자리에 있는지 없는지' 뿐이지만, 재택근무를 하면 협력 시스템과 프로젝트 관리 시스템을 숱하게 활용해야 하다 보니 하는 일마다 흔적이 남을 수밖에 없다는 것이다.

재택근무 엔지니어 줄리아 에번스Julia Evans는 실제 승진에 관해 다른 팀 구성원들과 좋은 관계를 유지하고, 모범적인 재택근무자를 찾아보라고 조언한다. 내가 경험을 통해 얻은 답도 비슷하다. 돌이켜 생각해보면, 애초에 한동안 재택으로 일하다가 전례를 깨고 승진할 수 있었던 까닭은 분명히 당시 내가 늘 어떻게 하면 조금이라도 더 도와줄 수 있을지 생각했기 때문이었다. 끊임없이 아이디어를 내고 동료들의 협조를 얻어 아이디어를 실현해가면서 내가 '눈에 띄게 되었던 것'이다.

1977년 매사추세츠공과대학교 토머스 앨런Thomas J. Allen 교수는 IBM의 사무실 문화를 연구하다가, 두 사람이 같은 사무실에 있어도 멀리 앉아 있을수록 소통 횟수가 낮아진다는 사실을 발견했다. 둘 사이의 거리가 일단 30미터를 넘어가면 소통 횟수가 제로에 가까워졌다. 같은 공간에서 일해도 이런데, 재택근무야 말해 무엇하겠나! 과학기술이 이 문제를 해결해줄 수 있으리라 생각한다면, 매사추세츠공과대학교 객원과학자visiting scientist 벤 웨이버Ben Waber가 당신에게 알려줄 것이다! '효과가 제한적입니다!'라고. 과학기술 도구를 통해 연락하게 되는 사람은 대부분 전에 얼굴을 본 적이 있는 사람이기 때문이다. 여기서 재택근무로 우려되는 점이 하나 또 나오는데, 그게 바로 모든 과학기술과 소통 도구가 가진 특징, 즉 반드시 일하는 사람이 주동적으로 선택해서 사용해야 한다는 점이다. 재택근무자는 스스로 알아서 소통을 할지 말지 혹은 어떤 종류의 도구가 좀 더 효율적일지 등을 판단해야 한다.

내성적인 사람에게 꼭 어떤 출근 방식이 더 좋으리란 법은 없다. 중요한 건 자신에게 가장 효율적인 업무 방식을 찾아야 한다는 점이다. 꼭 사무실에서 일해야 한다면, 사무실에 좀 일찍 출근해서 좀 늦게 퇴근하는 식으로 자신만의 시간과 공간을 만들어내는 방법, 구석이나 벽 근처 등의 사무실 공간을 고르는 방법도 생각해볼 수 있다. 집에서 일한다 해도 시시때때로 새로운 과학기술 도구 활용법, 협력 플랫폼과 SNS 메시지 프로그램 등의 조작법을 익혀서 외부와 접촉하기 가장 적합한, 가장 효율적인 방식을 골라 순조로운 소통을 유지해나가야 한다.

자기가 편하면서도 효율적인 업무 방식을 찾아내기만 하면, 내성적인 사람이라고 해서 재택근무와 사무실 근무 중 어느 하나만을 고집하여 자신의 업무 선택지를 제약할 필요가 없다. 비록 잠옷 차림으로 일하는 게 정말 편하기는 하지만.

08

출장이 잦은 사람을 위한 제안

제시에게 국제 콘퍼런스 데뷔는 그야말로 악몽이었다. 여러 해가 지난 뒤에도 의사 일정을 받은 뒤 느꼈던 초조함이 기억날 정도였다. 당시 꼬박 2개월 동안 제시의 마음속에서는 오직 한 가지 목소리만 들려왔다. '가기 싫다고!'

단상 위에 올라 토론을 진행해야 해서 긴장한 건 아니었다. 수십 개국에서 온 대표 강연자들을 만나야 해서도 아니었다. 일정 배치가 문제였다. 매일 아침 8시 30분에 조찬 모임(누가 아침을 먹으면서 사교를 할 수 있단 말인가?)이 첫 일정으로 잡혀 있었고, 일정은 밤 9시의 저녁 만찬까지 이어져 있었다(온종일 명함 교환하고 소그룹 토론에 참여했는데, 그것도 모자라서 낯선 사람과 같이 두 시간 동안 저녁까지 먹어야 하다니!). 제시는 일정만 보고 있어도 진이 다 빠져나갈 것만 같았다.

아니나 다를까, 제시의 강연과 진행은 큰 호평을 받았다. 그렇지만 기나긴 하루가 지나 저녁 만찬 시간이 되니, 제시는 배터리가 다 나간 것처럼 눈이 풀려버렸다. 술잔이 정신없이 오가며 분위기가 무르익는 가운데, 옆에 아무리 높은 지위에 대단한 힘을 가진 사람이 앉아 있어도, 대화 내용이 아무리 기지가 넘치고 재미있어도 제시는 그냥 억지로 입꼬리를 살짝 끌어올리는 수밖에 없었다. 전투력이 이미 바닥나 있었다. 제시의 국제 콘퍼런스 데뷔는 그야말로 악몽이었다.

콘퍼런스 이틀째 되는 날, 제시는 참사를 되풀이하지 않기 위해 전략을 바꾸기로 했다. 콘퍼런스는 마침 참가자들이 묵는 호텔에서 진행 중이었다. 제시는 중간 휴식 시간에 사람들 무리에서 빠져나와 방으로 돌아가서 에너지를 보충하기로 했다. 중간 휴식 시간이 부족하면 화장실이나 복도 끝으로 숨어들어서 잠시 휴식을 취한 뒤 다시 전장으로 향했다. 이 전략은 뚜렷한 효과를 발휘했다. 이튿날 밤, 제시는 우아하게 대화에 참여했고 심지어 마지막 날 밤에는 각국의 내빈들과 함께 현지 노래방에 가서 새벽까지 즐겁게 노래를 부르기도 했다.

제시의 상황은 자주 출장을 떠나야 하는 내성적인 사람에게는 전혀 낯설지 않은 상황이다. 익숙한 구역이나 일반적인 궤도를 벗어나는 일은 내성적인 사람에게는 에너지를 소모하는 임무이다. 여정 중에 맞닥뜨리게 되는 불확실한 요소들이 있다. 가령 비행기가 제때 도착하지 않는다든지, 옆 좌석 승객이 너무 큰 소리로 떠든다든지, 기내식에 알레르기를 불러일으키는 음식이 포함되어 있다든지, 낯선 나라와 도시, 심지어 전혀 다른 날씨 상황과 교통 방식 그리고 처음 만나는 고객, 한 번에 성사시켜야 하는 거래 같은 것들 말이다. 외향적인 사람은 신기하고 재미있어서 뭐든 해보고 싶어 안달이 날지 모르지만, 내성적인 사람에게 이는 겹겹이 이어지는 도전일 뿐이다.

에너지를 세심하게 분배해서 에너지 소모를 줄이자

나는 업무 성격상 출장을 자주 간다. 당일 안에 돌아오는 경우가 있는가 하면 반드시 외지에서 한동안 묵어야 하는 경우도 있고, 국내 출장인 경우가 있는가 하면 외국 출장인 경우도 있다. 시간대가 전부 다른 열몇 개 지역을 돌아다녀야 할 때도 있다. 매번 출장을 갈 때마다 나는 오랫동안 마음의 준비를 하고, 더더군다나 출장 중에는 내 에너지 지수를 세심하게 계산해둔다.

출장 중에 에너지 소모를 줄이는 방법 중 하나는 비싼 좌석을 잡는다든가, 별이 붙은 호텔에서 묵는다든가 아니면 회의장에서 가까운 곳에 묵는다든가 하는 식으로 돈을 쓰는 것이다. 이러면 높은 휴식의 질을 확보할 수 있다는 장점이 있다. 하지만 현실에서 이런 예산이 마련되는 경우는 거의 없다. 이럴 때는 다른 탄력적인 방법을 쓴다. 이를테면 비행기 탑승 수속을 좀 일찍 해서 내가 좋아하는 자리를 고르는 식이다. 이러면 시간이 주는 압박감과 초조감을 떨어뜨릴 수 있고 좀 더 평온하고 침착하게 비행할 수 있다. 단거리 비행을 할 때는 복도를 오가는 사람들 때문에 휴식에 방해가 되지 않도록 창가 자리를 선호한다. 장거리 비행을 할 때는 옆 좌석 사람에게 "좀 지나가겠습니다." 같은 말을 하지 않고 언제든 화장실에 갈 수 있도록 복도 자리에 앉는다. 이 모두가 조금만 주의하면 에너지를 줄일 수 있는 좋은 방법이다.

출장지에 도착해서 일정이 시작되면, 에너지를 세심하게 분배해야한다. 예를 들어 나는 처음 만나는 중요한 고객과의 일정과 중요한 담판은 같은 날 잡지 않는다. 좀 골치 아픈 회의 일정 몇 개를 각각 다른날 잡을 수 있다면, 중간에 안면이 있는 고객이나 상대적으로 편한 식사 자리를 끼워 넣는다. 일찍 일어나서 어느 고객을 만나러 가야 하는지, 상대방과 같이 회의에 참석하는 사람은 누구인지, 회의 목적은 무엇인지, 상대방이 어떤 질문을 던질지, 회의가 끝나면 어느 커피숍에가서 에너지를 보충할지, 다음 회의장은 어디인지, 이동하는 데 시간이얼마나 걸리는지, 어떻게 가야 도중에 좀 쉴 수 있는지 등 당일 일정을머릿속으로 한번 재연해본다.

출장 중에는 예상하지 못했던 상황이 벌어지기 마련이다. 갑작스러운 일정 변동, 항공편 변경은 '흔히 있는 변동'이라고 할 수 있지만, 내성적인 사람은 사전에 계획하고 확인해야 리스크를 줄일 수 있다. 이외에 변동 와중에도 리스크의 확대를 막을 수 있는 지점을 찾아낼 수만있다면, 변함없이 유쾌하게 임무를 감당할 수 있다.

휴대할 수 있는, 나만의 안전지대를 만들자

마티 올슨 래니 박사는 《내성적인 사람이 성공한다》에서 내성적인사람은 상대적으로 체온이 낮고 손발이 찬 느낌을 쉽게 받는다고 언급한다. 또한 내성적인 사람은 땀을 많이 흘리지도 않다 보니 열이 배출

되지 않아서 날이 더우면 일을 제대로 할 수가 없다. 그래서 내성적인 사람이 편하게 느끼는 체온의 범위가 상대적으로 더 좁다. 출장 복장은 쾌적함에 더 신경을 써야 한다. 겹겹이 껴입고, 가벼운 목도리나 실크 스카프를 휴대한다. 에어컨이 켜진 방을 드나들 때의 온도 변화에 대응할 수 있도록 가방에는 조끼나 외투를 넣어서 갖고 다닌다. 당일 날씨 예보를 보고 장갑, 두꺼운 양말, 손난로를 휴대하고 나갈지 결정한다. 이런 것들이 모두 최적의 상태를 유지할 수 있는 옷차림 요령이다.

그 밖에도 내성적인 사람은 쉽게 긴장하는 편이니 어디 가든 자신을 보호할 수 있는, 언제든 들어가서 쉴 수 있는 '휴대 가능한 심리적 공간'을 마련하는 것도 출장 때 반드시 필요한 요령이다. 이런 공간은 결계結界, 만화 〈신세기 에반게리온〉의 AT 필드Absolute Terror Field 또는 자신만의 보호 에어캡air cap으로 상상해볼 수 있다. 몸을 둘둘 감싸주는 두꺼운 양털 목도리와 눈을 완전히 가려주는 선글라스를 갖고 다닌다든지, 서류 가방에 힐링용으로 작은 완구를 넣고 다닌다든지, 좋아하는 향수를 뿌리고, 이어폰을 낀 채 좋아하는 음악을 듣는다든지 아니면 레이디 가가Lady GaGa처럼 큰 모자를 쓰거나 고기生肉 패션으로 다른 사람이 다가오지 못하게 막는다든지(음, 이건 좀 과할 수도 있겠다), 어쨌거나 곁에 있는 작은 물건을 활용해 자신이 '보호받고 있다'는 느낌을 만들어내면 그 익숙함 속에서 에너지를 얻을 수 있다.

09

다문화가 공존하는
직장에서의 대처법

인터넷에서 인기 있는 삽화가 카롤리나 코로넨Karoliina Korhonen의 책
《핀란드에서 온 마티 : 소심한 개인주의자를 위한 소셜 가이드 1》,《마
티, 내 안의 작은 핀란드인 : 소심한 개인주의자를 위한 소셜 가이드 2》
시리즈가 인터넷에 퍼지자, 다들 이걸 보고 나한테 공유해주었다. 심지
어 1년이 지나도록 '하하, 정말 내성적이다. 질이랑 아주 판박이네.' 이
런 생각을 하는 사람이 끝도 없이 나오는 바람에 나로서는 울어야 할지
웃어야 할지 모를 지경이었다.

현실의 카롤리나 코로넨은 친구들 사이에서, 업계에서 내성적인 성
격으로 아주 유명하다. 카롤리나가 창작한 만화 주인공 마티도 전형적
인 내성적 성격의 소유자인데, 매일같이 마음속에서 끝도 없는 소극장
공연이 펼쳐진다. '지금 안 나가면 늦을 텐데, 복도에 사람이 있으니 이
를 어쩌지?'라거나 '한번 시식해보고 싶기는 한데, 제발 판촉 사원이

나한테 말 좀 걸지 않기를', 심지어 '논의만 하면 될걸, 왜 그렇게 가까이 다가온담? 세상에, 툭툭 치기까지 하네.' 이런 생각을 하기도 한다. 버스 옆자리에 앉았던 사람이 다른 자리로 옮겨가자, 본성을 어찌지 못하고 이런 생각에 빠져든다. '내가 뭘 잘못해서 나랑 같이 앉기 싫어졌나? 어떻게 하지?'

심리학자 로리 헬고는 《은근한 매력 : 내성적인 사람이 성공하는 자기관리법》에서 문화에도 내향성에 편향된 문화와 외향성에 편향된 문화가 있다고 언급한다. 핀란드, 노르웨이, 아이슬란드, 스위스, 덴마크 등 북유럽 국가들이 바로 내향적인 문화에 속하고, 미국, 쿠바 등은 외향적인 국가들이다. 흥미로운 점은 외향적인 문화가 지배하는 사회에서 나고 자란 사람이라고 해도 대부분이 외향적이지는 않다는 것이다. 네리스NERIS Analytics Limed의 통계에 따르면, 내성적인 미국인의 비율이 외향적인 미국인의 비율보다 0.004퍼센트 더 높다고 한다! 샘플 개수가 2,200만 개에 이른다는 사실을 알고 나서 나는 좀 위로를 받았다. 외향적으로 보이는 미국 문화 안에도 나처럼 내성적인 사람이 반이 넘는다니, 적어도 1,100만 명은 내 고통을 이해할 수 있을 것이다.

나는 타이완에서 나고 자란 내성적인 사람이지만, 커리어는 외향적인 미국과 깊은 관계가 있고, 경력은 아예 외향적인 문화와 악전고투한 역사로 점철되어 있다. 일단 미국에서의 학업 경험과 인턴 경험은 제쳐놓자. 타이완으로 돌아온 뒤, 나는 스포츠 매니지먼트업에 종사하면서 타이완 야구 선수를 미국 메이저리그에 소개하는 일을 맡았다. 그 뒤 다시 미국으로 가서 주 정부에서 일했다. 나중에 타이완의 장기 요양 비영리 조직에서 일하기는 했지만, 그때도 미국 쪽과 자주 회의를 열었다. 지금은 아예 미국의 비영리 조직에서 일하고 있다. 이렇게 오랜 시간이 지났지만, 나는 여전히 내가 미국의 외향적인 문화와는 전혀 어울리지 않는 사람이라고 생각한다.

수전 케인은 《콰이어트》에서 외향적인 문화 속에 있는 내성적인 사람의 고전적인 사례를 언급한다. 하버드대학교 경영대학원이 배경이다. 수전은 '세상을 바꿀 리더를 육성하다'라고 자화자찬하는 이곳을 다음과 같이 묘사한다. "학생들이 온종일 클럽 이벤트나 파티를 기획하거나 그게 아니면 막 다녀온, 끝내주게 재미있었던 여행 이야기를 하는 곳이다. 하버드대학교 경영대학원은 학생을 떠들기 좋아하는 사람으로 만들려고 노력한다. 예를 들면 정보가 부족한 상황에서 혹은 마음속에서 겨우 55퍼센트밖에 확신이 서지 않을 때 어떻게 100퍼센트의 자신감을 갖고 말하게 할 것인가를 가르친다." 이 점이 하버드대학교 경영대학원의 내성적인 학생들을 한없이 고통스럽게 하는 것이다.

내 모교도 역사가 오래되었고 우수한 졸업생을 많이 배출했지만, 하버드대학교와는 아예 비교가 안 된다. 〈포천〉이 선정하는 500대 기업 중 상위 20퍼센트 안에 드는 CEO 명단에 이름을 올리지도 못한다. 그런데도 나는 첫 번째 강의에서 첫 번째 문화 충격을 겪고야 말았다. 당시 교수님은 성적 평가 기준을 설명하면서 강의 참여도가 30퍼센트를 차지한다고 했다. '강의 참여도라는 건 분명히 출석을 말하는 거겠지? 타이완 교수님들은 다 그러셨으니까.' 이렇게 생각했던 나는 나중에 정말 엄청나게 고생을 했다. 알고 보니 대학원에서는 강의를 듣기 싫으면 솔직히 말하면 되지만, 일단 강의실에 들어가면 계속 발언을 해야 했다. 소그룹 토론을 하든 단상 위에 올라가 발표를 하든 교수님이 말한 내용에 질문을 하든 말이다.

정말 노력했지만, 나는 할 수 없었다. 처음에는 언어 장벽 탓이라고 생각했지만, 사실 일상생활에서나 일하는 곳에서는 어떤 소통의 장애도 겪지 않았다. 학습 방식의 문제라는 생각도 했지만, 개학하고 3개월 뒤 교수님은 내가 다른 학생들과 별반 다르지 않다고 하셨다. 여러 해가 지난 뒤, 《콰이어트》를 읽고 나서야 이것이 내성적인 사람에게는 적합하지 않은 교육과 학습 시스템이라는 사실을 알게 되었다. 외향적인 문화가 지배하는 국가에서는 학교에서 직장에 이르기까지 '유창한 표현 능력과 뛰어난 사교 능력이 성공한 사람을 만든다'고 믿는다.

최근 들어 산업 추세가 변화하면서 과학기술업계의 영향력이 점차 확대되자, 대중은 그제야 청산유수의 달변인 월스트리트 스타일에서 간결하고 실용적인 실리콘 밸리 스타일에 서서히 눈을 돌리기 시작했다. 점점 더 많은 회사가 픽사Pixar, 마이크로소프트처럼 직원들이 그룹 토론을 벌일 수도 있고 혼자 생각에 잠길 수도 있는 탄력적인 전천후 사무실 디자인을 채택하고 있다.

내가 일하는 조직은 본사가 샌프란시스코 도심지에 있다. 지리적인 이유도 있고 거래 파트너로서의 관계도 있다 보니, 조직 문화도 실리콘 밸리의 영향을 깊이 받았다. 나한테는 내성적인 문화와 외향적인 문화의 완벽한 융합이다. 사무 구역은 개방식 공간이어서 소통하기 편하지만, 일단 필요하면 폐쇄된 작은 공간에 들어가서 혼자 있을 수도 있다.

다들 평상시에는 각자 자기 일을 하다가도 수시로 식당 구역으로 가서 디저트를 곁들여 커피를 마시면서 프로젝트 진도나 업무 상황을 이야기한다. 정례회의를 열기 전에 일단 클라우드에 양식을 올려놓으면, 다들 회의 준비를 할 수 있도록 각자 보고해야 할 내용을 올리고 자료를 제공한다.

내성적인 성격과 외향적인 성격은 상호보완적인 관계이지 대립적인 관계가 아니다

내성적인 사람이 외향적인 문화에 적응하지 못하는 느낌을 받을 때 잊지 말아야 할 점은 외향적인 사람도 내성적인 문화로 들어가면 적응해야 하는 건 마찬가지라는 것이다. 전 〈워싱턴포스트〉 도쿄 지국장 레이드T. R. Reid는 일본에서의 생활 경험을 묘사하면서, 미국에서는 '사유지 주차 시 견인됩니다.' 이렇게 명시해두는데, 자신의 일본 이웃들은 '정말 죄송한데 부탁드리고 싶은 것이 있습니다. 당신의 값비싼 차를 낡은 차도 앞에 세워두지 마시기 바랍니다.' 이렇게 명시해두더라고 이야기했다. 로리 헬고는 문화의 이런 상호보완성은 음과 양처럼 서로가 다르지만, 서로를 끌어들인다고 설명한다. 어쩌면 이것이 미국인이 왜 그렇게 요가와 일본 만화에 열광하는지, 그런데 일본 사람은 왜 또 영어 단어가 들어간 티셔츠를 입어야 트렌디하다고 생각하는지 설명해주는지도 모른다.

• 업무 능력 발휘와 효율

'공적으로 함께 일하면서 생긴 전우애가 없다면, 사적인 우정도 싹 트지 않는다.' 직장 생활에서 사람들은 그 사람의 능력과 실적을 본다. 업무 성과가 눈에 띄고 업무 효율이 높다면, 우리만 있으면 상사가 다른 눈으로 보고 팀 분위기가 편해진다면, 누구나 다 우리와 협력하고 싶어 할 것이다.

• 존중

서로의 업무 방식, 리듬, 업무 목표, 팀을 존중한다. 이는 내가 미국 문화 중에서 가장 고맙게 생각하는 부분이기도 하다. 결과에 도달하기만 하면, 어떤 업무 방식이든 다 존중받는다. 돌발 상황이 아니라면, 팀장 역시 이렇게 확인부터 한다. "이 일 하고 싶어요?" 원하지 않으면 다같이 논의해서 대안을 찾는다. 핑곗거리 찾느라 계속 머리를 쥐어짤 필요가 없다. 식사 모임이나 행사에 참여할 마음이 없다면 그 역시 직접 말하면 된다. 누구도 강요하지 않는다.

• 유머

내성적인 사람은 재치 있게 임기응변하기 어려울 수도 있다(우리 같은 사람한테 현장 반응 같은 걸 기대하지 마시길). 하지만 평상시 냉정하고 진지한 사람이 이따금 가벼운 화제나 소소한 농담을 던지면 효과 만점이 되

어 다들 이렇게 생각하게 된다. '포커페이스로 농담하는 것 좀 봐. 괜찮은데!'

다른 문화를 포용하자

내성적인 사람이 꼭 내성적인 문화에서 물 만난 물고기 같은 느낌을 받느냐 하면 다 그렇지는 않다. 내성적인 문화가 지배적인 러시아에서 한동안 지낸 적이 있는데, 지금도 러시아 사람들은 냉장고처럼 차가운 사람들이라는 인상이 남아 있다. 화를 내는 건지 아니면 너무 거만한 건지 알 수 없을 지경이었다. 매번 러시아 사람들과 이야기를 나눌 때마다 거절당하거나 무시당할까 봐 전전긍긍했다. 돌이켜 생각해보면, 다른 사람도 나를 그렇게 보지 않을까? 이런 생각이 든다. 내가 예전에 관리했던 홍콩은 내성적인 지역이었고, 한국도 내성적인 국가에 속했다. 이런 지역이나 나라의 동료들과 함께 지낼 때는 도리어 좀 더 외향적으로, 강하게, 적극적으로 나가야 할 때가 있었고, 심지어는 공격적인 일면을 보여줘야 할 때도 있었다. 솔직히 말하면, 그렇다고 더 홀가분하게 느껴지지도 않았다.

만일 나처럼 외향적인 문화에서 살아남아야 하는 사람이라면, 외향적인 문화의 장점을 즐겨보는 것도 괜찮다! 예를 들어 상대방이 늘 화젯거리가 넘치니 내가 화제를 생각해낼 필요도 없다. 외향적인 문화에서는 보통 칭찬에 인색하지 않다. 비록 "넌 나한테 아주 특별한 사람이야. 네가 있으면 정말 안심이 돼." 이런 말을 듣고 있으면 늘 난감하기는 하지만 말이다. 내 미국인 동료들은 나를 '모금의 기적'이나 '타이완에서 온 괴물' 심지어 '레전드'라고 부르는 데 조금도 주저하지 않는다 (보시라, 외향적인 문화가 얼마나 과장이 심한지). 내가 깨달은 게 있다면, 각종 문화를 포용해야 한다는 것, 어떤 이유로든 자신의 가능성을 제약해서는 안 된다는 것, 더더군다나 성격이 내성적이라는 이유로 그래서는 안 된다는 것이다.

아, 맞다. 내가 미국에서 가장 오래 산 곳은 미네소타였다. 미네소타는 북유럽의 후손들이 가장 많이 사는 주인데, 보통 미네소타 사람에 대해서는 '미네소타 호인Minesota Nice'이라는 고정관념이 있다. 예의 바르고 보수적이며, 우호적인 데다 맞서 싸우는 걸 싫어하고 나서지 않으며, 냉정하면서도 자제력이 있고 시선 받는 걸 좋아하지 않는다. 추워도 너무 춥다는 걸 빼면, 미네소타는 내성적인 사람에게 꽤 괜찮은 미국 행선지이다.

10

내성적인 성격의
장점을 업무에 발휘하자

존은 뉴욕 공항 부근에서 태어난, 수줍음이 많으면서도 겸손한 남자이다. 어려서부터 비행기를 보며 자란 존의 꿈은 파일럿이 되는 것이었다. 하지만 독단적인 아버지는 존이 신부가 되기를 바랐고, 그래서 존은 대학에서 신학과 철학을 공부했다. 간신히 대학을 졸업한 뒤, 존은 아버지의 반대를 무릅쓰고 택시 운전사가 되었다. 얼마 되지 않는 수입을 모아 파일럿 시험에 붙었고, 경영학 석사 학위를 밟았다. 하지만 이런 자격과 경력을 갖추고도 미연방항공국Federal Aviation Administration 으로부터 거절당하고 말았다.

서른다섯 살 되던 해, 존은 시장 점유율이 아주 낮은 회사에 들어가 가장 말단의 비행기 판매원이 되었다. 존은 이 회사에서 32년 일했는데, 그가 겨우 5년 만에 시장 점유율을 50퍼센트까지 끌어올리는 사이 라이벌 회사는 영업 총괄자 여덟 명을 갈아치우고도 존을 끌어내리지 못했다. 존이 퇴직한 그해 판매한 비행기는 875대에 달했으며, 주문액은 1천억 달러를 넘어섰다. 이게 평생 판매한 총 대수가 아니라 퇴직한 그해 판매 대수였다! 이 사람이 바로 존 리히John Leahy이다. 에어버스 Airbus SAS의 영업 및 마케팅 최고 책임자였던 그는 윙스클럽파운데이션 The Wings Club Foundation이 수여하는 최고영예상Distinguished Achievement Award을 받았고, 〈월스트리트 저널〉은 그를 '살아 있는 전설'이라고 표현했으며, 에어버스의 CEO는 존에게 '아무도 뛰어넘을 수 없는 유일무이한 세일즈맨'이라는 찬사를 보냈다. 주변 사람들은 그를 '아주 부끄러움이 많고 겸손하면서도 동시에 야심이 엄청난' 사람이라고 묘사한다. 그런데도 그는 자신이 이룬 것을 거의 내세우지 않는다. "저는 그냥 보통 사람일 뿐입니다. 운이 좋아 뭘 조금 이루었을 뿐이죠." 이렇게 말하면서 말이다.

내성적인 사람이 맞닥뜨리게 되는 직장에서의 도전

내성적인 사람은 순간적으로 집중되는 시선을 감당할 방법이 없다. 칭찬받는 것도 민망해서 힘들어한다. 자기가 세운 공도 찾아 먹지 못한다. 책상을 내려치며 싸우지도 못한다. 다른 사람한테 도와달라는 말도 하지 못한다. 상대에게 방해가 될까 봐 전화도 못 건다. 자기 홍보에 열을 올리지도 못한다. 복지 혜택도 챙기지 못한다. 너무 많은 시선을 받는 게 싫어서 1등도 마다한다. 하물며 직속 상사 앞에 서면, 상사들이 완곡하게 이런 말을 하기도 한다. "워밍업을 좀 길게 하는 스타일인가

보네요." 이런 직언을 하는 경우도 있다. "왜 누구누구처럼 가서 상대방 치켜세워주고 그런 걸 못해요? 얼른 가세요!" 회의 중에 사람들 앞에서 빠른 속도로 생각을 표현하는 걸 좋아하지 않다 보니 아무 의견 없는 사람으로 비치기도 한다. 갑자기 이름이 불리는 게 외면당하는 것보다 더 비참하다. 마음씨 좋은 사람이 공을 넘기며 물을 때도 있다. "의견 있으면 좀 이야기해보시겠어요?" 그러면 '팟' 소리와 함께 모든 스포트라이트를 한 몸에 받게 되고, 머릿속은 백지장이 되어버린다. 심장 박동 속도가 올라가는 소리가 들려오고, 누군가 어서 이 길고 괴로운 정적을 깨주길 갈망하게 된다.

내성적인 사람에게는 일하는 하루하루가 도전의 연속이다. 내성적인 사람에 대한 직장 내 오해 역시 일일이 셀 수 없을 정도로 많다. 많든 적든 '내성적인 사람은 인간관계에 서툴다'는 식으로 순식간에 분류해버리는 말들이 존재하지만, 사람에게 고정관념을 억지로 적용하는 건 단순하면서도 거친 분류법일 뿐이다. 인사 관리자도 각 부서 팀장들이 이런 고정관념을 근거로 결정을 내리기를 바라지 않을 것이다.

백핸드로 안 된다면, 적수가 없을 정도로 포핸드와 속도를 연습하자

우리 주변의 수많은 내성적인 직장인은 늘 마음속으로 소극장 공연을 숱하게 열면서 이런 고민을 한다. '나는 왜 누구누구처럼 편하게 사람들을 찾아가서 이야기할 수 없을까?'라거나 '방금 그 문제, 사실 나도 대답할 수 있었는데. 정말 속상해. 어째서 지금에야 대답할 게 생각나는 거야?' 또는 '같이 호흡을 맞추기로 했던 진행자가 갑자기 불출석했네. 나보고 처음부터 끝까지 다 책임지라는 건 바다에 뛰어들라는 거 아냐?'라거나. 사실 내성적인 사람이 가진 독보적인 장점이 아주 많다. 백핸드로는 아무리 해도 상대를 이길 수 없다면, 포핸드를 적수가 없을 정도로, 속도가 쏜살같이 빨라질 때까지 연습하는 게 낫다. 그러면 어떤 공이 오더라도 똑같이 해치울 수 있다.

| 내성적인 사람의 강점 |

• 심사숙고한다

생물은 진화하는 과정에서 환경에 정확하게 반응하고 적응하는 유전자를 남긴다. 신경 계통의 차이로 외향적인 사람은 상대적으로 보상에 끌리는 경향이 있는 데 비해, 내성적인 사람은 '위험을 피하고 힘을 아끼며 실패를 줄인다'는 생존 전략에 치중하는 경향이 있다. 내성적인 사람은 보통 머릿속으로 생각해보지도 않은 말은 입 밖으로 내지 않으며, 충동적으로 일을 벌이지도 않는다. 의견을 내세우기 전에 심사숙고한다. 이런 면이 듣는 이에게 호감을 갖게 만들고, 자기가 중요한 사람으로 대접받고 있다는 느낌이 들게 한다. 게다가 말에 영양가가 있다. 이런 특징 덕에 내성적인 사람은 사전에 충분히 준비하게 마련이다. 내성적인 사람이 허둥지둥 늦게 회의장에 도착하거나 마감 시간 직전에 터치라인을 밟는 경우는 거의 보기 힘들다.

• 경청에 능하다

경청은 효과적인 소통을 위한 중요한 요건 중 하나이다. 내성적인 사람은 관찰에 능하고, 말에 숨어 있는 뉘앙스를 잘 알아차린다. 이들은 정보를 정확히 받아들이고 이해한 뒤 깊이 생각해본다. 그래서 다른 사람에게 무엇이 중요한지, 어떤 정보가 의미 있는 정보인지, 뒤에 어떤 맥락이 숨어 있는지 더 잘 알게 된다. 영화 〈라이프 오브 파이〉의 주인공 아딜 후세인Adil Hussain은 리안李安을 이렇게 묘사한다. "리안 감독은 아주 예민하고 고요하게 디렉팅하는 스타일입니다. 와서 이야기할 때도 거의 귀에 대고 해요. 감독용 의자에 앉아서 크게 소리치거나 어시스턴트에게 말을 전해달라고 하는 경우가 거의 없죠. 항상 자신이 직접 와서 소통합니다. 리안 감독과의 소통은 언어 소통에만 그치는 게 아니라 배우가 연기할 수 있도록 해주는 에너지를 전환시켜주는 쪽에 훨씬 가깝습니다. 그래서 수라즈 샤르마Suraj Sharma 같은 신인이 그렇게 뛰어난 연기를 선보일 수 있었던 겁니다."

하지만 내성적인 사람은 상대방의 말과 안색을 살피는 데도 능하다. 이렇다 보니 다른 사람의 생각을 쉽게 확대하기 마련이다. 어떤 때는 그게 자신에게 스트레스가 되기도 한다. 그렇지만 그 덕에 내성적인 사람은 다른 사람들이 무슨 생각을 하는지, 뭘 필요로 하는지 알아차린다. 직장 생활에서 이런 능력이 있으면 담판을 지을 때 아주 유리하다.

• 열정적인 끈기를 갖고 있다

내성적인 사람은 쉽게 포기하지 않는다. 오히려 끈기를 갖고 지속적으로 목표를 추구한다. 심리학자 앤절라 더크워스Angela Duckworth는 《그릿 : IQ, 재능, 환경을 뛰어넘는 열정적 끈기의 힘》에서 이런 특징을 '그릿Grit'이라고 불렀다. 앤절라 더크워스는 이를 천부적 재능, 지능, 가정의 수입보다 더 앞으로의 성공을 예측할 수 있게 해주는 지표로 본다. 근속연수가 올라가고 지위가 높아질수록, 전문성을 갖춘 고급 인력일수록 이런 능력이 필요하다.

조지타운대학교 교수 칼 뉴포트Cal Newport가 말한 '딥 워크deep work'와 같은 이야기이다. 칼 뉴포트는 《딥 워크 : 강렬한 몰입, 최고의 성과》에서 정신을 집중하고 몰입해서 깊이 있고 보기 드문 성과를 만들어내는 것이야말로 시장 가치로 전환될 수 있는 능력이라고 말한다. 최고 경영자로 성공하려면, 매일 수많은 답 메일을 보내고 수차례 회의를 여는 것보다 깊이 있고 의미 있는, 가치 있는 장기 프로젝트를 이끌어갈 능력이 더 필요하다. 그런데 이것이 바로 내성적인 사람의 강점이다.

완벽한 사람은 없다. 우리가 힘든 도전에 맞닥뜨렸다며 한탄할 때 어쩌면 우리가 가진 특징, 능력, 경험이나 선천적인 세심함 등을 부러워하는 사람이 있을지 모른다. 내성적인 사람이 외향적인 사람이 되어야만 성공의 꼭대기까지 올라갈 수 있는 건 아니다. 내가 가진 장점을 잘 이용하기만 하면, 내성적인 사람도 똑같이 잘 해낼 수 있다. 가장 중요한 건 자신이 그것 때문에 무너지지 않는 것이다.

내성적인 사람의
인맥 역습

01

내성적인 성격의 특성을 이용해 공개된 장소를
홈그라운드로 만들자

이 제목을 붙여놓고 내가 다 웃음이 나왔다. 일단 '홈그라운드'의 뜻부터 말하면, 보통 내 집에서 경기를 치를 때에나 생기는 '우위를 점하고 있다'는 뜻이다. 집에서 잘 먹고 잘 잔 뒤 나가서 경기를 치르면 된다. 온도가 쾌적한 시간대에 경기 일정이 잡히고, 호화로운 휴게실이 마련되며, 배앓이를 할 일이 없는 도시락이 제공된다. 온 경기장에 당신을 응원하는 팬들이 운집하고, 심지어 반칙을 해도 눈에 모래가 들어갔는지 심판은 그걸 보지 못한다. 솔직하게 이야기하면, 아무것도 하지 않고도 20점은 따고 들어간다는 뜻이다. 하지만 내성적인 사람한테 사교장을 홈그라운드로 만들라니? 뉴욕 양키스 팬과 보스턴 레드삭스 팬에게 같은 곳에서 자라고 하는 것보다 더 어려운 일 아닌가!

외교부에서 연 '봄맞이 티타임' 행사에 처음 참가했을 때의 일이다. 처음 참가하는 행사라서 사전에 아주 성실하게 참가자 명단을 문의했지만, 답변은 받지 못했다. '그래도 이 영역에서 이렇게 여러 해 일을 했는데, 현장에 가면 아는 사람 몇 명은 있겠지! 그냥 거기서 진행되는 프로그램만 보고 있어도 그렇게 민망하지는 않을 거야.' 이렇게 나를 달래면서 들어갔는데, 들어가고 나서야 상황이 그렇게 간단하지 않다는 걸 알게 되었다. 세상에나 행사장 중간에 아예 좌석이 마련되어 있지 않았다! 다들 양복이나 정장 차림으로 그룹을 지어가며 이야기를 나누고 있었다. 문을 열고 들어가자 보이는 거라고는 사람들의 까만 머리뿐이었고, 웃고 떠드는 소리가 파도처럼 어마어마한 기세로 나를 향해 몰려들었다.

과장님이 공손하게 나를 데리고 행사장까지 들어가주지 않으셨다면, 난 아마 일찌감치 달아나버렸을 것이다. 다들 아는 사람들끼리 모여서 왔는데, 나만 혼자 어색하게 호화로운 행사장에 서 있었다. 다행히 전화가 한 통 와서 처음 30분은 할 일이 생겼다. 내가 속으로 중얼거린 게 못해도 쉰 번은 됐을 것이다. '나 도대체 여기서 뭘 하는 거지? 다음에는 죽어도 참석 안 할 거야!'

다음 날 저녁, 또 낯선 행사가 열렸다. 과학기술 분야의 여성 엘리트 마흔 명이 모이는 시상식이었다. 이전 날 좌절한 경험에 내가 과학기술 종사자가 아니라는 점까지 덧붙으면서 나가기 직전까지도 가야 할지 말아야 할지 망설이다가 마지막에 가서야 마지못해 성대한 행사에 걸맞게 옷을 차려입었다. 용감해서가 아니라 이미 주최 측에 참석하겠다고 말을 해놨기 때문이었다. 하지만 역시나 처음 참여하는 행사였음에도 전날과는 전혀 다른 경험을 하게 되었다. 많은 친구를 사귀었고, 새

내성적이지만 인싸 직장인입니다

로운 지식을 습득했으며, 심지어 새로운 협력 기회를 발굴해낼 수 있었다. 집에 돌아가는 길에는 아주 신바람이 나 있었다.

둘은 겨우 하루 차이로 진행된 행사였다. 그나마 좀 안다고 생각했던 행사는 대충 마무리되었는데, 아무 확신도 없었던 행사는 오히려 의외로 순조롭게 진행되었다. 이 사실은 그 누구보다도 내성적인 내가 사교 행사와 수십 년 전투를 벌이며 느낀 점을 구체적이면서도 미세하게 드러내준다.

전장을 제대로 고르자

내성적인 사람의 가장 중요한 자산은 바로 에너지이다. 어떤 행사든 참석차 출발하기 전에, 일단 도대체 왜 참석해야 하는지 확인하는 게 무엇보다 중요하다. '신중하게 고르자'가 아니라 '제대로 고르자'라고 한 건, 긍정적인 방향으로 생각해야 할 때가 있기 때문이다. 그래야만 자기가 편하게 느끼는 안전지대를 차차 확대해나갈 수 있다.

앞에서 이야기한 경험 중 외교부에서 연 티타임 행사는 '이런 영예로운 자리에 초청받아놓고 안 가면 미안한 데다가 어쩌면 거기서 새로운 사람들을 알게 될지도 모르는' 행사였다. 그리고 여성 과학기술 엘리트 시상식은 '상을 받으러 가는 곳이니 안 가자니 미안하고, 게다가 올해 내 목표가 여성을 위해 일을 좀 더 해보자는 것이니 뭘 어떻게 할 수 있을지 가서 이것저것 알아보고 싶은 마음이 큰' 행사였다. 좀 민망한 기분이 드는 건 두 행사 다 마찬가지였지만 출발점이 다르니 효과도 전혀 달라졌던 것이다.

제대로 준비하자

전쟁터의 모양도 효과에 영향을 끼친다. 외교부 티타임 행사의 주축은 다들 자유롭게 교류할 수 있는 자리를 마련한다는 것이었으므로, 다른 프로그램이 많이 준비되어 있지 않았고 좌석도 없었다. 과학기술 분야 여성 엘리트 시상식은 강연 프로그램이 아주 충실하게 마련되어 있었고, 그룹끼리 느낀 점을 나눌 기회도 있었다. 내성적인 사람 입장에서는 공개적인 상황에서 에너지 소모가 가장 적은 방식이 바로 강연 청취이다. 일단 행사의 흐름, 행사장 배치를 알아두고 좀 일찍 도착해서 환경을 익혀두는 것도 좋은 준비 방법이다. 가벼운 행사라면 주최측에 어떤 사람들이 오는지 물어보거나 같은 영역에서 일하는 주변 친구들에게 참석 여부를 물어보기를 권한다. 이러면 좀 안정적인 효과를 기대할 수 있다.

앞자리에 앉고, 무대에 올라가자

과학기술 분야 여성 엘리트 시상식에서 나는 수상자였고, 좌석은 이미 배치되어 있었다. 주최 측에서 내게 무대에 올라가 수상 소감을 말해야 한다는 이야기를 해주지 않는 바람에 무대로 올라가서 식은땀을 흘렸지만, 사실 이게 내성적인 사람이 상대적으로 우위를 점할 수 있는 방식이기는 하다. 직관적으로는 맞지 않는 말처럼 들리지만, 내성적일수록 앞자리에 앉아야 하고, 내성적일수록 무대에 올라가서 말을 해야 한다. 앞자리에 앉으면 더 쉽게 발언자의 눈에 띄고, 무대에 올라가면 일대일 자기소개와 낯선 사람과 만난 자리에서 서먹한 분위기를 깨야 하는 수고를 덜 수 있다.

그날 무대에 오른 2분 동안 나는 이런 말을 했다. "주최 측에 감사드립니다! 사실 전 제가 왜 과학기술 분야 여성 엘리트 시상식에 와 있는지 잘 모르겠습니다. 저는 과학기술 분야 종사자가 아닙니다!I'm not even in tech!(이 타이밍에 관중이 웃음을 터뜨렸다) 나오기 전까지도 제가 와야 하는 곳인지 망설이다가 마침 미국인 친구와 이야기를 나누게 되었는데, 이 친구가 저한테 묻더라고요. '너 휴대폰 있어?' 그래서 대답했죠. '있지, 그런데 왜?' 그랬더니 이 친구가 이러는 거예요. '넌 과학기술 분야에 종사하고 있어!You're in tech!' (관중 박장대소)"

"전 여자들도 이 남자 같은 마음을 가져야 한다고 생각해요. 너무 사양하기만 해서는 안 된다고, 시선 받는 걸 너무 거부하기만 해서는 안 된다는 거죠. 그래서 왔습니다. 저는 기브투아시아Give2Asia에서 일하고 있어요. 기브투아시아는 타이완의 수많은 벽지僻地와 학생들의 과학 교육을 지원하고 있습니다. 앞으로도 더 많은 타이완 사람, 특히 여성이 과학기술 교육을 받을 수 있도록 돕고 싶습니다. 이런 영광을 누릴 기회를 주셔서 감사합니다. 타이완 파이팅, 여성 파이팅!"

행사 후반부 교류 시간이 되자, 어떤 낯선 얼굴과 인사를 나눠도 다들 과학기술 분야 종사자가 아니라고 했던 여성분 아니냐며 나를 알아보았다! 내적 에너지 소모 지수로 보건대, 무대에 올라서 2분 동안 한 이야기로 이후 수십 번의 자기소개를 덜게 되었으니 그야말로 엄청난 이득이었다. 이어서 어떻게 하면 내성적인 사람의 방식으로 사교장을 가뿐하게 쥐락펴락할 수 있는지 이야기해보겠다.

02

사교 행사장으로
전진하라

미국의 기업 컨설턴트이자 작가, 마케팅 회사 창립자인 일리스 베넌 Ilise Benun이 강연자로 나선 〈괴로워하지 말자: 내성적인 사람들이 직장에서 원하는 걸 얻는 방법에 관한 가이드 Don't get pushed around: An introvert's guide to getting what you need at work〉의 온라인 강의를 수강할 때 강의를 듣는 동기 중 금발의 미남이 있다는 사실을 알게 되었다. 눈빛은 맑고 투명했고, 말할 때는 아주 차분했다. 온몸에서 고귀한, 그러면서 살짝 우울한 분위기가 뿜어져 나오는 게 흡사 청춘 캠퍼스물에서 여자의 구애를 받는 남자 같았다. 이 사람을 본 순간 이런 생각이 들었다. '저런 사람이 뭐 하러 이런 강의를 듣지? 저런 얼굴이면 누구나 친해지려고 먼저 다가갈 테니, 직장 생활 가이드니 뭐니 아예 필요도 없겠구먼!' 그런데 이 댄디한 남자가 첫 강의에서 말하기를, 자기는 혼자 낯선 사람이 많은 곳에 가거나 낯선 화제를 놓고 이야기를 나눠야 하는 곳에 가면 너무 자신감이 없어진다고, 실수하거나 말을 잘못하면 낯선 사람들이 자기를 별로라고 생각할까 봐 두렵다고 했다.

내성적인 사람에게 사교 행사장은 이렇게나 두려운 곳이다. 전투장 같고, 마귀가 나타나는 요술 거울 같고, 울며 겨자 먹기로 참석해야 하는 몰래카메라 프로그램 같다. 일단 참석하기 전 일주일 동안 마음을 졸이면서 어떻게 하면 이 행사를 피할 수 있을지 생각을 거듭하며 고민에 빠져 지낸다. 참석해야 한다는 마음과 피하고 싶은 마음 사이에서 갈팡질팡한 끝에 행사장에 도착하면 그 뒤 세 시간이 얼마나 길고 긴지 꼭 30일처럼 느껴진다. 홀가분한 척하면서 억지웃음을 지으며 있는 힘을 다해 유머 감각을 발휘하고 분위기를 북돋다 보면, 결국 행사장을 떠날 즈음에는 에너지가 방전되어 집에 가서 쓰러져 자고 싶은 생각만 든다. 도대체 역사 속 어느 배부르고 등 따스웠던 인물이 할 일 없이 사교 행사장 같은 자리를 발명했는지 의문을 품으면서, 일 때문에, 집안 사정 때문에, 아니면 친구들이 주선한 자리라서 가야 하는 사교 모임 날짜까지 또 며칠이 남아 있는지 세어보게 된다.

우리도 사회에 녹아들기 위해 노력을 해보지 않은 건 아니다. 집에서 사교 기술을 연습하고, 억지로라도 행사에 참여하는 것 외에도 인터넷에서 '3분 안에 끝내는 인맥의 기술'이나 '가벼운 수다로 우정 쌓기' 이런 제목만 보면 희망에 가득 차서 집게손가락으로 클릭해보지만, 보통 몇 분 뒤면 실망해서 인터넷 창을 꺼버린다. '사람이 오래 아프면 의사가 다 된다.'는 말이 있다. 내가 의사는 못 되지만 수차례 좌절을 겪으면서, 어째서 그런 글들이 내성적인 사람들에게 그다지 도움이 되지 않는지 차차 깨닫게 되었다. 그런 글을 읽는다고, 그런 준칙을 외운다고 어떻게 치고 들어가고 어떻게 뒤로 빠져야 하는지 알게 되고 대응할 수 있게 되는 게 아니다. '눈으로 상대방을 똑바로 바라보면서 웃는 얼굴로 강하면서도 힘 있게 악수를 하며 좋은 인상을 남겨야 한다…….' 나도 다 아는 것들이다. 하지만 나는 도무지 그 말이 안 나온다! 게다가 아무리 가뿐하게 이야기를 나누는 방법이라 한들 나는 쉬지도 않고 억지로 연습해야 한다. 연습이 부족하면 교전 내용을 서서히 잊어버리게 되고, 결국 원점으로 돌아가버리고 만다.

최근 몇 년 각종 행사장에 가서 이야기해야 할 일이 많았는데, 십여 명이 둘러앉아 있는 기업인 모임이든 수백 명이 앉아 있는 공개적인 자리이든, 가장 큰 도전은 무대에 올라 이야기를 하는 게 아니라 무대에 올라가기 전과 무대에서 내려온 뒤에 어떻게 다른 사람과 어울리느냐는 것이었다. 특히 내가 속으로 어떤 기대감을 갖고 갔을 때, 예를 들면 얼마까지 모금을 하고 싶다거나 뒤이어 어느 귀빈과 어떤 행사를 함께 개최하고 싶다는 기대감을 갖고 갔을 때가 그랬다. 처음에는 툭하면 난감해져서 옷자락을 꼬며 미소 짓곤 했다.

수많은 상처가 쌓이고 쌓인 뒤, 처음 만난 사교 행사장에서 차차 '활달하고, 밝으며, 머리 회전이 아주 빠르다' 등의 불가사의한 단어로 나를 묘사하는 사람이 생기기 시작했다(많이 찔리면서도 한편으로는 내가 참 속물적이라는 생각도 든다). 만일 당신도 내성적인 사람이라면, 내가 사교 행사장을 홈그라운드로 바꿀 수 있는 혹은 적어도 전쟁터로 보지 않을 수 있는 실용적인 방법을 공유할 수 있을 것이다.

'참석할지 말지 결정하는 것'이 가장 중요한 일일 것이다. 반드시 가야 하는 몇몇 자리를 제외하면, 우리에게는 언제나 선택의 여지가 있다. 언젠가 한 번은 어느 나라의 업무 범위 안에 강력한 경쟁자가 침입했다는 사실을 알게 되었다. 우리 파트너와 고객들에게 직접 공세를 펴부은 것은 물론이고 대대적으로 만찬을 열고, 넘어서는 안 될 선까지 넘어와 깃발을 꽂아버린 상태였다. 이를 알아차린 나는 곧장 미국 본부의 중간관리자, CEO와 이 일을 논의했고, 곧바로 훨씬 더 큰 규모의 행사를 개최해서 만회하기로 결정했다. 그런데 그 나라의 책임자 역시 내성적인 면으로는 베테랑급에 오른 사람이었다. 그는 우리가 내린 결론을 전해 듣고는 다음 날 아주 논리 정연한 이메일을 보내왔다. 어째서 지금 행사를 여는 게 최선의 방식이 아닌지, 어째서 그게 가장 효율적인 방식이 아닌지 설명하면서, 일대일로 관계를 다져 격파해나간다는 자신의 대응 방법을 내놓았다. 한바탕 토론을 벌인 끝에 그 동료는 CEO를 설득하는 데 성공했다. 확실히 지금 가진 자원과 그 동료의 풍부한 인맥으로 정확하게, 그러면서도 실용적으로 관계를 다지는 게 훨씬 더 효과적이었다.

이 사례에서 알 수 있듯이, 대안을 쓰면 똑같은, 심지어 훨씬 더 나은 효과를 거둘 수 있는 상황에서 하지 않으면 안 될 일이란 없다. 이는 '사교 행사에 참석해야 할지 말지'를 평가할 때도 활용할 수 있는 법칙이다.

| 사교 행사에 참석하기 전, 자신에게 이렇게 물어보자 |

- 꼭 가야 하는 이유가 무엇인가?
- 주최 측은 어디인가? 누가 참석하는가? 참석자 수는 얼마나 되는가?
- 이 행사와 나(나의 일) 사이에 어떤 관련이 있는가?
- 참석자 중 내가 아는 사람이 있는가?
- 사교 이외에 이 행사장에서 할 수 있는 일에는 뭐가 있는가?

긍정적인 마인드를 갖자

어느 화제의 인물과 밥을 먹으며 이야기를 나눈 적이 있다. 그런데 어떤 화제가 올라와도 그 여성은 이렇게 말했다. "내 친구 중에 그 일 도와줄 수 있는 사람이 있어요." 정말 궁금해서 물어보았다. "우리 둘이 나이도 엇비슷한 또래인데, 어떻게 그렇게 인맥이 넓으세요?" 그 여성이 진지하게 대답했다. "사실 나중에 알게 된 건데요. 친구 사귀는 마음으로 시작하면 되더라고요. 처음부터 다른 사람에게서 뭘 얻어내겠다 이런 생각을 할 게 아니라요." 직장 생활을 몇 년 하다 보면, '아는 사람이 곧 인맥이다'라는 오해에 쉽게 빠지게 될 때가 많은 게 사실이다. 처음부터 어떤 목적성을 갖고 시작하면, 오히려 타인의 잠재력을 보기가 정말 어려워진다.

하지만 내성적인 사람 입장에서 더 큰 근심거리는 바로 행사장을 가득 채운 낯선 사람들과 두 시간을 어울려야 한다는 생각만으로도 머리가 마비되고 두 다리에 힘이 풀려서 무슨 '목적성'이니 뭐니 그런 건 아예 생각도 할 수 없게 된다는 것이다! 사실 정말 참석하고 싶지 않은 사교 행사라면 눈 밝은 사람들은 하나같이 그걸 알아챈다.

네트워킹 컨설턴트 존 코코란은 이럴 때는 초심으로 돌아가 자문해보라고 조언한다. '내가 왜 가야 하지?' 보고해야 할 게 있어서, 시야를 넓히기 위해 아니면 일이나 인생에서 더 큰 발전을 이루기 위해서? 못 이기는 척하고 갈 만한 동기조차 없다면 가지 말자! 집에서 책을 읽어도 괜찮은 수확을 얻을 수 있으니까.'

'정말 싫어. 가고 싶지 않아. 인맥 쌓기 위해서가 아니라면 참석 안 할 거야.' 이런 수동적인 마음을 버리고 긍정적인 태도로 '가면 오랫동안 만나지 못했던 친구를 만날 수도 있고 말이 통하는 사람들을 만나게 될지도 몰라.'라거나 '다른 사람들이 무슨 이야기하는지 가서 들어보자고. 나한테도 도움이 되는 부분이 있을지 몰라.' 이런 생각을 해보는 것이다. 이미 경기장에 입장하기로 마음을 먹었다면, 수잔 제퍼스Susan Jeffers가 《도전하라 한번도 실패하지 않은 것처럼 : 두려움을 긍정의 에너지로 바꾸는 마인드 컨트롤 10단계》에서 권유한 마음가짐, 즉 어떤 일이 벌어져도 나는 다 처리할 수 있다는 마음가짐을 활용해보자.

사전에 목표를 설정하자

《내성적인 기업가 : 당신의 강점을 증폭하고 자신의 조건에서 성공을 창조하라 The Introvert Entrepreneur: Amplify Your Strengths and Create Success on Your Own Terms》의 저자 베스 뷰로Beth Buelow는 일단 행사에 참석하는 목적이 무엇인지, 어떤 경험을 쌓고 싶은지, 어떤 기교를 연마하고 싶은지 등을 생각해두라고 조언한다. 업계의 소식을 알고 싶은 것이든 유력한 인사와 악수하는 법을 연습하고 싶은 것이든, 일단 마음속으로 목표부터 먼저 설정하라는 것이다. 원대한 목표보다는 구체적인 목표를 설정하는 게 최선이다. 예를 들어 오늘 낯선 사람을 한 사람 만날 때마다 명함을 한 장씩 주고받겠다는 목표 같은 것 말이다. 목표가 너무 원대하면 뒷걸음만 치게 되고, 목표가 구체적이지 않으면 효과를 평가할 방법이 없어진다. 합리적이고 평가 가능한 목표를 설정하자. 여기에 목표를 달성한 뒤의 성취감이 덧붙으면 긍정적인 순환이 일어난다.

47개국, 1천여 명이 참석한 초대형 사교 행사에 간 적이 있다. 연속으로 며칠 동안 만찬, 칵테일파티 등이 열렸다. 좌석은 하나도 마련되어 있지 않았고 다들 음식과 술잔을 들고 서서 대화를 나누는 행사였다. 행사장 전체가 낯선 사람들로 가득했고, 행사장에 들어갈 때마다 머리가 마비되는 것만 같았지만, 나는 싫으면 언제든 자리를 떠도 괜찮다고, 오늘은 한 사람과만 이야기하는 게 목표라고 나 자신에게 일깨워주었다. 이런 융통성을 발휘해 내 심리적인 부담을 낮추었고, 거기에 행사 전용 자료를 충분히 활용해 상대를 선별해놓은 상태였으니, 오히려 효과는 훨씬 더 좋았다. 대표가 내게 던져준 목표를 달성할 수 있었음은 물론, 추가로 네 개 국가의 고객을 발굴해냈다. 그중 미국 국적의 한 대표와 서로 아주 즐겁게 이야기를 나누었는데, 그 대표가 거느리고 있는 300여 개 비영리 조직의 훈련 코스를 논의해보기로 했고, 이것저것 다양한 이야기를 많이 나누었다. 그러고 나서 이 대표가 이런 말을 했다. "날 찾아와줘서 고맙습니다. 내가 내성적인 사람이라 이런 장소 정말 무서워하거든요."

| 사교 행사에 가기 전에 적합한 실용적인 팁 |

• 자신을 잘 돌볼 것

사교 행사에 참석하려면 정말 많은 에너지가 필요하니, 행사 참석 전후로 많이 쉬어두기를 권한다. 이밖에 행사 전에 워밍업이 필요한 사람은 현장에 일찍 도착해서 몸을 풀어야 한다. 나를 예로 들면, 나는 매번 낯선 행사에 참석하게 될 때마다 최소 30분 정도는 일찍 현장에 도착한다. 이러면 사전에 행사 현장을 익히고 행사의 흐름을 이해할 수 있으며 어느 정도 마음의 준비를 할 수 있다는 것 외에, 방해받지 않을 피난처(예를 들면 화장실 같은 곳)를 찾아 외모를 정돈하고 거울을 보면서 미소 짓는 연습을 하며 나 자신에게 최면을 걸 수 있다. 놀이공원에 있는 귀신의 집에 들어가기 전처럼, 귀신이 어디에서 나타나는지 알기만 하면 그리고 내가 이 모든 걸 이겨낼 수 있다고 믿기만 하면 문제는 훨씬 간단해지기 마련이다.

• 지피지기知彼知己

사교 행사에 참석하기 전에 '일단 파파라치 흉내를 좀 내보자.' 내

말은 인터넷으로 참석자의 배경을 검색해보자는 것이다. 이와 동시에 나를 소개할 방법도 준비해둬야 한다. 이를테면, "저는 ○○○라고 합니다. ○○○ 씨와 ○○○ 회사에서 함께 일하는데, 주로 ○○○ 업무를 맡고 있습니다. 요즘은 ○○○로 바쁜데(혹은 요즘은 ○○○를 목표로 하고 있는데), 이 일을 마무리 짓고 나면 ○○○라는 꿈에 한 발 더 다가갈 수 있으리라는 기대에 부풀어 있답니다." 사이먼 사이넥Simon Sinek은 《나는 왜 이 일을 하는가?》에서 이렇게 말했다. "우리는 영향력 있는 사람과 연결될 방법이 없습니다. 우리는 내가 뭘 하는지, 어떻게 하는지에 많이 매달리지만, 상대가 진정으로 흥미를 느끼는 건 바로 당신이 왜 그것을 하느냐이기 때문입니다."

• '자리가 계속 이어질 경우' 미리 생각해두기

세상에 끝나지 않는 만찬은 없다. 하지만 거물과 혹은 미녀와 한창 유쾌한 대화를 나누고 있다면, 이렇게 좋은 기회를 놓치고 싶지는 않지 않겠는가? 그렇다면 먼저 대비해둬야 한다. 그리고 적당한 시점에서 이렇게 말해보자. "근처에 아주 독특한 커피숍이 있는데, 같이 가보지 않으시겠어요?" 이게 곧바로 SNS 계정부터 알려달라고 하는 것보다 훨씬 더 승기를 잡게 해주는 효과가 있다.

만일 행사장을 가득 메운 잠재적인 VIP들을 두고 떠나기가 아쉽다면, '양보다는 질을 중시하라'는 조언을 해주고 싶다. 현실을 직시하자! 내성적인 사람이 나비처럼 행사장 곳곳을 누비며 활약할 수는 없다는 걸 다 알고 있지 않은가. 눈앞의 기회를 제대로 잡는 것이 아무 목적 없이 마구잡이로 공략하는 것보다 훨씬 더 효과적이다.

- 철수할 방법 잘 찾아놓기

예전에 깊은 산중의 저택에서 열린 파티에 참석한 적이 있는데, 파티가 끝날 무렵 택시들이 하나같이 길을 헤매거나 승차를 거부하는 바람에 술에 취한 신사 숙녀들이 아주 난처해졌다. 행사장에서 우아하게 퇴장하지 못하면 밤새 쏟아부은 노력이 헛수고가 된다. 작가 로리 헬고는 이렇게 귀띔한다. "자리를 떠날 때 할 말을 미리 생각해두고, 특정 시간대에 전화를 걸어와서 당신이 현장을 빠져나갈 수 있도록 도와줄 구세주도 미리 준비해두자. 만일 다른 사람의 차를 타고 가야 한다면, 자리를 떠날 때 택시를 타고 올 수 있도록 돈을 준비해가자."

- 눈에 띄지만 너무 과장되지는 않은 옷차림

이런 말을 한 사람이 있다. "성공하려면 다른 사람보다 10퍼센트는 더 노력해야 한다." 사교 행사에 참석할 때도 마찬가지이다. 이미지 컨설팅 회사 리얼 멘 리얼 스타일Real Men Real Style의 CEO 안토니오 센테노 Antonio Centeno는 이렇게 조언한다. "현장에 있는 사람들보다 10퍼센트 멋지게 입으면 됩니다." 다른 사람들과 비슷하게 입어서는 안 된다. 그러면 눈에 띄기 정말 어렵다. 하지만 너무 과장된 옷차림도 안 된다. 다들 놀라서 달아나버릴 테니 말이다. 이 밖에도 명함은 충분히 챙겼는지, 링크드인 경력 파일은 업데이트했는지, 휴대폰 배터리는 충전했는지 등에도 주의해야 한다.

가뿐하게 해내자

당신은 지금 호화로운 연회장 입구에 서 있다. 문 안쪽에는 멋들어진 뷔페 접시, 샴페인이 가득 담긴 술잔이 놓여 있고 경쾌한 음악이 흐르고 있다. 당신은 이제 행사장을 가득 채운 사람들을 마주해야 한다. 다들 격식 있는, 개성을 잘 살린 옷차림을 하고 있다. 행동도 우아하고 웃고 떠드는 모습도 자연스럽다. 이제 입장할 준비가 되셨는지? 자, 이렇게 시작해보자.

| 사교 행사 현장에 적합한 팁 |

• 서서히 녹아들기

자체 발광하면서 회의장에 등장해야 한다거나(이런 건 보통 청춘물의 여주인공 몫), 여기저기 가서 인사말을 건네며 악수를 해야 한다는(이런 건 민의의 대변인들 임무) 강박에서 벗어나자. 그냥 편한 리듬에 맞춰 서서히 미소 하나로, 인사말 한마디나 애정 어린 안부로 행사장에 녹아들면 된다. 차츰차츰 분위기와 환경에 익숙해지면 에너지 소모를 줄일 수 있다.

• 포켓 화제 준비하기

돈 가버Don Gabor는《고통스러울 정도로 부끄럼을 타는 이들을 위한, 자신감을 갖고 말하는 법 Talking with confidence for the painfully shy》에서 이렇게 조언한다. "자기가 말을 할 수 있는 화제를 몇 개 준비해두자. 가령 요즘 어떤 책을 읽고 있는지, 최근 가본 레스토랑 중 어디가 좋았다든지 아니면 휴가 때 어떤 재미난 일이 있었다든지 이런 것들 말이다. 비즈니스하는 사람에게는 출장 경험(예를 들면 외국의 날씨와 음식), 일하면서 느낀 점, 산업 현황 모두 괜찮은 화젯거리이다." 기억하자. 이런 것들이 다 대타용 포켓 화제들이다. 개방적인, 공통의 화제를 끌어낼 수 있는 가벼운 주제부터 시작하는 게 최선이다. 예를 들면 "오늘 이 행사는 어떻게 알게 되셨어요?" 같은 질문을 던지거나 먼저 자기 이야기부터 해서 상대방이 이어서 말할 수 있도록 하는 것이다.

• 주최 측 도와주기

먼저 나서서 주최 측에게 도와줄 건 없는지 물어보자. 가령 컴퓨터 설치, 슬라이드 띄우기, 참가자 등록이나 음료 준비 같은 것들이 있다. '도와주기'는 내가 제일 좋아하는 참여 방식이다.

이외에 초점을 나 자신에게 두지 않도록 해보자. '너무 따분해. 정말 고통스럽다. 정말 이 자리를 뜨고 싶어.' 이런 생각이나 계속하고 있는 것보다는 행사장에, 대화 그룹에 끼어 있는 귀빈에게 집중하면서 가능한 한 미소로, 끄덕이는 고갯짓으로, 눈빛 접촉으로 지지와 경청의 메시지를 보내는 것이다. 어쩌면 그러다 또 다른 내성적인 사람을 구해주게 될지도 모른다.

• 소그룹 대화에 초점 맞추기

내성적인 사람은 수많은 사람 속에서 내 목소리를 찾는 것보다 일대일에서 일대삼 정도의 소그룹 대화에 훨씬 더 적합하다. 이미 진행 중인 대화에 끼고 싶다면 경솔하게 끼어들지 말자. 대화를 나누고 있는 소그룹에 천천히 다가가면 보통은 다들 자동으로 자리 하나는 내주기 마련이다. 이때 다시 타이밍을 봐서 자기소개를 하거나 의견을 이야기하면 된다.

기억하자. 이 몇 시간 안에 명함 몇 장 모으는 게 아니라 '의미 있는 연결을 만들어내는 것'에 초점을 맞춰야 한다는 점을. 내성적인 사람이라면 될 때까지는 절대 포기하지 않는다며 집착하는 것보다는 에너지가 방전되기 전에 떠나는 게 낫다. 그리고 떠나기 전에 "오늘 해주신 이야기 감사히 잘 들었습니다. 오늘 인사 나누게 돼서 정말 즐거웠어요. 우리 앞으로도 계속 연락 주고받아요." 이런 말로 우아하게 마침표를 찍는 것도 잊지 말자.

효율적으로 관계를 이어가자

이제부터가 제일 어려운 부분이다. 사전에 잘 준비했고, 행사장에서도 적절하게 행동했다면, 정말 잘한 것이다. 하지만 대부분의 사람이 제일 쉽게 실패하는 부분이 바로 '사후'에 아무것도 안 한다는 것이다!

내가 만나본 정치인들은 어떤 상황에서든 일단 명함만 주고받은 사이라면 그 뒤 시시때때로 이메일과 문자 메시지를 보내 안부를 묻는다.

물론 일반인은 이렇게 하지 않아도 된다. 이렇게 맹렬하게 쫓아다닐 여력도 없다. 우리한테는 주소록에 들어간 사람 수를 늘리는 것보다 핵심적인 인맥을 효과적으로 관리하는 게 중요하다. 그렇다면 예의 바른 이메일이라도 한 통 써서 보내야 할까? '만나서 반가웠습니다'라면서? 보통 95퍼센트의 사람들은 이런 이메일에 회신하지 않는다. 나머지 5퍼센트는 회신할지 모르지만 그렇더라도 딱 그때 한 번뿐이다.

주의하자. 우리가 원하는 건 체계적이고 지속적인 효과이다. 교류 과정에서 지속적으로 상대방이 당신에게 익숙해지고 믿음을 갖게 해야 한다. 이런 건 매주 우스갯소리를 하거나 몇 개월 뒤에 상대방에게 갑자기 '저희 회사에서 지금 ○○ 상품을 특가로 내놓았는데, 관심이 있으실 것 같아서요!' 이런 이메일을 보낸다고 생기는 게 아니다. 존 코코란은《VIP들과 신뢰를 쌓아 14일 안에 수입을 올리는 법 How to Increase Your Income in 14 Days by Building Relationships with VIPs》에서 후속 관계 지속에 효과적인 방법을 다음과 같이 제시했다.

| 사교 행사 직후에 연락할 때 적합한 팁 |

• 후속 연락 일정표 만들기

내성적인 사람에게는 서면 연락이 일대일 만남보다 쉽게 느껴진다. 가장 어려운 부분도 지나간 만큼 여기서 포기하는 건 말이 안 된다. 행사가 끝난 뒤, 곧바로 명함을 부문별로 나눠 정리해서 상대방이 종사하는 산업 분야, 직위, 내 커리어와의 관련도, 대화하면서 얼마나 말이 잘

통했는지 정도에 따라 상대방에게 얼마 뒤에 연락할지 어떻게 연락할지 결정한다.

• 서로 안면 트도록 소개해주기

따로 화제를 생각해낼 필요가 없는 최고의 방법이다! 자기 인맥 중에서 서로 관련이 있을 법한 사람들을 소개해주면, 보통은 나와 상대방의 관계도 지속적으로 깊어진다. 간단하게 말하면, 이는 나의 가치를 제공하는 일이다. 상대방의 회사에서 개최한 콘퍼런스 소식을 공유한다거나 상대방 회사에서 최근 진행 중인 우대 이벤트를 추천해주는 식으로 상대방의 홍보를 도와주면 효과는 더 좋아진다.

• SNS 적극적으로 활용하기

블로그는 상대방이 내가 이룬 것과 내 능력을 빠른 시간 안에 이해하도록 도와준다. 링크드인은 강력한 비즈니스 소셜 네트워크 도구인 만큼, 가급적 그룹에 가입하고 1촌도 맺자. '나의 범위'가 넓어질수록 영향력도 커진다. 그리고 페이스북도 잘만 활용하면, 개인적인 감정이 묻은 글을 줄이고 업계 관련 소식을 많이 올려놓으면, 이 역시 빠른 시간 안에 서로의 거리를 좁히는 방법이 될 수 있다. 사진을 올려놓으면 상대방이 내 얼굴을 기억하는 데 도움이 될 수도 있고.

유용한 글을 공유하는 방법도 있는데, 쉽기는 해도 조심해야 할 방법이다. 안 그랬다가는 부작용 나기 십상이다. 예전에 CNN이 조사한 자료에 따르면 직장인 한 사람이 매일 평균 85통의 이메일을 받는다고 한다. 내가 공유한 글이 상대방이 관심을 가질 만한 글인지 확신할 수 없다면, 좀 더 깊이 생각해보자.

두려움은 금물!

사람은 저마다 성격, 특징이 다르다. 사람을 사귀는 방법이라는 게 옷 입는 것과 같아서 끊임없이 시도해봐야 하고, 적지 않은 수업료를 내야 비로소 나한테 가장 잘 맞는 스타일과 외양을 찾을 수 있다.

2009년 미국의 케이터링catering 서비스 회사 누 키친NU Kitchen이 막 첫걸음을 떼었을 무렵, 창업자인 브라이언 야네츠코Bryan Janeczko는 회사 지명도를 높이기 위해 머리를 쥐어짜고 있었다. 당시 드라마 〈섹스 앤 드 더 시티〉가 큰 인기를 끌고 있었고 마침 배경이 뉴욕이어서 브라이언과 그의 동업자는 여주인공인 세라 제시카 파커Sarah Jessica Parker를 홍보 대사로 점찍었다. 하지만 연락할 방법이 없었다. 브라이언은 공교롭게도 한 사교 행사에서 브로드웨이 감독인 제리 미첼Jerry Mitchell을 알게 되었고, 그를 통해 브로드웨이 스타 매튜 브로데릭Matthew Broderic을 알게 되었는데, 이 매튜 브로데릭이 바로 세라 제시카 파커의 남편이다.

브라이언은 매튜에게 이 음식 배달 서비스를 한 달간 이용한 뒤 아내인 세라에게도 이 서비스를 이용해보면 어떻겠느냐고 물어봐달라고 했고, 세라는 이용해보겠다는 대답을 보내왔다. 한 달 뒤, 매튜와 세라는 자신들의 이름을 누 키친 홍보에 써도 된다는 동의 의사를 밝혔다. 3개월 안에 홍보 대사를 둘이나 확보하면서 누 키친 매출도 2배 이상 올라갔다. 이게 바로 여섯 사람의 법칙Six Degrees of Separation인데,[6] 인맥을 활용한 마케팅 사례로 볼 수도 있다. 이후 브라이언도 자신의 사교 경험과 생각을 공개적으로 밝혔다.

| 일반적으로 유용한 사교의 법칙 |

• SNS를 이용해 자신에게 맞는 영업 개발 대상을 찾고, 자신에게 맞는 그룹에 들어가 인터넷에서 적극적으로 목소리를 낸다.

• 사람을 알게 되면, 바로 이 사람이 나한테 쓸모가 있는지 없는지 단정 짓지 말자. 지금은 전혀 도움이 되지 않을 것 같은 사람이 마지막에 가서 구세주가 되는 경우가 많다.

• 스타를 홍보 대사로 섭외하는 것처럼 목표를 높게 잡는 걸 두려워하지 말자. 그들도 사람이니까.

---

6 서로 아무 관련이 없는 두 사람도 중간에 몇 사람에 의해 연결될 수 있다는 법칙을 말한다. 영업이 중심이 되는 업무에서 흔히 인용된다.

03

무대 위로 올라가라!
잡담 떠는 것보다 덜 무서울걸

섭씨 28도를 웃도는 동남아시아의 봄날, 나는 마닐라 무역센터의 웅장한 국제회의실에 앉아 식은땀을 흘리고 있었다. 국제적인 학술대회가 열리고 있었는데, 거의 서른 개나 되는 나라에서 온 기업 대표, 학자와 전문가, 비영리 조직 리더들이 나날이 빈번해지는 자연재해를 어떻게 예방할지 논의 중이었다.

커다란 무대 뒤로는 온통 짙은 파란색 융이 걸려 있었다. 여름날 밤의 하늘처럼 우아한 풍경이었다. 우아하고 장중한 목제 단상이 끝도 없이 드넓은 바다 한가운데 떠 있는 작은 배처럼 무대 왼쪽에 세워져 있었다. '조금 있다가 무슨 일이 있어도 저 무대 뒤로 숨어들어야겠어.' 나는 속으로 이런 생각을 했다. 사흘 동안 빈틈없이 이어지는 일정 중 나는 두 번째 날 오후에 무대에 오르기로 되어 있었다. 단상 위에 오른 각국 강연자들이 프로페셔널하면서도 냉철하고 조리 있게 심지어 유머 감각까지 발휘하면서 각국의 자연재해 대처 경험을 이야기하는 모습을 눈앞에서 지켜보았다. 곧 돌아올 내 차례를 앞두고 머릿속에서는 이런 질문이 끝도 없이 튀어나왔다. '잘못 알아도 한참 잘못 알고 있었던 것 아냐? 나 도대체 여기 왜 있는 거야?' 너무나 아이러니하게도, 나한테는 이 콘퍼런스가 재난 그 자체였다.

두 달 전을 돌이켜보았다. 나는 주최 측으로부터 토론 세션 진행을 맡아달라는 요청을 받고 이를 수락했다. 그쪽에서 이렇게 말했기 때문이었다. "토론 세션 진행자는 머리말로 시작해서 중간중간 토론을 이어주고 질의응답 진행하고 마무리 발언만 해주시면 됩니다. 다 합해도 발언 시간이 10분을 넘지 않을 겁니다." 하지만 이후 두 달 동안 나는 그야말로 머리를 책상에 박고 싶은 심정으로, 이 일을 왜 받았느냐고 나 자신을 힐난했다. '처음부터 끝까지 영어로 해야 한다고. 자연재해가 내 전문 분야도 아니잖아. 게다가 단상 아래는 원로들이 앉아 있을 거란 말이야. 생각해보기는 했니? 행사장 전체에 타이완 사람은 너 하나뿐이라는 걸? 만일 제대로 못 해내면 타이완 망신이야. 알기나 해?' 준비하는 동안 나는 매일매일 주최 측에 말하고 싶었다. 그날 아플 것 같다고, 아니면 일정에 문제가 생겨서 당일에 참석할 수 없게 됐다고……. 너무나 불행하게도 나는 그렇게 할 엄두는 내지 못했다.

일이 아직 닥치지도 않았는데도 나는 벌써 공포에 질려 진지하게 자료를 찾고 또 찾았으며, 전전긍긍하면서 대본을 쓰고 유머러스한 맺음말을 준비했다. 그다음에는 미친 듯이 대본을 외웠다. 시도 때도 없이 대본을 외워댔다. 여행 가방을 쌀 때도, 비행기를 기다릴 때도, 기내식을 먹을 때도, 심지어 마닐라의 미칠 듯 혼잡한 교통 속에서도 잊지 않고 대본을 중얼거렸다. 분명히 10분밖에 되지 않는다고 했는데도, 무슨 대통령 연설이라도 하는 것처럼 긴장이 됐다. 내가 무대에 올라가야 할 차례가 되자, 특별히 미국인 동료가 다가와서 나와 악수를 하면서 "행운을 빌어."라고 말해주었다. 그의 따뜻하고 커다란 손과 경쾌한 웃음에 비하면, 내 손은 흡혈귀 손처럼 차가웠고 표정은 강시 같았다. 딱딱한 말투로 "미안해. 손이 너무 차지. 긴장을 심하게 해서 그래."라며 미안한 마음을 표시할 수밖에 없었다. 그래도 동료는 시종일관 미소를 지어주었다. "차가워 죽겠네! 하지만 네가 무대에 올라가자마자 다 쓰러뜨릴 거라는 건 잘 알아." 인도 출신 동료도 내 뺨을 어루만지며 말했다. "친애하는 동료님, 걱정하지 말고 가서 제대로 한 방 먹여줘!"

　동료들의 격려가 효과가 있었던 것 같기는 하다. 음, 한 3초 정도? 당신도 이런 상황이 낯설지 않으리라 믿는다. 이어서 언급할 몇 가지 생각과 방법이 어쩌면 사람들 앞에서 말하는 걸 좋아하지 않는 내성적인 사람에게 도움이 될지도 모른다.

긴장하는 건 정상이다

　대중 연설 전문가 닉 모건Nick Morgan은 〈포브스〉에 게재한 글에서 내성적인 성격, 외향적인 성격과 상관없이 무대에 오르는 걸 두려워하지 않는 사람은 10퍼센트밖에 되지 않는다고 밝혔다. 신경학자 시오 서시더스Theo Tsaousides의 말에 따르면, 인간이 위협에 맞닥뜨리면 자율신경계가 작동하면서 아드레날린이 분비돼서 싸우거나 도망칠 준비를 하게 되다는데, 대중 연설이 바로 이런 위협이다. 심리적으로 낯선 환경에, 알지도 못하는 군중 앞에 노출되니 말이다. 내성적인 사람은 대중 연설을 명예와 이미지를 망가뜨리는 잠재적인 위협으로 보기가 더 쉽고, 경험 부족에 사람들로부터 평가받는 게 두려운 상황이 더해지기도 한다. 또는 기술이 부족해서 위협을 느끼기도 한다.

수전 케인은 공포나 부끄러움을 어떻게 극복할 것인가를 새로운 뇌가 낡은 뇌를 위로하는 과정으로 묘사한다. 뇌에서 좀 낡은 부분이(변연계라고 하는데, 특히 편도체를 가리킨다) 환경 중에 위협이 존재하는지 조사하는데, 이를테면 근처에 호랑이가 있나? 떨어지면 뼈가 가루가 될 절벽이 내 옆에 있나? 이렇게 눈에 잘 띄는 곳에 서 있다가 야수의 목표물이 되지는 않을까? 이런 것들 말이다. 그런데 인간이 진화하면서 변연계 주변이 진화를 거쳐 새로운 뇌 구역이(신피질이라고 부르며, 특히 대뇌 전두엽 피질을 가리킨다) 생겨났는데, 이 뇌 구역의 기능 중 하나가 바로 공포를 위로하는 것이다.

강연자가 무대에 오르기 전에 하는 고민이 바로 편도체가 내보내는 '가지 마. 거긴 위험한 곳이야. 네 행적이 드러나게 될 거야. 게다가 아예 상황을 가늠할 수 없을 거라고. 죽을지도 몰라.'라는 메시지와 대뇌 전두엽 피질이 내보내는 '됐어, 됐어. 좀 냉정해지고, 침착하게 굴어봐. 그냥 올라가서 이야기 좀 하는 거란 말이야. 위험하지 않아. 별일 없을 거야.'라는 메시지 사이에서 벌어지는 밀고 당기기 식의 줄다리기인 것이다. 바꿔 말하면 이는 인간의 생리 기제가 진화한 결과이다. 다들 똑

같다. 당신이 유난스러운 게 아니다.

《자신감 지대 The Confidence Zone》의 저자이자 전문 연설가인 스콧 매스틀리Scott Mastley는 이렇게 말한다. "모든 강연자가 다 긴장합니다. 하지만 훌륭한 강연자는 무대에 오르기 전에 이미 준비를 잘했음을 상기하고 과거 성공했던 경험을 떠올리죠. 그리고 곧 청중에게 전하게 될 멋진 경험과 정보를 생각합니다." 무대에 오르기 전의 공포를 극복하는 데 도움이 되는 방법이 두 가지 있는데, 하나는 민감함에서 벗어나는 것이고 다른 하나는 이미지 훈련이다.

민감함에서 벗어나기란 무서운 사물 앞에 자신을 드러내기 전에 끊임없이 뇌의 편도체가 서서히 민감도를 떨어뜨리게 하는 것이다(가령 고소공포증이 있는 사람이 자주 높은 계단을 올라가는 걸 말한다). 물론 이 과정에서 공포의 정도는 세밀하게 통제해야 한다. '충격 요법'이라고 하면 더 쉽게 이해가 될 텐데, 스카이다이빙 하는 법을 배우면 고소공포증 극복에 도움이 될 수도 있지만, 반대로 부정적인 기억과 공포, 걱정을 초래해서 장기적으로는 도리어 더 안 좋아질 수도 있다.

이미지 훈련이란 뇌에서 긍정적인 생각을 강화하는 것이다. 완벽한 상황을 상상함으로써 평온하고 아름다운 상황을 체험하고 더 나아가서는 에너지를 보충하고 근심을 줄여나가는 식으로 말이다. 늘 심각한 스트레스에 시달리는 운동선수들이 이런 방법을 자주 쓴다.

무대에 올라가야 한다고 생각하는 것만으로도 무서울 수 있지만, 한걸음만 떼면 다른 건 서서히 호전된다. 훈련 과정에서 기억해야 할 것은 자극의 정도를 적당하게 조절해야 한다는 것이다. 너무 무서운 특훈은 부작용을 불러일으킬 뿐 아니라 다시는 무대에 오를 엄두도 내지 못하게 만들어버릴 수 있고, 더군다나 내 브랜드를 망쳐버릴 수도 있다.

의식儀式의 힘

낯선 상황, 익숙하지 않은 청중, 일어날지도 모를 돌발 상황을 앞두고 준비해두면 좋은 또 다른 방법은 바로 의례나 고정적인 의식을 잘 활용하는 것이다. 이렇게 해서 상황에 진입하면 불안을 떨쳐버릴 수 있다.

불가사의한 기록을 수도 없이 남겨 '이치로 신'이라고 불린 스즈키 이치로鈴木—朗가 바로 전형적인 사례이다. 스즈키 이치로는 20년 동안 매일 딱 여덟 시간을 자고, 아침에는 카레라이스만 먹었다. 오후 2시에 야구장에 들어가 안마를 받고 워밍업을 한 뒤 직선 달리기를 하다가 4시 반이 되면 팀 훈련에 합류했다. 경기가 끝난 뒤에는 스파이크 운동화와 장갑을 깨끗이 닦고 다음 날 경기를 준비했다. 이런 습관 덕에 그는 걸출한 성적을 거뒀을 뿐 아니라 2017년에 봄 훈련 때 팀 동료와 부딪쳐 의무실로 이송되는 바람에 한바탕 소동이 일어날 때까지는 십여 년 동안 경기장에서 부상도 당하지 않았다.

출장 전에 같은 노래를 듣는 사람들이 있는가 하면, 자기가 익숙한 프레젠테이션 포인터, 심지어 스피커만 쓰는 사람들도 있다. 이런 의식은 마음을 안정시켜줄 뿐만 아니라 예기할 수 없는 상황이 발생할 가능성을 떨어뜨려주기도 한다. 기업 컨설턴트 도리스 메르틴과 직장 인력 개발 전문가 제니퍼 칸와일러 모두 습관적으로 어떤 의식을 치르든 상관없이 내성적인 사람에게 현장에 미리 도착할 것 그리고 혼자 있는 여백의 시간을 가질 것 이 두 가지를 조언한다.[7]

현장에 미리 도착하면 충분한 시간을 들여 환경에 적응할 수 있고, 설비를 점검해볼 수 있으며, 지각이나 교통 지연으로 당황하는 일을 피할 수 있다. 보통 주최 측도 진행자가 일찍 도착하는 걸 아주 좋아한다. 시작 전 여백의 시간은 내성적인 사람이 마음의 준비를 하고 에너지를 보존할 수 있게, 이미지 훈련을 할 수 있게 해준다.

나는 보통 습관적으로 강연 3시간 전에 커피를 마시고 30분 일찍 현장에 도착해서 현장 상황과 설비를 확인한다. 무대에 오르기 전 화장실이나 휴게실에서 혼자 시간을 보내면서 프레젠테이션할 내용을 돌이켜보고 이미지 훈련을 한다. 동시에 조금 있다가 아주 잘해낼 거라며 대뇌 전두엽 피질을 설득한다. 국제적인 행사라면 내 이름표에 붙은 국기를 찬찬히 살펴보는데, 이런 의식을 하면 마음이 안정되고 힘이 생긴다.

| 무대 의식을 치르기 위한 작은 팁 |

• 무대에 올라 말하는 빈도수를 줄인다

정말 어쩔 수 없는 경우가 아니면, 나는 절대로 같은 날 강연을 두 번 하지 않는다. 그랬다가는 진이 다 빠지기 때문이다. 그리고 강연을

---

7 도리스 메르틴, 《혼자가 편한 사람들 : 내성적인 당신의 잠재력을 높여주는 책》, 제니퍼 칸와일러, 《조용한 영향력 : 차이를 만들어내는 내성적인 사람이 되는 법》

두 번 한다 해도 너무 낯선 느낌이 들지 않도록 둘 사이의 간격을 너무 길게 띄우지 않는다.

• 형태를 구분해서 차츰차츰 연습한다

강연, 라디오 방송, 방송 녹화, TV 인터뷰……. 이 모두가 대중 연설에 속하지만, 기교는 다 다르다. 나는 보통 한 가지를 택해 연습한다. 예를 들어 현장 분위기를 강조하는 강연에 익숙해지면 라디오 방송처럼 발음과 말투에 좀 더 신경을 쓰는 다른 방식의 대중 연설에 도전하는 식이다. 진행과 표현에 익숙하지 않은 상황에서 서로 다른 방식을 섞어가며 진행했다가는 친숙도가 떨어지고 준비 시간이 길어져 리스크만 커진다.

• 긍정적인 사고 강화

내성적인 사람은 시도 때도 없이 반성한다. 나도 발표를 마치고 나면 후회하는 일이 일상다반사이다. 어느 부분은 더 잘할 수 있었는데, 어느 부분은 기지가 좀 부족했네, 어느 부분은 연습할 때는 그렇게 잘되더니 현장에서는 실수했네……. 반성이 되는 부분을 기록해서 이다음에 참고하면 된다. 그렇지만 후회스러운 감정에 너무 오래 빠져 있어도 안 된다. 어떤 때는 점수 평가표나 질문지 또는 주최 측의 격려와 추천, 긍정적인 평가 등 현장 청중의 긍정적인 피드백을 살펴보는 것도 계속해서 전진해나가는 동력이 되어준다.

예전의 나는 친한 친구와 수다를 떨 때도 '말수가 적은' 사람이었다. 나중에 내가 '도처를 돌아다니면서 강연을 하는' 삶을 살게 되리라고는 생각해본 적도 없다. 한 번은 주최 측에서 내게 30분 일찍 와야 한다는 걸 깜빡하고 알려주지 않은 탓에 정말 식겁했던 적이 있다. 커피를 들고 여행 가방을 끌며 현장을 유유자적 돌아다니고 있는데, 무대 진행자가 "대회가 3분 뒤에 시작됩니다."라고 개회 선언을 하는 것이었다. 내성적인 사람은 준비 시간을 확보하지 못하면 방탄조끼 입지 않은 경찰 신세가 된다. 겉으로는 평상시와 다름없어 보여도 실제로는 이런 상황에 너무 취약하다. 다행히 아드레날린이 대량 분비되어 바로 상황에 몰입했고, 청중도 열렬한 반응을 보여주었을 뿐 아니라 고위급 간부의 소개로 다른 곳에 가서 강연까지 했으니, 안전하게 마무리 지은 셈이다. 이때 식겁한 덕에 간이 좀 커지기는 했지만, 이렇게 사람 잡는 결승선 테이프는 다시는 끊을 일이 없기를 속으로 바랄 뿐이다.

처음에 하던 콘퍼런스 토론 세션 진행 이야기로 돌아가보자. 당시 나는 몸은 딱딱하게 굳고 손발은 얼음장처럼 차가워진 상태로 심장 쿵쿵거리는 소리만 들려오는 가운데 가슴속 깊이 심호흡을 한 다음 마이크를 들었다. 이어진 한 시간 동안 머릿속이 백지장이 된 탓에 그때 무슨 일이 있었는지는 하나도 기억나지 않는다. 정신을 차리고 보니 청중은 이미 열렬하게 박수를 치고 있었다.

무대에서 내려갔더니, 일본 대표가 말했다. "아주 냉철하고 자신감이 넘쳐 보이더군요. 복장도 무척이나 멋졌고요. 자부심 가지실 만합니다."

말레이시아 대표는 이렇게 말했다. "전체 행사 중에 질이 진행한 행사를 제일 열심히 들었답니다."

이탈리아에서 온 발언자는 이렇게 말했다. "질의 진행이 유난히 마음에 들었어요. 열정적이고 활력이 넘치는 게 마치 신선한 공기 같았다니까요."

미국 동료는 실시간 방송을 다 보고 나서 말했다. "빈틈 하나 없는, 열정적인 진행이었어. 마무리 발언은 더 멋졌고!"

한 네팔 발언자의 아내가 뛰어오더니 내 손을 꼭 잡으며 말했다. "고마워요." 하지만 이 모든 것들도 주최 측 대표가 걸어와서 한 말에는 미치지 못했다. "타이완에서 오신 분 맞죠? 정말 잘하셨습니다!"

04

무대에 오르기 전
준비운동

직장 생활에서 대중 연설의 기교는 점점 더 중요해지고 있다. 부서 회의이든 대외 발표이든 누구나 뭇 사람들이 나를 뚫어지게 바라보며 내 말을 듣는 상황을 경험할 기회가 있다. 전에 자료를 정리하다가 나도 모르는 사이 내가 백 번 넘게 무대에 올라 발표를 했다는 사실을 깨달았다. 십여 명이 있는 곳에서 수백 명이 있는 곳까지, 일반인들이 모이는 곳에서 중량급 인사들이 모이는 곳까지, 아시아에서 아메리카 대륙까지……. 내 편도체와 대뇌 전두엽 피질이 얼마나 고생스러울까 싶었다. 둘이 툭하면 싸워대고 있으니 말이다. 다음 생이 있다면, 분명히 둘 다 내성적인 사람의 두뇌로 환생하고 싶다는 생각은 하지 않을 것이다.

발표 경험이 적지 않다 보니, 내 대뇌 전두엽 피질은 이미 훈련이 잘되어서 편도체를 효과적으로 위로해준다. 비록 매번 발표하기 전이면 무대에 오르고 싶지 않은 마음에 화장실 기둥을 부여잡지만, 양심 고백 하나 하자면 발표하는 게 잡담 떨기보다 더 쉽다. 어쨌거나 발표 는 상황을 고도로 통제할 수 있고, 누군가 무대 위로 뛰어 올라오지 않 는 한 연습만 열심히 하면 적어도 너무 심하게 망칠 일은 없으니 말이 다. 나와 똑같은 문제를 겪고 있다면 내가 다년간 축적한 준비 방법을 참고해보라.

'주목받는다'는 건 강점이다

잡담에 비하면 사실 발표는 상대적으로 통제하기가 더 좋다. 회의 장 위치와 일정의 내용, 준비된 발표 내용을 알게 되고, 말을 걸거나 가 로채는 사람이 없으리라는 것도 알게 되며, 심지어 청중의 질의 방식과 질의 개수를 정할 수 있고, 무대에 오르면 적어도 30초는 청중의 시선 을 받을 수 있다.

'시선을 받기는 누가 받고 싶다는 거야. 시선 받는 것 때문에 무서 워 죽겠는데!' 당신은 아마 속으로 분명히 이렇게 생각할 것이다. 하지 만 잡담을 할 때는 상대방이 무슨 말을 하는지 들으면서 내 지나간 경 험 중 상대에게 전할 게 뭐가 있을지 생각하게 되고, 또 언제 입을 떼 야 실례를 범하지 않고 지혜롭게 보일지 헤아려보게 된다. 이런 복잡 한 순서를 거쳐야 비로소 자그마한 그룹 안에서 조금이라도 시선을 받 을 수 있다.

그렇지만 무대에 올라서 발표할 때는 나만 잘하면 된다. 행사장의 모든 청중이 내가 뭘 전하려고 하는지 알고 있으니 말이다. 이런 전제 조건에서 핵심은 완벽하게 준비하는 것인데, 이건 내성적인 사람이 할 수 있는 부분이다. 나는 '90퍼센트의 노력은 다 무대 뒤에서 일어난다.'는 말을 아주 좋아한다. 이 말은 긍정적인 시각에서 보면, 관중에 대한 이해, 기획과 구성, 자료 수집, 프레젠테이션 설계, 연이은 연습 등을 포함한 준비만 제대로 해두면 무대에 오르기도 전에 90점은 따놓을 수 있다는 뜻이다(내 대뇌 전두엽 피질은 정말 훈련이 잘되어 있지 않나?).

하지만 똑같은 대중 연설이라 해도 20분에 이르는 업무 보고와 한 시간에 이르는 유료 강연은 표현 방식과 준비 방법이 전혀 다르다. 프레젠테이션을 어떻게 구성할 것인가? 시각 보조 자료는 어떻게 활용할 것인가? 몸짓과 말투는 어떻게 할 것인가? 어떻게 이야기를 잘 풀어낼 것인가? 어떻게 해야 관중이 정보를 받아들여 행동에 나서게 하는 데 성공할 수 있을까? 인터넷에 참고해볼 만한 글들이 숱하게 많고, 시중에도 공부해볼 만한 책이 많다. 다 내성적인 사람이 제대로 준비하는 데 도움이 되는 자료들이다. 개인적으로 소득이 컸던 책은 내성적인 스타일로 충만한 《무대에 오르는 기술 上台的技術》이다.

매번 서로 다른 관중을 만나게 된다

한 록 그룹에 푹 빠져 지냈던 적이 있다. 그 그룹의 콘서트란 콘서트는 다 봤고 어떤 타이틀곡은 아마 그 록 그룹이 평생 노래를 부른 횟수보다 더 많이 들었을 것이다. 심지어 보컬이 가사의 어느 글자까지 부르면 습관적으로 어떤 동작을 하는지까지도 다 꿰뚫고 있었다. 하지만 어떤 콘서트에서는 보컬이 열심히 부르다가도 어떤 콘서트에서는 대충 부른다는 사실도 알게 되었다. 나는 이를 '영혼'이라고 부른다. 사실 영상으로 봐도 영혼은 느껴지게 마련이다. 내성적인 사람은 영혼이 있느냐 없느냐의 차이를 멀리는 발표를 준비하기 시작하는 그 날부터 느끼기 시작한다.

　내성적인 사람은 대부분 내적인 가치로부터 자극을 받는다. 관중이 좋아할까 어떨까와 같은 외재적인 가치가 아니라 자신이 가치가 있다고 생각하는지, 의미가 있다고 느끼는지로부터 자극을 받는 것이다. 그래서 발표 주제가 마침 자신이 관심이 있는 주제이면 더 집중하게 되고, 활력이 생기며, 좀 더 몰입하게 된다. 자기도 관심이 없는 주제라면 내성적인 사람은 좀 더 힘들어한다. 하지만 전문 강연자는 무대에만 오르면 전문가로서 보여야 할 모습을 보여준다. 직장 생활 관련 자기 계발 강사인 셰원셴은 이렇게 말한다. "정말 그렇게까지 애를 쓴 건 아니라 해도 보기에는 아주 애를 쓴 것처럼 보여야 합니다." 정치인도 가수도 마찬가지이다. 서로 다른 관중 앞에서 같은 정치적 이념을 이야기하고, 전 세계 각지를 돌며 순회공연을 하면서 같은 노래를 부르면서 끊임없이 반복하지만, 매번 그게 유일한 무대인 것처럼 해야 한다. 어쨌거나 관중에게는 그게 유일한 무대일 수도 있으니.

　전에 미국에서 한 달 동안 순회강연을 다니면서, 꼬박 한 달 동안 서로 다른 청중을 대상으로 같은 주제의 이야기를 했다. 마지막에 가서는 진이 다 빠져서 너무 힘들다 보니 왜 주최 측에서 녹화 영상이나 녹음한 내용을 틀어주지 않는지 궁금해졌다. 내 상태를 알아챈 파트너가 즉시 적절한 시점에 나를 일깨워주었다. "관중은 몰라봐도 우리는 질이 기운 다 빠졌다는 거 알아. 좀 더 버텨보자!" 그때부터 나는 순회공연을 하러 다니는 모든 가수에게 깊이 탄복하게 되었고, 버티든 연기를 하는 다른 사람이 내가 피곤해한다는 사실을 알아채지 못하게 하자고 마음먹었다. 어쩌면 다음의 방법으로 에너지를 보존할 수도 있을 것이다.

자신의 스타일을 받아들이자

무대에 설 때는 (잠스튼 오바마든) 자신의 우상을 상상해보고, 그 사람들의 스타일을 모방해보자. 같은 무대 효과를 만들어낼 수 있기를, 그와 같은 매력을 뿜낼 수 있기를 바라면서 말이다. 아주 좋다. '난 그 사람이 아니라고!' 같은 아주 작은 장애물 하나만 빼면.

'내 스타일 대로 한다'와 관련해서 내가 아주 좋아하는 사례가 하나 있다. 콜린은 10대 신인으로 뽑힌 적이 있는 젊은 야구 선수다. 그렇지만 3년이 지나면서 그만 팀의 골칫덩어리가 되고 말았다. 다정하고 명랑한 사람이었고, 몸 컨디션에도 문제가 없었지만, 야구장에서 보여준 경기력은 당초 많은 사람이 생각했던 것과는 하늘과 땅 차이였다. 심리 카운슬러는 콜린이 완벽을 추구하는 대부분의 톱 선수들과는 달리 성격이 유순하고 낙관적이며 늘 경쾌한 미소를 짓고 다닌다는 걸 알아차렸다. 문제는 콜린이 다른 사람과 자신의 다른 점에 너무 신경을 쓴다는 것이었다. 너무 자신을 단속하다 보니, 완벽을 추구하는 과정에서 원래 자신의 성격을 잃어버렸고 그것이 연쇄적으로 야구장에서의 경기력에도 영향을 미쳤던 것이다. 콜린은 상담을 마치고 나서야 자신의 스타일을 받아들였고, 성공한 야구선수가 다 똑같은 모습은 아니라는 사실을 알게 되었다. 자신과 상황이 유사한 수많은 선배가 그 증거였다. 자신을 믿기로 한 뒤 콜린은 바로 다크호스가 되어 세계 야구의 최고 전당에 올랐다.

강연도 마찬가지이다. 사람에 따라 다 스타일이 다르다. 강하고 격앙된 모습을 보여주는 사람이 있는가 하면 부드럽고 성실한 모습을 보여주는 사람도 있고, 재치 있는 말솜씨를 자랑하는 사람이 있는가 하면 블랙코미디를 선보이는 사람도 있다. 내성적인 사람이 어떤 특정한 모습을 보여줄 생각으로 억지 연기를 하게 되면 콜린과 같은 결과를 낳을 뿐이다. 다른 사람인 척도 못 하고 나 자신의 모습을 보여주지도 못하게 되는 것이다. 게다가 지치긴 또 얼마나 지치는지, 득보다 실이 크다.

내가 편한 스타일을 찾는 것이야말로 내성적인 사람이 에너지를 가장 절약할 수 있는 방식이다. 평상시에 말할 때 음량의 50퍼센트만 쓴다면, 무대에 올라가도 많아봤자 60퍼센트밖에 나오지 않는다. 안 되면 현장 인원에게 마이크 음량을 키워달라고 하면 될 일이다. 자신이 냉정하게 분석하는 걸 좋아하는 스타일이라면 억지로 웃기려고 하지 말자. 관중도 다 알아채니까.

내 스타일은 과거의 경험과 소규모 연습에서부터 찾아나가야 한다. 언제 했던 발표가 성공적이었는지, 혹은 어느 발표를 할 때 좀 수월했는지, 자신은 그 발표가 왜 마음에 들었는지? 다른 사람들이 좋아했던 이유는 무엇이었는지? 원인을 알아본 다음 여러 차례 시험해보고 다른 사람한테 조언과 아이디어를 부탁해서 서서히 고쳐나가다 보면 차츰 나만의 독보적인 스타일이 발전되어 나오기 마련이다.

05

아무 말도 하지 않으면
아무 공헌도 못 한 거라고?

미국 주 정부에서 일하던 시절, 한번은 다른 주와 고위층 회의가 열렸다. 회의실에는 흠집 하나 나지 않은 부드러운 양탄자가 깔려 있었고, 천정에는 아름다운 등 장식이 걸려 있었다. 회의 참석자들은 말끔한 정장과 양복 차림이었고, 연방 정부에서도 사람이 와 있었으니, 진지하고 단정하게 앉아 있어야 하는 중요한 자리가 분명했다. 그런데 하필이면 우리 팀이 지각을 하고 말았다!

일정을 통제할 수 있는 상황에서 내가 제일 피하고 싶어 하는 일, 그중에서도 첫 순위가 바로 지각이다. 하지만 외향적인 팀장은 이런 상황을 처리할 방법이 있는 게 틀림없었다. 시원스러운 발걸음으로 우리를 데리고 회의장에 들어갔으니.

회의가 토론 세션으로 넘어가 참가자들의 의견을 구하고 있는데도 나는 여전히 지각했다는 죄책감에서 빠져나오지 못한 채, 시작부터 불길한 이 회의를 어서 빨리 끝내고 싶다는 생각만 하고 있었다. 이제 끝나겠다는 생각을 하고 있는데, 내 옆에 앉아 있던 동료이자 변호사가 돌연 손을 들고 의견을 냈다. 그녀의 행동에 나는 깜짝 놀라고 말았다. 보통 이렇게 위계를 중시하는 회의에서는 팀장급이 대표 발언을 하기 마련이어서 나는 물론이고 더군다나 그 동료는 더 해당 사항이 없었다. 나는 회의가 끝날 때까지 간신히 버티고 있다가 그 동료를 재빨리 옆으로 잡아끌어 물어보았다. "괜찮아요? 발언한 거야 그렇다 치고, 그쪽이 무슨 말을 할지 사전에 우리 아무도 몰랐잖아요. 왜 그런 거예요?" 나는 그 동료의 대답에 더 깜짝 놀라고 말았다. 생각지도 못한 일이었다.

"저도 그렇고 싶지 않았어요. 하지만 회의에도 늦은 마당에 처음부터 끝까지 아무 말도 안 하면, 우리가 이 회의에 아무 공헌도 하지 못한 것처럼 보이잖아요."

말을 하지 않으면 아무 공헌도 하지 못한 거라니, 이런 사고방식에 나는 망치로 머리를 한 대 맞은 것 같았다. 대부분의 경우 내가 혼자서 조용히 일하는 걸 좋아한다는 건 숨기려야 숨길 수 없는 사실이다. 회의나 방문객, 전화, 지나가는 동료의 방해 등에 시달리지 않고 한 가지 임무에 몰두할 수 있는 온전한 시간이 주어진다면, 나는 기쁜 마음에 활시위 당기는 세리머니라도 하고 싶을 것이다.

그렇지만 나는 그 뒤 커리어를 쌓으면서, 나 자신을 그 '아주 조용한, 아무것도 모르는 것처럼 보이는' 고정관념에 가둬두지 않으려고 갖은 방법을 강구했다. 효과가 괜찮은 방법을 아주 여러 개 시도해봤지만, 사람들을 깜짝 놀라게 할 만한 신통방통한 정도까지 가지는 못했다. 페이스북이 나타나기 전까지는 말이다.

적합한 SNS를 선택하자

다국적 재택근무팀의 일원으로서 느끼는 가장 큰 단점은 바로 동료들과 잘 알고 지낼 시간이 없다는 것이다. 내가 매일매일 가장 흔히 쓰는 소통 방법이 화상 회의인데, 인터넷 인프라가 불안정한 나라에 있는 동료와는 심지어 화상 회의도 못 한다.

우리는 한 사무실에서 일하는 동료들처럼 오늘은 어떤 옷을 입었는지, 기분은 어떤지, 주말에 어디 가서 놀 계획인지 이런 걸 서로 알고 지낼 수가 없다. 매번 회의할 때마다 사전에 시간 약속을 하고, 일정을 짜고, 제한된 시간 내에 정확하게 합의를 이끌어내려 노력한다. 회의 서두에 안부를 몇 마디 주고받지만, 당신 아들이 학교에 간 첫날 기분이 어땠는지, 또는 어느 전시회에 가서 큰 감동을 받았는지 이런 걸 알고 싶어 할 사람이 누가 있을까. 특히 미국식 기업문화 속에 있다 보면, 어떤 동료들은 말 그대로 같이 일하는 사람일 뿐이다. 다들 효율적으로 일을 마무리 짓고 일찌감치 퇴근해서 가족과 함께 시간을 보내려 하거나 자기가 좋아하는 여가 생활을 즐기려 한다. 돌연 내가 동료들에게는 그냥 임무 완수 기능을 장착한 로봇에 지나지 않을 거라는 생각이 든다.

여기에 생각이 미치니 '함께 일하는 파트너가 그저 직무가 아니라 나라는 사람을 이해하게 하는 것'이 아주 중요한 일이라는 생각이 들었다. 그래서 내가 일하지 않을 때는 어떤 사람인지 보여줄 전략을 짜기 시작했다. 현재 효과가 가장 좋은 건 페이스북, 링크드인, 인스타그램, 트위터 등의 SNS이다.

사생활을 중시하는 내성적인 사람은 플랫폼의 유형에 따라 구분을 해두는 것도 괜찮다. 영미권이나 유럽 출신 동료, 친구들을 보면 사적인 그룹, 일과 관련된 그룹을 구분한다. 일반적으로 페이스북은 친구들과 어울릴 목적으로 집에서 찍은 사진, 여가 활동 등 다소 사적인 소식들을 올리는 데 쓰는 반면, 링크드인은 공적인 교류 용도로 쓰는데 하나같이 업계 추세나 관련 행사 소식 등을 공유한다. 심지어 명함을 찍지 않은 지 꽤 되었다고 하는 미국인 동료들도 있다. 다들 직접 상대방의 링크드인에 접속하는 방식을 택한 것이다.

타이완에서는 링크드인은 보편적인 편이 아니고, 여전히 페이스북이 SNS의 중심이다. 공개 범위 설정을 해두면 시사時事, 연구나 직장 관련 글을 공유하면서 내 생각도 올릴 수 있고, 이러면 근무 시간에는 쉽게 발견하기 힘든 나의 일면을 보여줄 수도 있다.

플랫폼 선택에도 많은 연구가 필요하다. SNS 전문가인 지나 카Gina Carr는 트위터를 칵테일파티에서 나누는 대화로 묘사한다. 짧고 빠르며, 깊게 들어갈 수는 없지만, 전혀 다른 세상의 사람들을 폭넓게 만날 수 있다는 것이다. 반면 페이스북은 친구들끼리 뒷마당에서 여는 파티 같다고 한다. 나와 손님 사이가 강하게 또는 약하게 연결되어 있고 그 사이에서 그룹별로 공감대가 형성된다는 것이다.[8]

---

8 제니퍼 칸와일러, 《조용한 영향력 : 차이를 만들어내는 내성적인 사람이 되는 법》

일 이외의 공통 화제가 생겨서 SNS에서 어울리다 보면 일대일 만남에 뒤지지 않는 효과가 나타난다. 심지어 그런 네티즌과 실제로 만나면 아주 오래 알고 지낸 사람을 만난 것처럼, 날씨 이야기로 운을 떼야 하는 일 같은 건 바로 넘어갈 수 있으니, 그야말로 완벽 그 자체이다! 내성적인 사람이 한번 시도해볼 만한 전략이다.

효과적인 플랫폼이 하나 더 있는데, 바로 페이스북 그룹이다. 페이스북 페이지가 상대적으로 개인적인 소식 위주라면, 그룹은 공통점이 있는 사람들이 서로 교류하는 플랫폼으로 서로 의견을 나누고 교환할 수 있다. 가입한 페이스북 그룹이 많지는 않지만, 나는 최대한 페이스북 그룹 사람들과 어울리려고 한다. 메시지나 글을 남기지는 않아도 '좋아요'는 누른다.

한번은 온라인에서 인연을 맺은 사람들과 모임을 가졌다. 현장에 도착한 사람들은 모두 관심사가 같은 전문가들이었다. 물론 모임의 서두를 여는 자기소개를 피해갈 수는 없었다. 내가 긴장한 모습으로 일어나서 "저는 질이라고 하는데요. 저는……"이라며 아직 말을 끝맺지도 못하고 있는데, 현장은 온통 "질은 자기소개할 필요 없어요. 다들 아니까."라는 따뜻한 분위기였다. 페이스북 그룹을 활용해 자기 가시도可視度를 만든 사례라고 할 수 있을 것이다. 내성적인 사람으로서는 처음 만난 사람에게 자기 홍보를 생략하고 넘어갈 수 있는 방법이기도 하다.

페이스북으로 어떻게 더 사람을 끌어들이는가. 이 일에 내가 그렇게 전문적인 방법을 쓰는 것은 아니다. 페이스북 페이지 커버 사진을 내가 좋아하는 야구 사진으로 바꾼 게 전부다. 이게 미국인들에게 아주 효과적인 수라는 건 인정한다. 바로 거리를 좁혀주니 말이다. 최적의 페이스북으로 변신시키기 위한 첫걸음에 관해서는 빅데이터를 전문적으로 연구하는 하버드대학교 경제학 박사이자 〈뉴욕타임스〉 칼럼니스트인 세스 스티븐스 다비도위츠Seth Stephens-Davidowitz의 이 말이 가장 정곡을 찌른다고 생각한다. "자신의 페이스북 페이지에 많은 사람이 와주길 바라십니까? 그럴 때는 멋진 사진 한 장 올려놓는 게 무엇보다 중요하답니다."[9]

완전하고 깊이 있는 글로 생각을 표현하자

SNS가 속도가 빠르고 소통하기 편리하긴 하지만, 읽는 사람 입장에서는 예전 정보를 검색하기도 쉽지 않고, 상대가 막 당신의 페이스북 친구가 된 참인데 페이스북에 올라온 최근 글 몇 편이 마침 다 오락적인 글이면 전체적으로 봤을 때 플러스 작용을 하지는 못한다. 어디까지가야 좀 진지한 내용의 글을 찾을 수 있을지도 알 수 없고, 인터페이스가 글을 읽기 편한 디자인으로 되어 있는 것도 아닌 데다 글과 이미지모두 뛰어날 수도 없으니, 한 번에 긴 글 한 편 읽다가 끝날 수도 있다.

내성적인 사람에게 글을 통한 표현은 중요한 무기이다. 그러므로글을 통해 영향력을 확보하고 싶다면 SNS 이외에 블로그, 웹 사이트,온라인 칼럼 등 다른 미디어도 교차 활용하기를 권한다. 자기 입장을

---

9 세스 스티븐스 다비도위츠, 《모두 거짓말을 한다 : 구글 트렌드로 밝혀낸 충격적인 인간의 욕망》

완전하게 설명하고, 심지어는 신념을 제창하는 것이다.

내성적인 사람에게 텍스트 마케팅은 일대일 홍보보다 훨씬 더 효과적인 방식이다. 여성 직장인들의 플랫폼 커리허CAREhER에 고정 칼럼을 쓴 적이 있는데, 한 달에 겨우 긴 글 한 편 쓰는 정도였지만 1년여를 지속했다. 나중에 시간 관계상 그만두었지만, 여러 해가 지난 뒤에도 그 칼럼을 통해 나를 알게 되었고, 나의 입장과 전문 분야를 이해하게 되었다는 사람을 만나곤 한다. 심지어 온갖 경로를 통해 나를 찾아와서 컨설팅을 해달라고 청하는 경우도 있다. 이런 글은 쓰려면 시간이 좀 걸리기는 하지만, 글자 수 제한이 없다 보니 자기 생각과 사물에 대한 느낌을 완전하게 표현할 수 있고, 다른 사람과의 교류, 깊이 있는 소통이라는 측면에서 보면 오히려 SNS보다 훨씬 더 효과적일 수 있다.

조지타운대학교 교수 칼 뉴포트는 SNS를 써본 적이 없음은 물론 사람들이 다 SNS를 끊어야 한다고까지 생각하는 사람이다. 그 원인 중 하나로 이렇게 말한다. "SNS에서는 뭔가를 써내는 일이 너무 간단하게 이루어집니다. 그러다 보니 시장 가치가 없어요. 깊이 있는, 가치 있는 창작이나 연구에 긴 시간을 할애할 수 있다면, 인스타그램(사진이 주가 되는 SNS) 같은 거 없어도 사람들은 당신을 찾아올 겁니다. 당신의 작품에 시장 가치가 있으니까요."10)

---

10 칼 뉴포트의 TED 강연, 〈소셜 미디어 그만두기Quit Social Media〉

사적인 공간을 확보하자

내성적인 사람은 사생활을 아주 중요시한다. 사실 나도 사적인 일을 인터넷에 올리는 건 좋아하지 않지만, 일 관계로 내게 적극적으로 '페친' 신청을 하는 사람은 아주 많다. 맨 처음에는 만나본 적 없고 모르는 사람의 페친 신청은 일률적으로 거절했지만, 개인 페이스북이 이장 사무실 기능(공익 자원 제공과 매칭)을 겸하게 되면서 이렇게 '내성적으로 나갔다가는' 많은 사람이 도움을 받지 못하게 될 수 있겠다는 생각에 친구 수락 조건을 완화했다. 하지만 게시물 공개 대상을 세세하게 분류하는 식으로 조금만 섬세하게 신경을 쓰면, 대외 소통과 사적인 공간 확보 사이에서 균형을 유지할 수 있다. 정기적으로 시간을 써서 그룹 목록을 정리해야 하기는 하지만, 이렇게 하면 '아는 사람'이 내 속마음이 담긴, 사적인 진심이 담긴 글을 보지 못하게 할 수 있다.

효율적으로 사용한다는 목표, 전략적으로 달성하자

《내성적인 기업가: 당신의 강점을 증폭하고 자신의 조건에서 성공을 창조하라》의 저자 베스 뷰로는 SNS가 장점이 있기는 하지만, 본질적으로는 그 역시 에너지를 소모해야 하는 일임을 상기시킨다. 《좋은 기업을 넘어 위대한 기업으로》의 저자 짐 콜린스Jim Collins가 말한 것처럼, "과학기술은 기업의 가속 페달이지 엔진이 아니다." SNS 운영에 너무 많은 신경을 쓰면 본업에 집중할 수 없게 된다. 그야말로 본말이

전도되는 꼴이다.

　SNS는 만병통치약이 아니다. SNS가 사람과 사람 사이의 접촉을 대체할 수는 없다. 잘못 활용하면 너무 많은 시간과 에너지를 그 운영에 쏟아부어야 하는 일이 벌어진다. SNS 운영이 업무와 직접적인 관련이 크지 않다든가 업무를 더 명확하게 효과적으로 수행하는 데 도움이 되지 않는다면, SNS는 기껏 해봤자 정신을 딴 데 팔게 해주는 장난감에 지나지 않는다. 베스 뷰로는 투입하는 게 돈이든 시간이든 아니면 정신이든, 효율적인 SNS 운영이 목표라면 다음과 같은 질문들을 잘 살펴보라고 조언한다.

| SNS를 열기 전에 질문해보라 |

• 나의 목표가 되는 그룹은 어디서 활동하는가?

• 나는 다른 사람들이 날 얼마나 쉽게 찾아내기를 바라는가?

• 나는 믿을 만한 플랫폼을 선택했는가? 사용자에게 우호적으로 디자인된 플랫폼인가? 시장 점유율은 높은가? 내가 전하고 싶은 내용을 훨씬 더 쉽게 공유할 수 있는 플랫폼인가?

• 내가 선택한 플랫폼의 중심이 회사에 있나 아니면 개인에 있나, 아니면 둘 다 해당하나?

06

적게 말해도
모든 사람이 경청한다

브랜든은 내성적인 사람은 정말 너무 운이 없다고, 특히 자신이 몸담은 광고업계에서는 더 그렇다고 생각한다. 사람으로 비유하면, 광고산업은 대략 대마 피는 거 좋아하고, 파티라면 끔뻑 죽는 잘 노는 섹시한 미녀일 것이다. 이런 사람은 뭐든 재미있어야 하고, 속도와 창의성을 중시하며, 정해진 규칙대로 카드를 내놓지 않는다. 사실 브랜든에게도 이런 건 이제 문제가 되지 않는다. 어쨌거나 광고업계에 몸담은 지 6년이 넘은 까닭에 이미 겪을 만큼 겪어봤기 때문이다. 요즘 브랜든을 가장 곤혹스럽게 하는 건 회의이다. 정기적인 업무 회의이든 임시로 열리는 아이디어 회의이든, 매번 회의가 열릴 때마다 브랜든은 자기가 다른 외향적인 사람들 사이에서 묻혀버린다는 느낌을 받는다. 자기 업무 내용 보고라면 얼마든지 잘 해낼 자신이 있다. 하지만 광고인들이 하는 아이디어 회의는 정해진 순서에 따라 진행되는 경우가 한 번도 없다.

브랜든한테는 이게 악몽이다. 미리 준비해놓을 방법이 없는 회의에서 브랜든은 늘 귀를 기울이고 머리를 굴리면서 어떻게 자기 생각을 제시할지 고민을 거듭한다. 팀장이 속으로 감점할 수도 있으니 자기가 하는 말이 너무 멍청하게 들려서도 안 된다. 생각이 완전하게 정리돼서 용기를 내 발언하려고 하면, 다들 다음 토론으로 넘어가 있기 일쑤이다.

회의가 직장인들이 제일 싫어하는 일 중 하나임은 맞을 것이다. 심지어 프로젝트 관리 플랫폼 라이크Wrike가 발표한 업무 관리 조사 결과에 따르면, 답변자 중 24퍼센트가 회의가 업무에 가장 방해가 되는 일이라 생각한다고 밝혔고, 겨우 9퍼센트만이 회의를 하고 나면 뭘 해야할지 명확해진다고 대답했다니 말이다. 하지만 현 상황상, 회의는 여전히 자주 열린다. 오죽하면《거지같은 회의 Meetings Suck》라는 제목이 붙은 책이 한때 아마존에서 평점 4.8점을 기록했겠는가. 이런 현상이 변할 것 같지 않다면, 회의에서 어떻게 나를 드러낼지가 더 중요해진다.

기업 컨설턴트 아비 케이Avi Kaye는 대기업이든 중소기업이든, 회의 빈도수가 얼마나 되든, 회의(특히 실적 평가 회의)는 승진으로 가는 절호의 기회라고 지적한다. 팀장은 회의를 통해 팀 구성원이 어떻게 능력을 발휘하는지 살펴볼 수 있고, 구성원들이 어느 정도 전진했는지 관찰할 수 있으며, 또는 팀이 실수를 통해 무엇을 배웠는지 들여다볼 수 있다는 것이다. 만일 회의에서 능력을 제대로 발휘하지 못하면 실리를 챙기지 못하는 것은 물론 상사의 눈길을 끌 기회를 놓치게 되고, 심지어 다들 당신이 회의에 참여하든 하지 않든 별 차이가 없다고 느끼게 된다.

내성적인 사람은 준비에 능하다. 전선을 시간상 앞으로 당기면 내성적인 사람이 전략적으로 유리한 고지를 점할 수 있다. 어떤 회의이든 회의 주제와 일정이 어떻게 되는지 미리 알아놓아야 한다. 정례 회의라면 자신이 보고할 핵심 내용을 먼저 준비해놓고 아예 팀장과 동료들에게 그 내용을 이메일로 미리 발송하는 방법도 있다. '저 이미 회의 준비 끝마쳤어요'와 '이건 제 아이디어이니까 회의 중에 가로챌 생각 하지 마세요'라는 뜻이 담긴 일종의 성명 발표에 가깝다. 하지만 이 이메일을 누구에게 보낼지, 어느 정도까지 할지, 이게 또 관건이다. 흡사 TV 예능 프로그램 출연자의 출연이 프로그램 현장에서 어떤 효과를 불러오는지가 가장 직접적인 실적 평가 기준 중 하나인 것과 마찬가지이다. '웃음 포인트'를 잘 묻어놨는지, 효과는 괜찮았는지가 제작진이 이 사람에게 계속 기회를 줄 것인지에 영향을 끼친다. 한 연예인이 막 데뷔했을 무렵 이런 요령을 잘 몰라서 공들여 생각해둔 웃음 포인트를 리허설할 때 다 풀어놨는데, 정식 녹화가 시작되자 선배들이 이 소재를 가로채서 써먹는 바람에 자신은 써먹을 게 없었다는 이야기를 들었다. 그래서 얼마나 할지, 어떻게 할지 이 수위를 잘 조절해야 한다.

직장 인력 개발 전문가 제니퍼 칸와일러는 내성적인 사람에게 회의실에 들어가기 전 일단 핵심 전략을 수립해놓고 두 가지 문제를 생각해두라고 조언한다.

• 이 회의에서 나는 어떤 목적을 달성하고 싶은가?

실적을 내보이고 싶은가? 자신이 제안한 것을 상사가 채택하도록 설득하고 싶은가? 다른 동료들과 함께 머리를 짜서 새로운 방법을 생각해내고 싶은가? 긴급 상황을 해결하고 싶은가? 아니면 그림 잘 나오게 머릿수만 채워주러 가는 것인가?

• 어째서 상대가 나와 회의를 하려는 것인가?

목적 이외에 이 회의에서 자신의 역할을 생각해봐야 한다. 관련 경험을 제공해야 할까? 팀장을 대신해서 출석하는 것인가(내게 현장에서 결정지을 수 있는 권한이 있는가)? 아니면 그냥 형식적인 일에 불과한가? 자신의 전략과 포지션을 찾은 뒤 눈에 띌 수 있는 방법을 다시 찾도록 한다.

의미 있게 존재감을 과시하자.
눈에 띄어야만 중요한 사람으로 대접받을 기회를 얻는다

모든 게 완비되었으니 이제 때를 기다리자. 회의실로 들어가는 것, 이것이 눈에 띄기 위한 핵심이다. 직장 생활 전문가들에 따르면 회의 시작 후 5분 안에 첫 번째 발언을 해서 회의 중 자신의 위치를 확립해야 한다. 하지만 이건 나한테는 너무 어려운 일! 만일 당신이 나와 같은 사람이라면, 기업 컨설턴트 발 넬슨Val Nelson이 제안한 순서에 따라 점진적으로 해보기 바란다. 일단 말부터 해놓고 발언의 질은 나중에 다듬으라는 것이다. 먼저 회의 중에 생각을 말하는 것부터 연습하고, 영양가 있는 발언을 한다든지 적극적으로 발언을 한다든지 이런 건 나중에 해나가라는 것이다.

'발언에 영양가가 없어도 되나요?' 이렇게 묻는다면 당신은 정말로 내성적인 사람이다. 옆에 있는 외향적인 동료를 한번 보라. 그 동료가 하는 말의 논점이 늘 입체적이고 명확하며, 논리적으로 정확한가? 어떤 때는 그 사람들도 그냥 머릿속 생각을 입 밖으로 내는 수준에 불과하다. 특히나 생각하면서 말하는 건 외향적인 사람의 특징 중 하나이기도 하다. 상대적으로 내성적인 사람은 대부분 완벽주의자 성향이라서 딱 맞는 단어와 정치적으로 올바른 표현 방법을 찾아내려고 한다. 심지어 다른 사람의 논점을 이어받아서 발전시킬 수 있을 때나 발언하고 싶어 한다.

영양가 있는 발언을 추구한 대가는 보통 생각을 말할 기회를 놓치게 된다는 것이다. 자연히 눈에 띨 수 없게 되고 다른 사람의 귀에 들릴 수 없게 된다. 뭘 말할지는 우리의 외향적인 동료들에게 배우면 된다. 외향적인 사람들은 이럴 때 과거의 경험을 공유한다. 내성적인 사람은 현재 상황과 과거를 연결하는 데 능숙한데, 이런 때는 새로운 생각을 내놓을 필요 없이 다른 사람이 인용한 정보를 제공해도 되고, 어떤 때는 상대방이 한 말을 중복하기만 해도 상대방에게 내가 이미 당신이 한 말을 이해했다는 뜻을 전할 수 있다. 어쨌거나 말을 해야 한다.

또 다른 방법은 보디랭귀지와 공간 이동을 활용하는 것이다. 다들 똑같이 무대 아래 조용히 앉아 있어도 보디랭귀지를 잘 쓰는 사람, 예를 들어서 몸을 앞으로 기울인다든가 눈빛을 교환한다든가 고개를 끄덕인다든가 하는 사람은 무대 위의 화자로부터 더 많이 주목받게 된다. 기업 강사 실비아 뢰켄도 보통 여러 명이 회의에 참여하지만, 회의에서 정말 설득해야 할 사람은 통상 고위급 임원 몇 명, 심지어 딱 한 사람뿐이라고 지적했다. 의견을 내놓을 때는 가급적 이 사람의 주의력을 중심으로 공간이나 자리 이동을 활용해 존재감을 높여야 한다. 예컨대 회의실에 들어가서 앞자리에 앉는다든가, 발언할 때 자리에서 일어선다든가 또는 주동적으로 스크린 앞까지 걸어가서 자신이 말하고자 하는 부분을 가리키면 내성적인 사람이 눈에 띌 기회가 많아진다.

마지막으로 내성적인 사람의 강점, 즉 '제대로 된' 질문하기를 기억하자. 한때 체인 외식업계에서 고위급 임원으로 일했고 지금은 기업 컨설팅을 맡고 있는 르네 보어Rene Boer는 자신의 30년 실무 경험을 종합해보고 회의 때 가장 주목받은 사람은 말을 가장 많이 한 사람이 아니라 가장 좋은 질문을 던진 사람인 경우가 많았다는 사실을 발견했다. 정확한 질문으로 핵심을 찌르면, 마지막에 가서 모든 사람이 당신에게 주의를 집중할 것이다. "저 사람이 뭘 묻는지 들어볼까?"

다음 회의를 위해 유리한 전세를 만들어내자

자신이 팀장이라면 아마 회의 진행 방식을 자신이 결정할 수 있을 것이다. 만일 아니라면 나스닥 상장 회사 웹메소드webMethods의 공동 창업자 캐런 메릭Caren Merrick의 조언에 따라 좀 다른 회의 방식을 제의해 볼 수도 있다. 이 방식들이 강점을 발휘하면 내성적인 사람도 회의 중에 역량을 드러낼 수 있다.

| 효율적인 회의를 진행하는 팁 |

• 온라인 아이디어 회의와 개별적인 아이디어 회의

한 무리의 사람들을 방에 모아놓고 브레인스토밍을 한다고 해서 창의적인 효과가 나지는 않는다. 심리학자는 이런 결과가 빚어지는 이유가 빈둥거리는 심리(다른 사람이 생각하게 하면 된다는 심리)와 생산 저항(매번 발언할 수 있는 사람은 한 사람뿐이어서, 다른 사람은 그저 듣고 있을 수밖에 없는 상황), 평가에 대한 공포(입 밖으로 낸 생각이 다른 사람들로부터 인정받지 못할까 봐)에 있다고 본다. 하지만 온라인 회의로 바꾸면, 개개인이 사전에 혼자서 해둔 생각을 정리해서 다 같이 토론하게 되니까 효과가 훨씬 더 커진다.

• 회의 참석자 수 통제

아마존의 최고경영자인 제프 베이조스Jeff Bezos는 '피자 두 판'의 법칙을 말했다. 회의 참석자 전원이 먹기에 피자 두 판이 부족하면, 그건 참석자가 너무 많다는 뜻이라는 이야기이다. 보통 회의에 참석하는 사람이 많을수록 효율은 떨어진다. 이런 전략은 소그룹 집중 토론에 능한 내성적인 사람에게 아주 적합하다.

• 충분한 준비

베이조스는 '한 사람이 무대에 올라가서 프레젠테이션을 하고, 다른 사람은 무대 아래에서 듣는' 방식을 싫어한다고 한다. 베이조스가 보기에 프레젠테이션은 결과를 보여주기는 편할지 몰라도 논증에 필요한 상세한 정보에는 소홀해지는 결과를 불러온다. 아마존에서는 회의할 때 보통 회의를 소집한 사람이 여섯 쪽 이내의 기획안을 인쇄해오고, 회의가 시작되면 회의 참석자 전원이 함께 기획안을 본 다음, 모두 기획안을 다 봤다는 게 확인되면 그제야 토론을 시작한다. 내성적인 사람에게는 이런 방식이 사전 준비를 통해 가슴을 졸일 가능성을 줄여주는 방식이 될 수 있다.

타고난 자질 발휘! 내성적인 사람의
셀프 프로모션

─────

01

내성적인 사람과
스타의 후광

스타가 되는 건 어쩌면 내성적인 사람이 가장 못 하는, 잘하고 싶어 하지도 않는 일 중 하나일 것이다. '하필 상사들은 다 스타들을 좋아하는지!' 당신도 이렇게 생각하는가?

경기장은 모든 사람의 능력을 펼쳐놓고 비교할 수 있는 필드이다. 《머니볼 : 140년의 메이저리그 역사상 가장 기적 같은 역전 드라마》, 《블라인드 사이드 The Blind Side》를 쓴 유명 스포츠 작가 마이클 루이스 Michael Lewis가 분석한 내용에 따르면, 스타 플레이어가 꼭 득점률이 가장 높은 선수는 아니다. 겉으로 보기에는 득점 기계라도 실은 골대에 공을 꽂아 넣을 기회가 남들보다 많은 것뿐이어서, 다른 득점 기회를 희생해야만 전설이 될 수 있다는 것이다. 가령 NBA 마이애미 히트 Miami Heat는 이미 스타플레이어 드웨인 웨이드 Dwyane Wade가 있었음에도, 2010년 르브론 제임스 LeBron James, 크리스 보쉬 Chris Bosh 등 두 명의 스타플레이어와 계약을 맺었다. 르브론 제임스는 기자회견장 전체에서 환호성이 터지는 가운데 7년 연속 우승을 거머쥐겠다고 호언장담했다. 하지만 결과적으로는 첫해 우승도 거머쥐지 못했고 그 바람에 마이클 루이스의 말이 입증되고 말았다. "스타플레이어의 가치는 늘 고평가되고, 평범한 선수들은 저평가됩니다."

농구팬들이 큰 실망에 빠져 있던 이듬해, 조용한 셰인 배티에Shane Battier가 별들은 반짝이는데 우승과는 시종일관 연이 없는 마이애미 히트에 합류하면서 지각변동이 일어났다. 마이애미 히트가 연속 2년 우승을 거머쥐었을 뿐만 아니라 NBA 역사상 두 번째로 긴 27연승 기록을 세웠던 것이다. 평론가들은 셰인 배티에를 '무관의 스타'라고 불렀다. 현재 최고의 농구 선수 중 한 사람인 르브론 제임스는 경기 전에 그에게 의견을 묻는다. 중요한 경기가 있으면 팬들이 코치에게 고래고래 소리를 지른다. "배티에 출장시켜요. 배티에가 벤치에 앉아 있으면 우리가 어떻게 득점을 하냐고!" 배티에는 농구화를 농구 코트에 걸고 은퇴한 뒤에도 마이애미 히트에 초빙되어 농구 분석 및 발전 디렉터Director of Basketball Analytics and Development를 맡았다.

어린 시절 배티에의 꿈은 야구 선수가 되는 것이었다고 한다. 그러나 키가 너무 커서 농구팀에 선발되었고, 그 이후 농구를 계속해 NBA까지 들어가면서 14년에 이르는 농구 선수로서의 생애를 시작했다. NBA에 입성한 지 얼마 지나지 않아, 자신의 기술과 신체 조건이 다른 선수들에게 미치지 못한다는 사실을 깨달은 배티에는 일찌감치 자기 포지션을 '가장 강한 스몰 포워드small forward가 아니라 팀원들을 가장 잘

내성적이지만 인싸 직장인입니다

도와주는 스몰 포워드가 되는 것'으로 정했다. 비록 배티에는 자신이 평범한 자질을 갖고 있다고 자인했지만, 감독과 코치진은 그를 '최고로 똑똑하고, 외계인처럼 냉정한' 선수로 여겼다. 감독과 코치진은 각종 경기 데이터를 분석하면서 배티에만 출장하면 선수 한 사람 한 사람이 공격과 득점에서 모두 좋은 경기력을 선보인다는 사실을 알게 되었다. 수비로는 코비 브라이언트Kobe Bryant를 당해내지는 못할지라도, 배티에만 있으면 브라이언트의 득점률은 눈에 띄게 떨어졌다.

배티에의 특징은 초점이 되려는 사람보다는 팀을 돕고 싶어 하는 사람이 팀의 가장 큰 자산이라는 성공하는 팀의 법칙을 입증해준다.

영향력이 꼭 플래시 라이트에서 비롯되는 건 아니다

오랫동안 대기업 컨설팅을 해온 애덤 그랜트Adam Grant는 서른여섯의 나이에 이미 베스트셀러 작가, 와튼스쿨 최연소 종신 교수, 〈포천〉 선정 500대 기업의 고문을 겸하게 되었다. 심지어 전 세계에서 가장 영향력 있는 10대 경영학 사상가, 신세대 글로벌 경제 리더에도 이름을 올린, 그 자체가 슈퍼스타인 사람이지만, 애덤 그랜트는 진정한 의미의 슈퍼스타 팀이란 존재할 수 없다고 생각한다. 월드컵에 진출하고 싶은 국가대표 축구팀이든, 어마어마한 돈을 쏟아부어 전 세계에서 마케팅을 펼치는 NBA 프로농구팀이든, 1초에 수십만 달러를 벌어들이는 월스트리트의 컨설팅 회사이든, 그랜트는 이렇게 직언한다. "올스타팀이야말로 실패할 운명에 처한 팀입니다." 진정한 영향력은 꼭 플래시 라이트에서만 비롯되지 않는다. 만인의 주목을 받지 못하는 내성적인 사람도 없어서는 안 될 중요한 인물이 될 수 있다.

애덤 그랜트는 성공의 중요한 특징으로 겸손을 꼽았는데, 이 특징은 다음 세 가지 측면에서 쉽게 드러난다.

- 자신의 단점과 부족한 점을 안다
- 팀의 이익을 개인의 이익 위에 둔다
- 끊임없이 학습한다

조용하고 겸손하며, 팀을 우선시하는 특징은 내성적인 사람이 날 때부터 갖고 태어난 직장 생활에 유리한 독보적인 자질로, 리더 입장에서는 이런 특징이 영향력을 발휘하고 팀 전체의 분위기를 전염시킨다는 데 가치가 있다. 다른 사람이 감정에 이입하고, 이타적으로 나오며, 이기적이지 않은 행동을 하는 모습을 볼 때, 사람은 자연스럽게 그런 모습에 감격하고 탄복하게 마련이며, 동시에 자신도 더 좋은 사람이 되고 싶어지게 마련이다. 이게 바로 팀의 도덕적 고양moral elevation 효과이다. 달리 말해 팀에 배티에 같은 구성원이 있으면, 팀 전체의 실적이 올라가고 화목하면서도 서로 돕는 분위기가 더 강해진다는 뜻이다. 구체적인 사례로, 자원이 너무나 부족했던 버틀러대학교Butler University 농구팀이 연속 2년 NCAA 결승에 오른 적이 있는데 버틀러대학교의 감독은 '팀을 우선시하는' 선수만 뽑는다는 원칙을 고수했다. 그것도 모자라 팀 전원이 '팀이 우선이다'라는 말을 늘 입에 달고 살았고, 이 말을 옷에 박아 넣는가 하면, 체육관 벽에 새겨 넣었다. 이런 '버틀러 방식Butler way'에 동의하지 않는 사람은 팀을 떠날 수밖에 없었다.

그렇지만 직장에는 스코어보드도 없고 통계 데이터도 없는데, 어떻게 해야 상사가 당신의 공헌을 알아챌 수 있을까? 적당한 시점에 겸손하게 자화자찬을 해보는 것도 괜찮은 방법이다.(117~126쪽 참고)

'상사는 스타만 좋아해' 이 관점으로 다시 돌아가서, 사람 하나 영입하는 데 100억 뉴타이완달러(한화 약 4천억 원)를 쏟아붓는, '가성비' 하나는 누구보다 정확하게 따지는 업계, 미국 메이저리그를 살펴보자. 2014년, 마이애미 말린스Miami Marlins는 천문학적인 금액으로 거포 장칼로 스탠턴Giancarlo Stanton과 계약했지만, 3년도 지나지 않아 메이저리그에 천지개벽이 일어났다. 야구팀들이 더는 거액으로 스타플레이어를 영입하지 않으면서 FA 시장이 극도로 냉각되자, 초대형 스타플레이어들이 협상에서 좋은 몸값을 내세우지 못하고 어쩔 수 없이 몸값을 내리는 등 저자세로 나온 것은 물론이고 심지어 시즌 개막이 코앞에 다가왔는데도 몸담을 팀을 찾지 못한 A급 선수들이 한둘이 아니었다.

야구 문학가이자 마케팅 회사의 분석 부서 간부 겸 관리 부사장이기도 한 팡주한方祖涵이 주요 원인을 분석했다. 팡주한은 통계를 분석하고 각종 정밀 데이터를 계산해본 뒤, 스타플레이어들에게 돈을 쏟아붓느니 중견 선수들을 많이 영입하는 게 더 수지가 맞는다는 사실을 발견했다. 야구팀들이 내린 결론도 같았다.

프로야구팀뿐 아니라 다른 업계도 같은 추세를 보이고 있다. 월스트리트와 실리콘 밸리 역시 차차 스타 경영자들에 대한 맹신에서 벗어나 객관적이고 완전한 실적 평가를 덧붙이고 있다. 고용주가 진정으로 신경을 쏟는 건 팀에 대한 공헌도와 실제 실적이지, 더는 주관적인 스타의 특징이나 아우라가 아니다.

내성적인 사람에게는 너무나 잘된 일이다. 자신의 포지션을 찾아 자기의 특징을 제대로 활용해서 장점을 발휘하면, 내성적인 사람도 없어서는 안 될 인물이 될 수 있고 자신만의 발전 가도로 나아갈 수 있다.

02

나 방금 그럭저럭
괜찮게 하지 않았어?

"자신이 외향적인 사람이 아니라면, 자연적으로 내가 어디가 잘못된 건 아닐까 생각하게 되죠."

유명 영화배우 엠마 왓슨Emma Watson이 한 말이다. 내성적인 사람이 연기를 하려 하고 뭔가 고쳐야 한다고 생각하는 이유는 사회의 기대 때문이기도 하지만 일부는 자신감 문제이기도 하다. 마음속에서부터 외향적인 사람이 비교적 쉽사리 받아들여지고 사랑받는다고 느끼기 때문에 외향적인 사람인 척 열심히 연기해서 그나마 좀 유리한 자리를 얻어내고 싶은 것이다.

미국의 유명한 토크쇼 진행자 오프라 윈프리Oprah Winfrey가 이야기한 인터뷰 경험이 떠오른다. 오프라 윈프리는 뉴욕텔레비전페스티벌New York Television Festival 포럼에 참석해서, 전 미국 대통령 오바마Barack Obama와 여왕 비욘세Beyonce를 포함한 거의 모든 인터뷰이가 인터뷰가 끝난 뒤 같은 질문을 한다고 밝혔다. "방금 저 그럭저럭 괜찮았나요?" 오바마와 비욘세도 자기가 영향력이 있는지 확인하고 싶어 한다니, 대다수 사람이 자기가 제대로 이해받지 못할까 봐 걱정한다는 것도 꽤 말이 되는 것 같다.

사람은 내성적인 성격과 외향적인 성격의 특징을 모두 갖고 있다

내성적인 성격과 외향적인 성격은 결코 절대적인 이분법으로 가려지지 않는다. 오히려 정규 분포일 때 나타나는 종 모양에 가깝다. 성격 심리학자 로버트 맥크레Robert R. McCrae와 폴 코스타Paul T. Costa Jr.는《성인기의 성격 Personality in Adulthood: A Five-Factor Theory Perspective》에서 사실 3분의 2에 달하는 사람이 내성적인 성격과 외향적인 성격의 특징을 동시에 가진 중성적인 성격ambivert의 소유자로, 어떤 상황에서는 조용히 말이 없다가도 또 어떤 상황에서는 에너지가 넘치는 면을 보이고, 뭇 사람들의 시선의 초점이 되고 싶어 하는 때가 있는가 하면 뒤로 숨어들고 싶어 하는 때도 있다고 지적한다. 동시에 두 가지 특징을 갖고 있다 보니 더 설득력과 영향력이 생기며, 직장 생활 중에 더 환영받는다는 것이다.

와튼스쿨 교수 애덤 그랜트는 여기서 한 발 더 나아가 직장인 340명을 연구한 뒤, 내성적인 성격과 외향적인 성격을 모두 가진 사람들이 청산유수의 말솜씨를 가졌을 뿐 아니라 상대방의 말을 진심으로 경청하는 사람들이다 보니 단호하게 고객을 설득할 줄 알고 그러면서도 결코 과한 자신감을 드러내지 않는다고 분석했다.[11] 애덤은 심지어 가장 효율적인 리더는 내성적인 사람도 외향적인 사람도 아닌 학습을 통해 성격을 점차 중성적으로 수정해나가는 사람이라고 생각한다.

내가 알고 지내는 한 여성 창업가는 외향적인 성격의 전형이라고 할 만한 사람이다. 컨설팅, 법률, 의료, 미디어 산업 등에서 모두 풍부한 경험을 쌓았고 눈에 띄는 외모에 영어도 유창해서 늘 각국을 오가며 영업 개발 일을 하는데, 이분이 대화를 나누지 못하는 사람을 본 적이 없다. 그러던 어느 날 이분이 어떤 행사에 초청을 받았는데, 초청을 받자마자 뜻밖에도 내게 대신 가줄 수 있는지 묻더니 심지어 이렇게 말했다. "앞으로 이 브랜드의 얼굴 역할을 해줄 수 있을까요? 저는 좀 뒤에 서 있고 싶네요."

또 다른 사례는 내 미국 친구인데, 마케팅 총괄 디렉터를 맡고 있는 친구는 말이 빠르고 활력이 넘치며, 늘 밝고 세련된 모습으로 각종 장소에 나타난다. 그 친구는 내가 이 책을 쓰고 있다는 사실을 알고는 흥분에 겨워 이렇게 말했다. "세상에, 나도 내성적인 사람인데!" (그 순간 나는 속으로 이런 혼잣말을 했다. '내성적인 사람은 그렇게 말하지 않거든요?')

그렇지만 점차 가까워지면서 나는 그 친구가 정말 내성적인 사람이라는 사실을 깨달았다. 파티에서는 늘 제일 먼저 자리를 떴고, 페이스북에 올리는 사진이라고는 개, 소수의 가족과 함께 찍은 사진이 전부였

---

11 애덤 그랜트, 〈외향적인 판매 사원이 이상적이라는 통념 다시 생각해보기: 중성적인 사람의 이점 Rethinking the Extraverted Sales Ideal: The Ambivert Advantage〉, 《심리과학 Psychological Science》, 제24집 6권, 2013년 6월

으며, 타이베이로 날 찾아 놀러 올 때도 일찌감치 일정을 다 짜놓고 타이완 고속철도 홈페이지에서 기차표까지 다 예약을 해놓았으니 내성적인 사람의 준비 스타일이라 하기 충분했다.

완벽하게 내성적인 사람 또는 완벽하게 외향적인 사람은 거의 없다. 자신이 가진 두 가지 특징을 제대로 발휘하는 것이야말로 최고의 자기가 되는 길이다. 중성적인 성격에 흥미가 있다면, 인터넷에 접속해서 대니얼 핑크Daniel H. Pink의 온라인 테스트(http://www.danpink.com/assessment)를 해보자. 총 열여덟 개 문항이고 3분에서 5분 정도 걸린다.

당신은 '자신을 증명하려는 겁니까' 아니면 '자신을 발견하려는 겁니까'

스탠퍼드대학교 심리학 교수 캐럴 드웩Carol Dweck은 《마인드셋 : 스탠퍼드 인간 성장 프로젝트》에서 서로 다른 두 가지 시각의 마음가짐을 제시한다. 하나는 고정된 마음가짐fixed mindset이고 또 다른 하나는 성장 마음가짐growth mindset이다.

고정된 마음가짐에 따르면 인간의 능력과 재능은 고정적이다. 그래서 늘 다른 사람의 눈에 신경 쓰고 자신의 능력을 증명하려 하며 자신의 부족한 점을 일부러 감추거나 심지어 무시하면서, 소위 성공하기 위해 쓸 수 있는 모든 방법을 다 쓴다. 인간관계에서도 맞는 사람, 자신과 완전히 맞아떨어지는 파트너를 찾을 때만 좋은 팀을 이루거나 행복한 결혼 생활을 할 수 있다고 생각하기 때문에 고정된 표준 '유리 구두'를

든 채 파트너를 찾아다닌다.

성장 마음가짐에 따르면 지적 능력, EQ, 소통 기술 등을 포함한 인간의 모든 재능은 배양하고 변화할 수 있다. 핵심은 자기 자신을 증명하는 게 아니라 자신을 발견하는 것이다. 그러다 보니 이런 마음가짐을 가진 사람은 도전을 피하지 않고 오히려 도전과 실패를 자아를 업그레이드할 기회로 본다. 설사 지금은 실력이 부족하더라도 학습과 연습을 통해 발전할 수 있다는 것이다. 인간관계에서도 모든 사람의 개별적인 차이를 존중하고 서로의 장단점을 직시한다. 서로 완벽하게 맞아떨어지는 파트너를 찾기보다는 어떻게든 서로 맞춰갈 방법을 찾아서 함께 능력을 발휘하려는 경향이 도드라진다.

이 연구에 따르면, 고정된 마음가짐은 사람이 제자리걸음을 하게 하고 성장할 수 없게 한다. 사람은 점점 더 자신을 증명하고 실패를 피하고 싶어 하면 할수록, 실수를 통해 배우고 성장할 수많은 기회를 잃게 된다. 만일 '내가 천성적으로 내성적이라서 이런 상황에 대응할 방법이 없는 거야. 다 마찬가지야. 이런 업무 환경, 직업의 이런 특성, 이런 상사, 이런 동료들 다……' 이러면 고정된 마음가짐에 빠지고 만다. 자신감을 잃을 뿐 아니라 수많은 도전과 업그레이드 기회를 잃어버린다. 만약 '내 자아에 충실하기'를 고집하면 결국 자신의 잠재 능력을 제약하고 기존의 정해진 범위 안으로 자신의 능력을 제한하고 축소하게 될 뿐이다. 그러나 행위 방식이 다양해지면 생활 속의 이런저런 서로 다른 상황에 대응할 수 있게 되고 자신감이 없는 상태가 줄어든다.

다시 말하면 평상시에 내성적인 사람의 장점을 발휘하면서 필요할 때 잠재된 외향적인 특징을 조금이라도 발휘하면 놀라운 효과가 배가된다. 내성적인 사람의 입장에서 건강한 마음가짐이란, 자신의 장단점을 알고 자신의 상태를 직시하면서 자신에게 강요하지 않는 상황에서 새로운 사물과 낯선 환경에 도전하는 법을 배우는 것이다. '롤 플레이(어쩌다가 가끔 외향적인 척하는 것)'는 내가 한 발 더 내딛는 데 도움이 될 수 있다. 한번 시험해보라.

03

자신만의
'제로 영역'을 만들자

어린 시절 나는 〈신세기 사이버 포뮬러〉라는 애니메이션을 정말 좋아했다. 사실 이 글을 쓰면서도 이 애니메이션의 추억의 주제곡을 들었다. 〈신세기 사이버 포뮬러〉는 레이서들의 시합을 다룬 이야기로, 전도가 유망하지 않은 주인공이 나오는데, 주인공은 주인공이라는 이유로 성장과 진화를 거듭하고 역경을 딛고 일어선 끝에 자기보다 소질 있고 끈기가 뛰어나며 배경도 만만치 않은 라이벌을 다 물리친다. 많은 일본 애니메이션이 그렇듯, 마지막에 이르면 주인공이 불가사의하다 싶을 정도의 경지에 오르는데, 〈신세기 사이버 포뮬러〉가 좀 과장됐다고 느껴지는 지점이 바로 '제로 영역the zone'이다. 제로 영역이란 일종의 정신 상태를 일컫는다. 이 애니메이션에서는 이 영역에만 들어가면 감각기관이 기이할 정도로 예민해지면서 영 점 몇 초 안에 다른 차를 추월할 수 있을지 없을지 판단할 수 있게 되고 간발의 차이로 상대를 초월하는 것으로 묘사된다. 심리학에서 말하는 '몰입flow'과 비슷한 개념이다.

아마 다들 이런 경험이 있을 것이다. 일을 하다 보면 영감이 끊임없이 솟아오르고 신이 내린 것처럼 펜대가 굴러갈 때가 있다. 그런데 이튿날이 되면 똑같은 상황으로 돌아가려 해도 방법이 없다. 혹은 오로지 직감에 기대어 게임을 했는데 뇌가 둥둥 떠다니기라도 한 것처럼 정신을 차려보면 이미 마왕을 해치운 상태일 때가 있다. 하지만 도대체 이걸 어떻게 했는지는 자신도 모른다.

프랑스의 수학자 블레즈 파스칼Blaise Pascal은 이렇게 말했다. "인간의 비극은 조용히 혼자 앉아 있지 못한다는 데서 시작된다." 미국 캠벨 수프 사Campbell Soup Company의 더글러스 코넌트Douglas R. Conant도 이렇게 말했다. "혼자서 조용히 중요한 정책을 결정할 때 종종 최고로 창의적인 아이디어가 떠오른다." 혼자 있는 시간에 자신의 꿈을 그리다가 이를 실현한 걸출한 인재들이 많다. 하지만 일반인이 일하면서 이런 영역을 만들어내기란 보통 어려운 일이 아니라는 점은 부인할 수 없는 사실이다. 사무실은 개방되어 있고, 수시로 전화가 울리며, 동료는 컴퓨터로 록 음악을 틀어놓는다. 옆 팀 팀원들은 할 일 없으면 지나가다 인사를 건네기도 한다. 대다수의 경우 컴퓨터에는 여러 개의 창이 열려 있고 동시에 여러 개의 프로그램이 돌아가고 있다. 읽지 못한 수많은 메시지는 더 말할 것도 없다.

내가 일하는 조직은 본사가 샌프란시스코 도심지 금융가에 있는데, 사무실이 전형적인 미국 서안 스타일의 외향적 사무실에 속한다. 사무실 앞에서는 매일같이 '케이블카'가 지나가고, 사무실 안에는 투명 칸막이가 설치되어 있으며, 신선한 과일과 무제한으로 마실 수 있는 고급 음료가 준비되어 있다. 공공 공간에서는 온종일 음악이 흘러나오고 툭하면 각종 소규모 업체에서 파티를 연다며 참석하러 오라는 안내 메시지를 보내온다.

아주 멋지게 들릴 것이다! 하지만 나한테는 정말 최악의 업무 환경이다. 매번 본사로 출장을 갈 때마다 종일 혼자 있을 생각으로, 온종일 끝도 없이 울려 퍼지는 음악과 수시로 지나가면서 내가 뭘 하는지 들여다 보는 사람들을 피하려고 어떻게든 회의실을 예약해둔다.

일부러라도 조용히 있을 수 있는 시간을 안배하자

내성적인 사람은 생각하고 창조할 온전하고 조용한 시간이 있어야 한다. 이런 혼자만의 시간은 퇴근하고 집에 돌아가면 그제야 시작되는데, 그렇다고 퇴근하고 나서 일을 다시 시작할 수는 없으니 안타까울 따름이다. 일반 직장인이 흔히 말하는 조용한 시간을 갖는다는 건 거의 불가능한 일이다. 팀장이 수시로 불러대고 동료도 수시로 도와달라고 하니 말이다. 하지만 할 수 있다는 전제하에서 방해 요소를 가급적 줄일 수는 있다. 기본적인 방법이기는 하지만 한번 시도해볼 만한 것들이 상당히 많다.

| 진부하기는 해도 유용한 몰입의 팁 |

• 특정 시간에만 메시지 확인하기

시간을 내서 새 메일 도착 알림, 라인, 페이스북을 꺼버린다. 심지어 인터넷을 끄기도 한다. 이러면 중요한 일을 집중해서 처리할 수 있을 뿐 아니라 '저는 온종일 할 일 없이 컴퓨터 앞에 앉아서 이메일 오기나 기다리는 사람이 아니랍니다' 라는 메시지를 전할 수 있다. 언스트&영 Ernst & Young 회계법인의 워너Wanner 선임 부장은 집중도가 떨어질까 봐 매일 두 번 이메일을 확인한다. 동료들에게는 급한 일이 있으면 직접 전화하라고 말해두었는데, 다들 그렇게 급하게 찾아올 일이 없다는 게 사실로 증명되었다. 아침에 첫 한 시간을 그날 가장 중요한 일을 처리하는 시간으로 정해놓으면 '이른 아침부터 효율적으로 일했다'는 느낌을 받게 될 것이다.

• 아침 일찍 일어나기(혹은 늦게 자기)

유명 작가 스티븐 킹Stephen King은 시간을 이렇게 안배한다고 한다. "아침 시간에는 늘 새로운 작품을 씁니다. 오후에 잠깐 쉬었다가 이메일을 쓰고요. 저녁에는 책 읽고, 가족들과 시간을 보내고, 보스턴 레드삭스 경기를 보거나 급한 일을 처리합니다." 그는 가장 에너지가 넘치는 아침 시간에 작품을 쓴다. 가장 조용한 시간인 데다가 간밤에 잠을 자고 일어나서 머리가 충분히 휴식을 취한 다음이라 아주 명확하게 구상하고 생각할 수 있기 때문이다.

직장인들에게 오후에 책을 읽거나 야구 경기를 보는 건 좀 먼 이야기이다. 하지만 아침에 일찍 일어나 집에서 하루 일정을 준비하거나 사람 없는 사무실에서 그날의 가장 중요한 임무를 먼저 처리하는 게 다 개인의 영역을 만들어내는 방법이다. 그렇지만 자신이 올빼미 스타일이라면 밤이 깊어 인기척 없는 새벽이야말로 황금 시간대일지도 모른다.

• 개인 공간 만들기

내성적인 사람은 늘 자기 사무 공간이 필요하고, 방해를 차단하려 하지만, 이런 대우는 팀장급 이상이나 되어야 누릴 수 있다. 하지만 과학기술의 발전으로 재택근무를 선택지로 제공하는 회사도 많고, 매일 사무실에서 꼬박 여덟 시간을 근무하라고 요구하지 않는 곳도 있다. 이어폰을 낀 채 노트북을 들고 한 시간 정도 근처 카페에 가서 일하는 게 사무실에서 여덟 시간 앉아 있는 것보다 성과 올리는 데 더 효과적일 수도 있다. 꼭 사무실에 있어야 하는 상황이라면, 다른 데 신경 쓸 필요 없이 그날 꼭 생각해둬야 하는 일이나 가장 도전적인 업무를 완성할 수 있도록 시간대를 지정해 작은 회의실을 예약하는 것도 방법이다.

• 혼자 지내기

혼자서 점심을 먹으면 너무 괴팍해 보일까 봐, 친구도 없는 사람처럼 보일까 봐 두려운가? 같이 먹으러 가자는 동료들의 청을 완곡히 거절하자니 너무 죄책감이 드나? 난 이런 상황을 자주 겪는다. 그렇지만 오전 내내 에너지를 다 쓰고 난 다음에는 가능한 한 점심 휴식 시간을 확보해 에너지를 충전하고 싶어지므로, 보통 부근의 공원을 산책하거나 사장님이 과한 친절을 베풀지 않는 편한 식당을 찾아서 조용한 구석에 앉아 혼자서 책을 본다.

•환경 전환

회의가 너무 많고, 일정은 빡빡하기 그지없고, 시간까지 몹시 촉박해서 혼자 있을 짬을 낼 수 없더라도 짧은 시간을 활용해 환경을 바꿈으로써 팽팽하게 긴장한 정신을 유연하게 조절할 수 있다. 예를 들어 3분 동안 차를 뜨겁게 우려놓고 느릿느릿 위로 올라가는 수증기를 바라보고 있으면 손바닥에서 머그잔의 온도가 느껴진다. 혹은 자리에서 일어나 책상 위의 식물에 물을 주고 창밖의 하늘을 바라보다 심호흡을 몇 번 해보자. 또 이어폰을 낀 채 활력이 넘치는 노래를 듣는 것도 자신만의 작은 오아시스를 만들 수 있는 방법이다. 시간이 길지는 않겠지만 잠시라도 자신을 사무실에서 끌어낼 수 있다면 휴식이 끝난 뒤 기분이 전혀 달라질 것이다!

04

동료 간의 화합을 중시하는
직장 생활 가이드

모든 신입 사원이 성격 테스트를 할 필요는 없다. "사실 내성적인 사람과 외향적인 사람은 구분하기 아주 쉽기 때문이다." 수전 케인이 한 말이다. 팀장의 가장 큰 목표는 당연히 팀 내 모든 구성원의 재능을 잘 활용해서 시너지 효과를 발휘하는 것이다. 내성적인 사람과 외향적인 사람이 섞여 있는 팀이 가장 효율적이라는 사실은 많은 연구 결과로 증명이 되는데, 내성적인 사람과 외향적인 사람을 어떻게 잘 조합해서 팀의 전력과 효율을 최대로 끌어올릴 것인가, 최고의 화학 작용이 일어나게 할 것인가가 바로 팀장이 해야 할 일이다.

그렇지만 관리의 지혜를 발휘하고 수위를 조절해야 할 부분이 적지 않다. 어떻게 한 가지 메커니즘으로 두 가지 유형의 직원을 관리하고 사기를 북돋아줄 것인가? 어떻게 내성적인 사람이 의견을 내게 하고, 외향적인 사람이 조용히 듣게 할 것인가? 어떤 스타일로 관리해야 두 종류의 사람이 서로 협력하는 플랫폼을 만들어낼 수 있을까? 실제로 해보면, 팀의 상황에 따라 정말 많은 소통과 시도, 조정이 필요한 것이 사실이다. 다음의 방법을 시도해보는 것도 괜찮다.

팀 구성원들 이해하기

내성적인 사람은 외향적인 사람과 스타일이 전혀 다르다. 구분하기는 아주 쉽지만, 꼭 관리하기 쉽다고 할 수는 없다. 좋은 소식은 내향성과 외향성이 정규 분포와 유사한 종 모양 곡선으로 나타난다는 것이다. 즉 대부분의 사람이 비율만 다를 뿐, 내성적인 특징과 외향적인 특징을 모두 갖고 있다는 뜻이다.

하버드대학교 경영학 교수 프란체스카 지노Francesca Gino는 "팀을 이끌려면 늘 팀 구성원을 이해하는 것부터 시작해야 한다."고 한다. 독립적으로 일하는 걸 좋아하는 사람들이 있는가 하면, 결정을 내리기 전에 사람들과 회의를 열어 논의하기를 좋아하는 사람들도 있다. 어떤 사람들은 오랫동안 단일 프로젝트를 진행할 수 있지만, 어떤 사람은 멀티태스킹에 능하다. 팀장은 팀원의 전문성과 선호도를 이해해야 모든 사람이 장점을 발휘하게 할 수 있다. 부하 직원에게 상을 주는 방식을 결정하든, 잘하는 업무 유형을 분배하든 팀장의 일상적인 관찰과 소통이 바탕이 되어야만 한다.

많은 직장인과 관리자의 인터뷰 과정에서 발견한 사실에 따르면, '양측이 서로 다른 기대를 품고 있다는 것'이 마찰을 불러일으키거나 마지막에 각각 제 갈 길을 가게 하는 몇 가지 주요 이유 중 하나임이 분명하다. "업무 내용이 애초에 생각했던 것과 달라요."라거나 "상사가 제가 아예 할 수 없는 일을 시켜요. 저를 다른 사람으로 바꿔놓으려 한다고요." 같은 불평을 자주 듣게 된다. 내성적인 사람이 상대적으로 잘 드러나지 않을 때가 있다. 내성적인 사람이 직장 생활에서 살아남기 위해 사회화 과정에서 외향적인 척 외피를 두르는 법을 배우기 때문이다.

도대체 부하 직원이 내성적인지, 외향적인지, 외향적이지만 조금 내성적인 면도 있는지 분명히 파악하는 것보다 직접적으로 흉금을 털어놓고 편견 없이 논의하는 게 훨씬 더 좋은 방식일 수도 있다. 이를테면, "지금 상황에서 자신이 가장 효율적으로 일할 수 있는 형태가 어떤 건가요?"라거나 "사교 행사에 참석할 수 있겠어요? 가능하다는 전제하에서 일주일에 몇 번이면 받아들일 수 있나요?" 이런 식으로 말이다. 이런 논의를 해보면 모든 사람의 선호도를 대략 이해할 수 있다. 이 과정에서 상대에게 '전 팀이 사무실에서 일하는 게 좋습니다. 사교 행사에는 참석하지 않는 게 가장 좋고요.' 같은 메시지를 암시하는 식으로 입장을 미리 정해놓아서는 안 된다. 직장 생활을 조금이라도 해본 사람이라면 '제가 맞춰드릴 수 있습니다.'처럼 실질적인 도움은 되지 않는 표준 답안 정도는 말할 줄 알 것이다.

업무 시간과 업무 처리 방식 탄력적으로 설계하기

여기서 '탄력적'이라는 건 결코 출퇴근 시간을 옮기라는 의미가 아니라 내성적인 사람과 외향적인 사람 모두 자신이 능숙한 방식으로 일을 안배하라는 뜻이다. 예를 들어 12시 30분 이전에 회의를 열지 않기로 하면, 동료가 오전 시간을 이용해 혼자서 일할 수 있다. 우리 회사는 직원들이 매주 이틀은 재택근무를 하게 하는데, 가급적 수요일과 금요일에 하게 한다.

재택근무를 하면 훨씬 더 효과적으로 자기 시간을 활용할 수 있고, 날짜를 정해두면 논의를 해야 하는데 사람을 찾지 못하는 일은 확실히 막을 수 있다. 결국 이런 규정의 목적은 딱 하나, 다들 자신에게 가장 효율적인 업무 방식을 선택할 수 있도록 융통성을 주자는 것밖에 없다. 이렇게 하면, 외향적인 사람은 다른 사람과 수다를 떨며 충전할 기회가 생기고, 내성적인 사람도 다른 사람이 방해하지 않는 시간을 제대로 이용할 수 있다.

내성적인 사람은 발언하도록, 외향적인 사람은 경청하도록 격려하기

노스웨스턴대학교 경영학 교수 리 톰프슨Leigh L. Thompson의 연구에 따르면, 여섯 명이 함께 하는 회의에서 전체 발언 중 60퍼센트가 두 사람에게서 나온다고 한다. 회의 참석자 수가 많을수록, 이렇게 발화가 집중되는 상황은 더 심각해진다. 많은 사람이 시간을 써가며 회의실에 앉아 있는데도 회사가 이 사람들로부터 일에 공헌할 수 있는 아이디어를 얻어낼 방법이 없다면, 이는 회의가 이미 토론의 의미를 잃었다는 뜻일 뿐 아니라 무엇보다도 자원을 낭비하고 있다는 뜻이다. 회의가 충분한 효과를 발휘하게 하고 싶다면, 회의 참석자에게 사전에 회의 자료를 제공하고 모두 회의 시작 전에 자료를 다 읽고 오도록 규정해놓고 회의 참석자 전원이 아이디어를 내놓아야 한다고 사전에 설명하는 것이 좋다. 아니면 팀 내에서 발언하는 걸 제일 좋아하는 몇 사람과 일대일로 소통해서, 이들이 회의 중에 다른 이의 발언을 경청하고 숙고하도록, 다른 이의 의견에 개방적인 의견을 갖도록 격려해주는 것이 좋다.

05

성격이 다른 사람과 어떻게
서로 보완해가며 일해야 할까?

역사상 외향적인 사람과 내성적인 사람이 성공적으로 호흡을 맞춘 사례가 종종 있다. 미국의 루스벨트Franklin Roosevelt 대통령과 부인 엘리너 Anna Eleanor Roosevelt, 페이스북 COO(최고운영책임자) 셰릴 샌드버그와 CEO 마크 저커버그Mark Zuckerberg, 애플의 공동 창립자 스티브 워즈니악Steve Wozniak과 스티브 잡스Steve Jobs, 테니스계의 셰리나 윌리엄스Serena Williams 와 비너스 윌리엄스Venus Williams 자매……. 하지만 내가 만나본 가장 극단적인 조합은 예전에 인터뷰한 적 있는 두 명의 마케팅 매니저 잭슨과 질리언이다.

막 같은 팀에 배치되었을 때 성격이 하늘과 땅 차이인 두 사람은 거의 접점을 찾지 못했고, 상황이 이러니 다들 걱정이 이만저만이 아니었다. 질리언은 침착하고 신중하며 말수가 적지만, 맡겨진 일은 군인처럼 정확하게 실행했다. 생각하는 걸 좋아했고, 현 상황에 대해 조리 있게 견해를 내놓았다. 동료들은 시간이 흐르면서 질리언이 센스 있는 사람이라는 걸 느낄 수 있었지만, 절대로 열정적이라는 표현으로 질리언을 묘사하지는 않았다.

잭슨은 정반대였다. 열정적이고 에너지가 넘쳤으며, 늘 활기찬 모습으로 한 사람 한 사람과 인사를 나누고 온갖 이야기를 나누었다. 잭슨의 뇌는 폭발하는 우주 같았다. 기발하고 창의적인 아이디어를 순간적으로 셀 수 없이 쏟아냈다. 맡은 고객과는 나중에 가면 꼭 좋은 친구 사이가 되었고, 동료들도 잭슨과 만나는 걸 좋아했다. 심지어 건물 전체 사람들이 다 잭슨을 알고 지낼 정도였다. 잭슨은 인맥의 왕이었고 타고난 홍보맨이었다. 평상시에도 건물 내 탁구 경기를 개최하는가 하면 금요일 오후 퇴근 뒤에는 서로 다른 부서 사람들을 모아 노래를 부르러 갔다. 심지어 차 한 잔 따르는 데도 30분이 걸릴 정도였다. 너무 많은 사람이 이야기를 하자며 붙잡기 때문이었다.

잭슨은 매번 행사를 열 때마다 예의를 생각해 질리언을 초대했다. 하지만 질리언은 한 번도 행사장에 나타나지 않았다. 질리언은 점심시간에 혼자 밥을 먹거나 친하게 지내는 여성 동료와 함께 먹는 걸 좋아했다. 질리언과 잭슨은 공적인 일을 논의할 때를 빼고는 거의 교류하지 않았다. 공적인 일이라 해도 표면적으로 시비를 가리는 정도였고, 잭슨이 잡담 스위치를 켜기도 전에 질리언은 자리를 뜨곤 했다. 잭슨은 질리언이 가까이 다가가기 어려운 사람이라고, 무슨 생각을 하는지도 모르겠고 심지어 아무 생각이 없는 것 같다고 생각했다. 질리언은 잭슨이 늘 마음이 딴 데 가 있고 사람들 기분 맞춰주는 데만 신경 쓴다고, 깊이 있는 논의를 나누고 소통하기 어려운 사람이라고 생각했다.

성격, 취향부터 일하는 방법, 소통 방식에 이르기까지 두 사람은 상극으로 보였다. 처음에는 정말로 보는 사람이 식은 땀 나게 하는 조합이었다. 상사는 일단 이들에게 내부 교육 훈련 프로그램 기획과 진행을 맡겨놓고 지켜보기로 했다. 솔직히 말하면 사람들은 이들의 협력에 어떤 기대도 품지 않았다. 그냥 행사라도 어떻게 해내기를, 이들이 사이가 틀어지지나 않기를 바랄 뿐이었다.

그런데 두 사람은 뜻밖에도 프로그램을 기획하고 진행하는 과정에서 여러 번 논의하고 오랜 시간 함께 지내며 호흡을 맞춘 끝에 적합한 협력 주파수를 찾아낸 듯했다. 내부 교육 훈련 프로그램을 멋들어지게 해낸 덕에 사람들이 다 이들을 다시 보게 되었다! 상사는 큰 도박에 성공한 뒤 보물이라도 찾아낸 것처럼 점점 더 마음 놓고 중요한 프로젝트를 이들에게 맡기게 되었다. 물과 기름 같았던 두 평행선이 이제 가장 효율적이고 가장 안심이 되는 팀으로 거듭나게 된 것이다.

외향적인 사람의 관점

잭슨은 이렇게 말했다.

질리언은 결정을 내릴 때 아주 오래 생각합니다. 무척 꼼꼼하고요. 어떤 때는 좀 신경질적이라는 생각이 들기도 해요. 제가 아주 멋진 아이디어가 생기면 질리언은 한참 생각에 생각을 거듭한 뒤에야 천천히 말을 꺼내는데, 문장 첫머리가 '그렇지만' 아니면 '걱정스러운 점은'으로 시작돼요. 그러면 기분이 확 깨죠! 하지만 질리언이 제 아이디어를 마음에 담아둔다는 걸 알게 됐어요. 제가 10분 안에 아이디어 다섯 개를 던져주면, 다음 날 이 아이디어들이 전혀 다른 모습으로 우리 논의에 등장하기도 하거든요. 제가 낸 아이디어들이기는 하지만 질리언은 이 아이디어들을 종합해서 더 뛰어나게 만들어내요. 저조차도 이렇게 할 수 있을 거라고는 생각하지 못했을 정도로요.

질리언은 아이디어를 바탕으로 기획서를 쓴다든가, 문서 서식과 오탈자를 점검한다든가, 프로젝트의 진도를 그때그때 확인하고 모든 카테고리를 하나하나 확인한다든가 등 제가 싫어하는 잡다한 일들을 아주 기꺼이 도맡아주기도 한답니다. 전에는 질리언이 냉담하다고, 거리감이 느껴진다고 생각했지만, 같이 오랜 시간 지내면서 아주 섬세하고 센스 있는 사람이라는 사실을 깨달았어요. 물론 질리언이 상대를 친구로 여기는 경우에만 그렇지요.

요즘도 가끔 질리언을 파티에 초대하곤 하는데요. 질리언이 아는 누가 파티에 오는지 알려주고 일찍 가도 된다는 언질을 주기만 하면 질리언이 파티에 나타나는 비율도 좀 올라가요. 한마디로 말해 질리언에게 저울질해볼 시간과 공간을 주는 거죠. 질리언을 억지로 파티에 참석하게 하면 아마 분명히 도망갈 거예요(웃음).

내성적인 사람의 관점

반대로 질리언은 이렇게 말했다.

잭슨은 친구가 많고 일도 많아요. 아이디어도 아주 많고 말도 무척 빠르다 보니, 도대체 무슨 생각을 하고 있는지 포착하기가 정말 어려워요. 둘이 절반 정도 논의한 시점에 지나가던 사람과 수다를 떨 때도 있다니까요. 일 이야기를 하고 있는데, 툭하면 이렇게 끊겨버리니 기분이 정말 안 좋더라고요. 다른 사람을 존중하지 않는다는 생각이 들고, 지금 우리가 하는 일을 존중하지 않는다는 생각도 들고요. 아이디어를 생각해낼 때도 그래요. 1초 전에 A 이야기를 해놓고 바로 다음에 갑자기 F로 넘어가는 거예요! 그리고 나서는 W도 괜찮은 것 같다고 하고, 마지막에 가면 자신도 이중 어떤 게 실행 가능한 아이디어인지 헷갈려하다가 결론도 안 났는데 휙 가버리고요.

그렇지만 창의성은 정말 뛰어난 사람이에요. 어디서 그렇게 많은 아이디어가 나오는지 모르겠어요. 협찬을 따온다든가, 전화로 할인을 요구한다든가, 다른 부서에 공동으로 행사를 열자고 제안한다든가 등 제가 아주 귀찮아하고, 에너지를 많이 쏟아부어야 하는 일들을 맡아서 해주기도 하고요. 낯선 사람도 순식간에 친구로 만들어버려요. 다들 잭슨을 무척이나 좋아하고 기꺼이 도와주죠. 우리가 뭔가 필요할 때 풀어놓으면 사냥개처럼 사냥감을 물고 돌아와요. 전 잭슨이 물어온 자원을 잘 써먹기만 하면 되는 거죠.

소통 측면에서는 확실히 좀 시간을 들여서 상기해줘야 할 것들이 있고, 자유분방하게 환상에 빠져 있는 잭슨을 현실로 데리고 와야 해요. 그래도 뭘 해야 하는지 구체적으로 알려주기만 하면, 할 수 있는 한 다 해낸답니다. 처음에는 너무 자기 생각에 빠져 있다는 느낌이 들었고 소통하기 쉽지 않다고 생각했는데, 나중에 잭슨이 아이디어가 많다 보니 융통성도 뛰어나다는 것, 잭슨이 입 밖으로 낸 아이디어를 다 실행해야 하는 건 아니고, 하는 말 한마디 한마디를 다 진지하게 대할 필요는 없다는 걸 깨달았어요(웃음).

자신이 여는 파티에 절 초대할 때가 있어요. 잭슨은 그렇게 열정이 넘치는 곳을 좋아하거든요. 잘 아는 사람이 파티에 참석하거나 제가 낯선 사람을 상대할 수 있도록 잭슨이 시간을 좀 들여서 도와주면 저도 파티에 가요. 하지만 여전히 거절할 때가 많기는 해요. 잭슨이 그나마 제 거절에 익숙해져서 다행이죠.

상사의 관점

잭슨과 질리언을 같은 일에 배치한 상사는 어떻게 생각하는지 들여다보자.

이 두 팀원을 어느 정도는 이해하고 있었습니다. 이 사람들을 함께 묶어둔 주목적은 둘이 서로를 채워줄 수 있는지 살펴보기 위해서였어요. 처음에는 속으로 최악의 경우 잭슨이 모든 공로를 독차지하면서 질리언은 아무것도 한 게 없다고 생각하는 반면, 질리언은 고생고생해가며 일해도 존중받지 못한다고 느낄 수 있다고 생각했습니다. 이렇게 되면 팀 분위기와 조직 문화에도 안 좋겠죠.

처음에는 정말 둘이 호흡을 맞추는 데 꽤 시간이 필요했습니다. 다행스러운 점은 둘 다 경험이 풍부하고 임무를 중심에 두는 사람들이라 맡겨진 업무를 위해 공동으로 노력했다는 거예요. 맨 처음에는 업무 리듬을 맞추는 게 제일 어려웠어요. 한 사람은 빠른 속도로 발산하는 스타일이고, 다른 한 사람은 서서히 몰입하는 스타일이니까요. 잭슨은 팀 내에서 언제나 물 만난 고기 같은 존재이고, 질리언은 상대적으로 혼자서 일하는 걸 잘합니다. 원래는 질리언에게 연구 개발을 맡기고 잭슨에게는 실행을 맡길 계획이었지만, 둘에 대한 믿음으로 또 시도해보자는 마음으로 두 사람이 알아서 업무를 나눠보게 했어요. 저는 처음에 임무의 중요성을 설명하고 두 사람이 서로를 존중하는 문화만 마련해줬고 다음부터는 둘이 알아서 했답니다. 특징이 상반된 팀원들의 협력 결과라는 측면에서 보면, 두 사람이 이렇게 호흡을 맞출 수 있었으니 최고의 성과를 거둔 셈이죠.

마지막에 옆에서 보고 있던 내가 두 사람에게 물었다. "만일 다음 프로젝트 때 파트너가 필요하다면, 그래도 두 분이 같이 해보고 싶은 마음이 있으신가요?" 잭슨이 말했다. "제가 이렇게 말하면 질리언이 무척 난감해하겠지만, 전 질리언이 파트너가 되어준다면 정말 기쁠 거예요. 이 세상에서 질리언보다 더 뛰어난 파트너는 찾을 수 없을 테니까요." 옆에 있던 질리언이 민망해하며 말했다. "죄송해요. 외향적인 사람들이 좀 과장이 심하잖아요." 잭슨이 고개를 돌려 나를 바라보았다. "보세요. 저를 디스하잖아요. 질리언이 저를 친구로 본다는 뜻이랍니다."

인터뷰를 마친 뒤 질리언에게 이번 파트너십에서 가장 좋았던 부분이 무엇이냐고 물어보았더니, 질리언은 잭슨이 자신의 경계선을 존중해준다는 점을 꼽으면서, 여기에 더해 몇 번 손발을 맞추면서 생긴 텔레파시 덕에 잭슨과의 관계에서 익숙함과 안전함을 느낀다고 말했다. 질리언은 이런 예를 들었다. 한번은 두 사람이 화상 회의로 비즈니스 기밀에 관련된 까다로운 상황을 어떻게 해결해야 할지 논의하게 되었는데, 잭슨이 자기 생각을 이야기한 뒤 갑자기 질리언에게 이렇게 말하더라는 것이다. "질리언은 이렇게 하는 거 싫어해요. 그렇죠?" 질리언은 이렇게 말했다고 한다. "음. 그렇기는 해요. 좀 위험하다는 생각이 들거든요. 제가 싫어하는 티가 그렇게 많이 났어요?" 잭슨이 크게 웃었다. "내가 하는 말 듣자마자 손을 배배 꼬았잖아요. 티 엄청 났거든요?" 질리언은 이런 전우애와 텔레파시가 아주 소중하다고 말했다. 내가 다시 물었다. "잭슨에게 고맙다고 말씀하셨어요?" 질리언이 미소 지으며 말했다. "글로 써서 전해줬어요."

창업가이자 기업 컨설턴트인 애덤 리먼Adam Lehman은 팀 안에 내성적인 사람과 외향적인 사람이 함께 있는 건 동시에 두 가지 세계의 장점을 다 갖고 있다는 것과 마찬가지라고 본다. 수많은 전문가가 같은

타고난 자질 발휘! 내성적인 사람의 셀프 프로모션

견해를 갖고 있고, 함께 지낼 방법을 제대로 찾아내기만 하면 내성적인 사람과 외향적인 사람이 섞여 있는 팀이 최고의 효과를 발휘할 수 있음을 보여주는 연구 결과도 아주 많다.

사실 가장 친한 친구와 업무 파트너가 다 외향적인 사람이라고 말하는 내성적인 사람들이 아주 많다. 애덤 리먼은 이렇게 말한다. "제가 지금까지 가장 많은 보수를 받았을 때가 내성적인 사람과 함께 일했을 때였습니다. 저처럼 외향적인 사람은 내성적인 파트너로부터 정말 많은 도움을 받을 수 있답니다. 내성적인 사람 역시 외향적인 사람이 옆에 있으면 더 멀리 날아갈 수 있죠." 자신의 성격을 받아들이면 내성적인 사람이든 외향적인 사람이든 다 가치를 창출해낸다. 그리고 그 어떤 사람과의 협력도 배척해서는 안 된다. 온갖 유형의 사람과 함께 일하고 소통하다 보면, 양쪽 다 서로에게 배우고 성장하게 되며, 다른 사람의 장점으로 내 부족한 점을 채우고 또 내 장점으로 다른 사람을 도우면서 더 뛰어난 개인, 더 훌륭한 팀으로 거듭난다. 이것이야말로 직장인이 할 수 있는 최고의 일이다.

| 내성적인 사람과 함께 일하는 비결 |

• 임무를 분배하기 전에 상대가 일의 맥락과 전후 관계를 이해할 수 있도록 가능한 한 정보를 충분히 제공한다. 이러면 내성적인 사람들이 좀 더 적합한 방안을 생각해낼 수 있다.

• 내성적인 동료에게 생각할 시간, 일할 수 있는 시간을 준다.

• 내성적인 동료는 브레인스토밍 회의에서 솔직하게 많은 아이디어를 쏟아내고 조언을 하지 않을 수도 있다. 그럴 때는 가서 물어보자.

• 내성적인 사람은 주목받는 걸 좋아하지 않는다. 큰 회의실에서 갑자기 생각을 말해보라고 하면 효과가 그렇게 좋지는 않을 것이다.

• 내성적인 사람들은 디테일을 중시하고 반복적으로 이런저런 가능성을 생각해보는 걸 좋아한다. 긴급 응대 방안, B안, 위험 관리 같은 일은 이 사람들에게 맡기면 된다.

• 내성적인 사람들은 너무 많이 모니터링할 필요가 없다. 자기가 알아서 잘한다.

• 수시로 고개를 들이밀어 업무 진도를 물어보면 내성적인 사람들은 두뇌 CPU에 과부하가 올 수 있다. 실행 진도를 알고 싶다면, 점검 시간과 목표를 정해놓고 자신들이 알아서 보고하게 하는 게 좋다.

| 외향적인 사람과 함께 일하는 비결 |

• 외향적인 동료는 반응이 빠르고 말이 직설적이다. 침착하게 진행해야 할 일이 있다면, 여러 번 상기해주는 게 최선이다.

• 외향적인 사람들은 관계를 맺고 자기를 알리는 데 능하니까 새로운 걸 개척하는 업무를 맡기면 딱 맞다.

• 외향적인 사람들은 말하고 연결하는 걸 좋아한다. 콘퍼런스에서 알게 된 사람, 낯선 전화 응대가 다 외향적인 사람들의 전문 분야이다.

• 외향적인 사람들은 반복하는 걸 싫어하고, 너무 고정적인 일은 좋아하지 않는다. 외향적인 사람들은 이러면 따분해한다.

• 외향적인 사람들은 토론을 통해 자신의 관점을 정립하는 데 능하며, 말하면서 생각하는 걸 좋아한다. 이 사람들은 말을 해보라고 격려해주면 생각을 발전시킨다.

• 외향적인 사람들은 주목받는 걸 즐기고, 상사의 주의와 응원이 필요하다. 외부에서(가령 다른 부서 같은 곳에서) 칭찬을 받으면 훨씬 더 좋다.

06

내성적인 사람의
상사관리

크레이그는 팀에서 공인하는, 없어서는 안 될 구성원이다. 실무에 강하고 근면하며 임무 지향적인 사람으로, 중요한 프로젝트를 수없이 많이 관리한다. 하지만 일을 하면 할수록 상사와 어떻게 소통해야 할지 점점 더 막막한 느낌이다. 어떤 때는 상사가 너무 억지로 일을 맡긴다 싶고, 또 어떤 때는 시간이 너무 촉박해서 좋은 방안은 아예 낼 수도 없고 그게 아니면 예산 부족으로 결국 다음을 기약하며 물러나는 수밖에 없는데, 매번 타협할 때마다 결과적으로는 상사한테 질책을 받는다. 동료들은 하나같이 크레이그가 대단한 능력자라고 하는 판이니, 어쩌면 상사만 크레이그를 어떻게 활용해야 하는지 모를 수도 있다. 조화로운 소통을 중시하는 크레이그로서는 너무 고통스러운 상황이다. 이 일을 정말 좋아하기는 하지만 계속 이렇게 나가다가는 그만두는 수밖에 없을 것만 같다.

옥스퍼드대학교와 맥길대학교McGill University 강단에 선 경영학 교수 칼 무어Karl Moore는 이렇게 직언한다. "뛰어난 리더가 되는 가장 중요한 조건이 바로 부하 직원에게 무게 중심을 두는 것입니다. 두 번째로 중요한 건 아마 상사 관리일 겁니다." 모든 사람이 다 부하 직원을 관리해야 하는 건 아니지만, 상사가 없는 사람은 거의 없다.

상사 관리란 아부의 다른 말이 아니다. 여기서 말하는 상사 관리란 무슨 이득을 챙기라는 게 아니라 업무 효율을 챙기라는 것이다. 상사를 효과적으로 관리하지 못하면 상사가 부하 직원의 업무 상황을 파악하지 못하고 그 직원의 업무 성과도 보지 못하는 결과가 초래된다. 자화자찬을 하지 못하고 권리와 이익을 챙기지 못하는 내성적인 사람으로서는 착실하게 일을 하는 것 외에도 충분한 자원과 지지를 확보하는 것이 아주 중요하다. 상사 관리를 잘하면 임무 달성 이외에 일하면서 한 고생과 일을 통해 이룬 것들이 모두 다른 사람 눈에 띄게 된다.

상사의 행동과 소통 스타일을 이해하자

지피지기면 백전백승이다. 상사나 팀장을 중요한 소통 대상으로 만들려면, 일단 그 사람이 어떤 유형의 소통 방식을 선호하는지 알아둬야한다. 미국의 심리학자 닥터 윌리엄 몰턴 마스턴Dr. William Moulton Marston이만든 DISC 행동 유형은 행동 리듬의 속도를 근거로 사람이나 사물을 중심으로 그린 사분면인데, 인간을 주도형Dominance, 사교형Influence, 안정형Steadiness, 신중형Conscientious으로 분류한다. 모든 사람이 이 네 가지 분류에 포함되지만, 물론 예외가 있다. 다만 처음에 이 대분류로 상사가 어떤 유형인지 파악하면 그 사람의 행동과 소통 스타일을 이해하는 데 유리해진다.

| 먼저 서로 다른 유형의 상사를 파악해보자! |

• 주도형 상사

이런 상사의 특징은 목표 지향적이고, 행동력이 있으며, 도전과 창조를 좋아한다는 것이다. 또 전체 국면을 장악하는 걸 선호하고, 쉽게 타협하지 않으며, 딱히 인내심은 없다는 특징도 있다. 이런 상사를 만났을 때는 맡겨진 업무는 가급적 바로 처리하고 수시로 업무 진도와 성과를 알리는 게 좋다. 이런 상사는 보통 핵심을 명확하게 찌르는, 빠르고 날카롭고 명확한 소통 방식을 좋아한다. 일단 선택지를 나열해놓고 선택지 별로 예상 평가와 도움말을 덧붙여 그중에서 고를 수 있게 해주는 게 주도형 상사가 좋아하는 결정 방식이다.

• 사교형 상사

이런 상사의 특징은 사교에 능하고 말이 많으며 느낌을 중시한다는 것이다. 또 다른 사람을 격려하고 설득하는 솜씨가 있다는 특징도 있다. 이런 유형의 상사가 정보를 나누는 걸 좋아하기는 하지만, 그 상사가 당신에게 '느낌을 받도록' 많이 인정해주고 중요하게 여겨줘야 한다. 동시에 이런 상사들은 새로운 아이디어를 상당히 잘 받아들이며, 창의적인 아이디어를 좋아한다. 하지만 지구력은 강한 편이 아니니, 장기적으로 추진해야 하는 일은 다른 사람이 상기시켜주어야 한다.

• 안정형 상사

이런 상사의 특징은 성격이 온화하고 계획을 중시하며, 귀 기울여 듣는 인내심이 있다는 것이다. 또 마음대로 규칙을 바꾸지도 않는다. 이들은 팀과 전통을 존중하고, 소통할 때는 '회사나 부서에 좋은' 이런 표현을 잘 쓴다. 다른 사람의 의견을 비교적 쉽게 받아들이는 편이다. 하지만 창의적이더라도 너무 비현실적인 아이디어는 쉽게 받아들이지 않을 수 있고, 이 사람들에게 힘으로 다수의 의견을 물리쳐가며 일을 하라고 하면, 이건 난이도가 좀 올라간다.

• 신중형 상사

이런 상사의 특징은 실사구시적이고, 생각에 빈틈이 없으며, 데이터와 분석을 중시한다는 것이다. 또 완벽주의일 때도 있다. 갑자기 어떤 일에 돌입하는 경우는 거의 없고, 보통은 치밀하게 생각하고 또 생각하는 편이다. 그러니 이런 상사가 5분 안에 상사 자신이 아예 생소해하는 기획안을 승인해주기를 기대해서는 안 된다. 동시에 이런 상사들은 논리와 디테일을 중시한다. 자료를 다 준비해놓고 소통하기를 권한다. 물론 수치가 다 정확한지도 확인해둬야 하고, 내가 왜 이런 논리를 펼치는지 토론할 준비까지 철저히 해둬야 한다.

기획안을 다 쓴 상황에서 상사가 좀 더 쉽게 고개를 끄덕이게 하려면 어떻게 해야 할까? 혁신 경영 강사 류궁푸劉恭甫는《이런 것도 모르면 월급 올릴 생각 하지 말라 不懂這些, 別想加薪》에서 최고의 본보기를 제시한다. 주도형 상사는 한 페이지면 끝나고, 사교형 상사는 예쁘면 되며, 안정형 상사는 실용적이면 오케이고, 신중형 상사는 두꺼우면 두꺼울수록 좋다는 것이다.

07

자신의 매력을 드러낼 줄 모르고, 자기 공로를
내세울 줄도 모른다면?

매년 연말 평가 시기가 되면, 레이는 불면과 위장 통증에 시달린다. 직장 생활한 지 20년이 다 되어가고, 업무 능력도 눈에 띨 정도로 뛰어나지만 지금도 한 해의 계획을 세워야 하는 계절이 너무 싫다. 특히 실적과 승진, 월급 인상에 관련된 일은 더 그렇다.

레이는 늘 자신이 능력을 잘 보여주지 못한다고 생각한다. 그런데 하필이면 상사는 외향적인 사람이라 자기표현을 잘하는 사람을 좋아한다. 업무 수행 평가 이야기가 나오면 상사가 제일 많이 하는 말이 "자, 우리 이야기 좀 해보죠." 이 말이다. 이 말을 들을 때마다 움츠러들다 보니 연습을 많이 한 말조차 한 마디도 입 밖으로 내지 못한다. 다른 동료들, 심지어 이제 갓 입사한 어린 여자 직원조차도 예전에 어떤 수훈을 올렸는지 아주 멋지게 포장을 해내는데, 레이만 너무 고지식하다. 레이는 평소 자신이 조건 협상에 너무 약하다고, 작년에 분명히 실적이 괜찮았는데도 승진이나 월급 인상 관련해서는 입도 떼지 못한다는 생각이 든다.

내성적인 사람 중에 자기가 상사 관리를 잘 못한다고 느끼는 사람이 많은 까닭은 내성적인 사람들이 공치사와 자화자찬을 하지 못하기 때문이다. 상사 관리를 케이크에 비유하면, 이런 마케팅 기술은 케이크 표면의 생크림이나 퐁당fondant 장식에 해당한다. 물론 훌륭한 상사는 전체를 본다. 잊지 말자, 표면 장식 말고 케이크가 맛이 있는지 없는지도 아주 중요하다는 점을. 설사 장식하는 내공이 강하지 않다 한들, 내성적인 사람도 상사의 입맛에 맞는 놀라운 케이크를 만들 수 있다. 내면의 가치에 올인해서 승부를 걸어야 한다.

내성적인 부하 직원도 상사나 팀장이 어떤 유형이든 정확한 소통 원칙만 파악하면 상사를 관리할 방법이 생긴다.

제대로 준비해서, 증상에 맞게 처방을 내리자

내 주파수를 조정해서 상사와 일치시켜야 동일 선상에서 소통할 수 있다. 기억하자. 조정해야 하는 쪽은 나다. 상사를 바꾸겠다는 망상은 하지 말자. 내성적인 사람은 외향적인 상사를 만나면 직접 얼굴 맞대고 말로 소통하는 게 좋다. 제안서를 완벽하게 준비해뒀다 하더라도 외향적인 상사는 직접 와서 이야기해주는 걸 듣고 싶어 할 테니까 말이다. 만일 내성적인 상사를 만나면, 상사가 회의 이전이나 토론을 벌이기 이전에 시간을 갖고 분석하고 생각할 수 있도록, 회의하기 전에 상사에게 먼저 자료를 넘기고 의제를 열거해놔야 한다는 점을 기억하자. 내성적인 사람은 준비의 달인인데, 사실 이게 모든 유형의 상사에게 상당한 효과를 발휘한다.(272~275쪽 참고)

| 서로 다른 유형의 상사에게 대응하는 방법 |

• 주도형 상사

일단 요약본을 만들고 선택 사항을 준비해놓는다. 여기에 자신의 평가와 건의 사항을 추가한다. 예를 들어 "상대측이 한 이 제안의 핵심은 세 가지입니다(각각에 대한 간단 설명 추가). 저는 독자적으로 이쪽과 협력하는 건 권하지 않습니다. 왜냐하면 (어떠한 이유) 때문입니다. 저는 우리에게 두 가지 선택지가 있다고 생각합니다. 제삼자를 찾아서 함께 진행하거나 아예 협력 사업을 진행하지 않는 겁니다. (어떠한 이유)에 근거하여 평가해본 결과, (협력해야 할지 말아야 할지에 대해) 이런 입장을 갖게 되었습니다."

• 사교형 상사

준비를 다 해놓고 "말씀하신 게 맞습니다." 이렇게 말하면서 동시에 증거를 내민다. 이를테면 "완전히 새로운 발상을 바탕으로 기획해보았습니다. 업계 최초고요. 고객 방문 비율이 20퍼센트 상승할 것으로 보이는데, 목표는 고객 만족도를 90퍼센트 끌어올리는 겁니다." 이렇게 말이다. 말을 마친 뒤 "그럼, 저희 예산 10퍼센트 추가해도 될까요?" 이런 식으로 말을 덧붙이면 좋다.

• 안정형 상사

"이 행사 기획은 현재 이 정도까지 진행되었습니다. 저희가 작년에도 비슷한 행사를 했는데, 그때 부장님이 예산을 10퍼센트 더 주셨거든요. 성과에도 아주 만족스러워하셨고요. 올해도 그대로 하는 게 어떨까요?" 이런 식으로 과거 사례와 경험을 많이 준비해둔다.

• 신중형 상사

준비는 주도면밀하게 할수록, 자료는 자세하게 준비해둘수록 좋다. 예를 들어 "(정리해둔 보고서를 꺼내면서) 이 행사는 이런 자료들을 토대로 한 것입니다. (준비해둔 보고서를 넘기며) A, B, C 보고서와 과거의 경험, (준비해둔 도표를 펼치며) 고객 반응을 바탕으로, 여기에 이런 예산을 추가하고 저런 과정을 덧붙이면 성과가 20퍼센트 증가할 것으로 예측됩니다." 이런 식으로 말이다.

입장을 바꿔서 상사의 동기와 목표를 이해해보자

상사도 나름의 스트레스가 있고 목표가 있다. 상사의 스트레스와 목표는 보통 더 높은 직급의 상사와 부서의 목표, 회사의 목적 등과 긴밀하게 관련된다. 직장 인력 개발 전문가 제니퍼 칸와일러는 이렇게 직언한다. "당신의 목표는 당신의 상사가 목표를 달성할 수 있도록 돕는 것이고, 당신 상사의 업무는 자신의 상사가 목표를 달성하도록 협조하는 것이다." 그러므로 월급 협상을 하든 목표를 설정하든 아니면 실적을 논의하든 자신을 좀 더 확대된 구도에 위치시켜야 한다. 자신의 목표, 가령 실적이나 KPI(핵심 성과 지표) 같은 것 이외에, 일단 상사와 부서, 회사의 목표 그리고 우선순위를 이해하고 어떻게 하면 자신이 더 거시적인 목표를 이루는 데 능력을 발휘할 수 있을지 살펴봐야 한다.

상사는 보통 회사나 부사에 도움이 되는 일이면 반대하지 않는다. 하지만 상사들은 결정을 내리는 것보다는 우선순위와 실행 효율에 더 신경을 쓴다. 이를테면 총무과 직원이 IT 부서에 도움이 필요하다는 사실을 알게 되었다 해도 총무과 과장은 절대 부하 직원이 자기 일을 내버려둔 채 서툰 기술로 많은 시간을 들여가며 IT 부서의 기술 문제를 해결하도록 도와주길 바라지 않는다.

칸와일러는 직속 상사의 3대 혹은 5대 목표를 이해하기만 하면, 자원과 시간을 어떻게 분배해야 할지 명백해지고 그러면 효과적으로 상사를 보좌할 수 있으며, 같은 배를 탔다는 신뢰감을 구축할 수 있다고 조언한다. 자발적으로 나서서 업계 동향과 경쟁 상대 관련 정보에 주의를 기울이고 제약을 돌파하거나 상대를 뛰어넘을 수 있는 방법을 생각해낸다면, 각 유형의 상사에게 총애를 받을 것이다. 거시적인 계획을 상사와 어떻게 논의해야 할지 모르겠다면, 다음에 열거한 열 가지 질문을 참고해보라. 큰 목표를 이해하고 나면 거기서 한발 더 나아가 자기가 현재 가진 패를 살펴볼 수 있고 심지어 부서의 다음 스텝을 생각해볼 수 있으며, 여기에 개인의 발전을 덧붙일 수 있다.

| 상사와 어떻게 큰 목표를 논의할 것인가 |

• 회사 입장에서 볼 때 가장 없어서는 안 될 우리 부서의 가치란 무엇입니까?

• ○○ 부서는 우리 부서와 협력할 때도 있고 또 우리와 자원을 공유할 때도 있는데, 우리는 통상 어떤 협력 모델을 통해 그 부서와 협력하고 있습니까?

• 제 직위의 포지션을 어디에 놓고 어떤 기대를 하고 계십니까? 제가 이 직위에서 어떻게 일을 해야 가치를 창출해낼 수 있을까요?

• 제 직위와 관련된 부서의 동료들은 어떤 목표를 갖고 일을 하고 있습니까?

• 현재 이 자리에서 A, B, C 등의 도전에 맞닥뜨리고 있는데, 이런 도전에 어떻게 대응해야 한다고 보십니까?

| 자기 자신에게 물어볼 것들도 있다 |

• 내 자리와 능력과 경험으로 어떻게 상사를 보좌해야 할까?

• 다음 분기나 내년에 내가 상사와 부서에 도움이 되는 어떤 일을 할 수 있을까?

타고난 자질 발휘! 내성적인 사람의 셀프 프로모션

• 어떤 프로젝트를 해야 내 능력을 발휘하고 상사에게 내 실력이나 영향력을 바로 보여줄 수 있을까?

• 지금 내 능력으로는 해낼 수 없어도 참여하고 싶은 프로젝트는 어떤 것들이 있을까?

• 상사의 지식, 경험, 기술 중에서 내가 배우고 싶은 것은 어떤 것일까? 내가 상사와 나눠 질 수 있는 상사의 짐은 어떤 것일까?

마지막으로 자신의 공헌을 잊지 말고 기록해두자. 칸와일러는 내성적인 사람이 과소평가 증후군undersell syndrome의 영향을 자주 받는다고 지적한다. 과하게 입을 다무는 바람에 이 사람이 어떤 노력을 하고 어떤 성취를 거두었는지 다른 사람이 알 수 없게 된다는 것이다. 이를 타파하려면 자신의 업무 궤적과 성취를 충실하게 기록해야 한다. 아무리 작은 성취라도 상관없다. 새로운 업체를 찾았든, 부서의 원가를 2퍼센트 떨어뜨렸든, 어느 담판에 참석해서 부서 간 협력 프로젝트를 성사시켰든, 평가회를 앞두고 다급하게 기억을 돌이키지 말고 평상시에 기록해둬야 한다. 상사가 신경 쓰는 건 성과이고 실적이다. 상사에게 자신이 공헌한 것을 정기적으로 상기시키고 한 뼘 더 성장하는 데 도움이 될 조언과 지원을 구하는 게 최선의 방법이다.

책임지는 태도

IBM에서 팀장을 맡았던 무어는 상사 관리의 중요 원칙 중 하나로 문제를 들고 상사를 찾아가지 말라고 설명한다. 문제가 아니라 답안을 들고 가야 한다는 것이다. 무어도 처음부터 순조롭게 풀리지는 않을 거라고 인정한다. 하지만 당시 IBM 근무 경험은 무어에게 아주 좋은 훈련이 되어주었다. 무어의 상사는 귀찮아하는 법 없이 무어와 토론을 하면서, 무어가 돌아가서 다시 생각해보게 했다. 무어는 차츰차츰 상사와 토론을 벌이러 갈 필요가 없어졌고, 기획안이 반려되는 비율도 차차 낮아졌다. "그 사람들은 내가 그들의 시각에서 생각하도록, 자신만의 방법으로 자신의 팀을 이끌고 나가 해결 방안을 생각해내도록 나를 훈련시킨 겁니다."

얼마 전 페이스북에서 한 친구가 공유한 타임라인을 보았다. 여성 창업가로서 두 곳에서 창업해본 경험을 올린 것이었다. A 지역에서 창업할 때는 다음과 같은 것들을 미리 생각하느라 애를 많이 썼다고 한다. '이 일을 해나가면 팀에서 어떤 부분은 하청을 주게 될 텐데, 이 구멍을 어떻게 메워야 하지? 이 불을 어떻게 꺼야 하지?' 이 친구는 수시로 2안이니 3안이니 온갖 대안을 마련해두었다. 그런데 나중에 B 지역에서 창업하면서 직원들의 태도가 전혀 다르다는 사실을 깨달았다. 직원들이 적극적으로 나서서 어디에 구멍이 날지 생각해보는가 하면, 심지어 사장이 아직 발견하기도 전에 그 구멍을 다 메워버리더라는 것이다. 둘은 선명한 대비를 이루었다. A 지역 직원은 사장이 넘긴 일이면 그게 무엇이든 자기가 맡은 부분만 하면 된다고, 혹여 초래될지도 모르는 위험은 사장 책임이라고 생각했다. 반면 B 지역 직원은 사장이 이 일은 누가 하라고 명확하게 규정하지 않았음에도 일어날 수 있는 모든 상황을 대비해놓고 정말 상황이 발생하면 제일 먼저 뛰어들어 처리했다.

똑같이 돈을 써서 사람을 고용한 상황에서, 업무를 맡길 때 심지어 승진을 결정할 때 사장으로서는 당연히 우선 B 지역의 직원부터 고려하게 된다. 이유는 다른 게 아니라 책임지는 태도 때문이다. 이 친구는 결국 정말로 A 지역에 세운 회사를 닫고 팀을 완전히 B 지역으로 옮겼다.

책임지는 태도는 내향성, 외향성과는 별다른 관계가 없다. 세 가지 측면에서 연습해볼 수 있는데, 일단 내성적인 사람은 집중도에 강점이 있다.

내성적인 사람은 한 가지 일에 아주 오랫동안 집중할 수 있다. 다른 재미있는 거리가 있다고 그쪽으로 눈을 돌리는 법이 없다. 단점은 바로 정신을 분산해서 한 번에 여러 가지 일을 처리하지 못한다는 것이다. 내성적인 직장인은 자신의 능력, 경험을 바탕으로 단기 계획과 장기 계획의 황금 비율을 맞추어야 한다. 일단 이 비율을 파악하면 마라톤을 뛸 때의 페이스처럼 어떤 일들은 꼭 동시에 처리해야 하는지, 어떤 일들은 상대적으로 좀 더 긴 시간을 들이고 에너지를 쏟아부어서 해야 하는지 배치할 수 있게 된다. 다만 자기 혼자 다 해낼 수 없는 일이 많으므로, 이럴 때는 팀의 힘을 빌려서 서로 충분히 소통하면서 적절한 시점에 타협도 해야 한다.

팀으로 일할 때, 특히 진도를 확인하고 독촉하게 될 때, 내성적인 사람은 아주 쉽게 죄책감에 빠지거나 미안해한다. 심지어 전화로 일의 진도를 묻는 것조차 어려워할 때도 있다. 내성적인 사람이라면 목표를 '재촉한다'가 아니라 '일의 완성'에 두어야 한다. 더군다나 이메일, SNS 메시지 프로그램 등의 문자 소통 방식을 활용하면 대화로 인한 초조감을 덜어낼 수 있다.

분명한 것은 어떤 일을 하든 시간의 압력에 맞닥뜨리게 된다는 점이다. 짧은 기간 안에 처리해야 하는 일이 내성적인 사람의 천성에 맞지 않은 건 사실이다. 내성적인 사람은 천성이 사려 깊고 완벽한 방안이 생각날 때까지 기다렸다가 제안하고 싶어 하기 때문에, 순간적인 속도는 희생할 수밖에 없을 때가 있다. 그래서 나는 첫 직장 상사가 입버릇처럼 하던 "일단 해놓고 질을 높여라."는 말을 늘 나 자신에게 상기시킨다. 70퍼센트에서 80퍼센트까지 해서 일단 넘긴 다음, 상대방의 피드백을 보고 수정하면 된다.

사실 오랫동안 시간의 압력에 맞닥뜨리는 게 꼭 나쁜 것만은 아니다. 나는 시간을 효율적으로 쓰기 위해 내성적인 사람이 좋아하는 문자 소통을 포기하고 직접 전화기를 들 때가 많다. 심지어 직접 현장으로 뛰어가서 상대방과 일대일로 논의하기도 한다. 이렇게 지속하다 보면 안전지대도 확대된다. "전 안 해봐서 못해요."라거나 "이건 제 일이 아니에요."라는 말은 영원히 최고의 답이 되지 못한다. 무리한 요구나 자신감이 전혀 들지 않는 새로운 도전 앞에 섰을 때가 바로 상사가 직원의 책임 있는 태도를 평가하는 최적의 타이밍이다.

08

내성적인 사람이 리더가 되어
팀을 이끌기 적합할까?

영화 〈아이언맨〉을 볼 때마다 로버트 다우니 주니어Robert John Downey Jr.가 연기한 토니 스타크에 감탄을 금치 못한다. 토니 스타크는 자신감 넘치는 천재 발명가로, 좀 과하다 싶기는 하지만 그렇다고 밉살스럽지는 않은 우월감의 소유자이다. 아마 슈퍼 히어로 중에서 가장 매력이 넘치는 인물 중 하나일 것이다. 하지만 아이언맨의 모델이자 '넥스트 스티브 잡스'로 꼽히는 테슬라Tesla Inc. 창업자 일론 머스크Elon Musk는 이런 사람이 아니다. "기본적으로 저는 신중하고 내성적인 엔지니어입니다. 무대에 올라서 말을 더듬지 않기 위해 엄청나게 많은 에너지를 쏟아부어 연습합니다……. CEO로서 제가 꼭 해야 하는 일이죠."

일론 머스크 이외에도 투자의 신 워런 버핏, 페이스북 창립자 마크 저커버그, 애플의 스티브 워즈니악, 구글의 래리 페이지Larry Page, 마이크로소프트의 빌 게이츠Bill Gates 모두 내성적인 기업가로 유명한 사람들로 세계적인 영향력을 행사한다. 외향적인 사람들의 현란하고 눈부신 리더십 스타일과는 다른, 내성적인 사람이 가진 독특한 리더십 기질을 제대로 발휘해보자.

내성적인 사람의 독특한 리더십

훌륭한 리더는 어떤 모습이어야 할까? 경영학의 대가 피터 드러커 Peter Drucker는 과거 50년 동안 각양각색의 최고경영자들과 함께 일해본 결과, 집에만 처박혀 있는 사람이 있는가 하면 극단적으로 사교적인 사람도 있고, 전광석화처럼 결정을 내리는 사람이 있는가 하면 좀 느리고 신중한 사람도 있다고 했다. 그런데 가장 실적이 좋은 최고경영자들에게는 공통점이 하나 있다면서, 정확하게 말하면 특징이 없는 게 매력이라고 했다.

경영의 대가이자 《좋은 기업을 넘어 위대한 기업으로》의 저자 짐 콜린스는 눈에 띄는 역량을 보인 수많은 기업을 살펴보다가 그 기업의 최고경영자들이 결코 일반적으로 생각하는 눈부시고 활력이 넘치는 리더가 아니라는 점을 발견했다. 도리어 이들의 성공은 너무나 겸손한 태도와 전문가로서의 강렬한 의지에서 비롯된 것이었다. 콜린스는 이런 사람들을 '다섯 번째 리더'로 분류한다. 이들은 야심이 넘치지만, 그 야심은 결코 자신의 이익이나 명예 때문이 아니라 조직을 위한 것이고 조직의 목표를 달성하기 위해 강해진다. 게다가 내성적인 사람은 보통 혼자 있는 걸 두려워하지 않는다. 내적 우주를 여행하는 데 많은 시간을 들이는 까닭에 더 잘 반성하고 생각과 관찰, 계획, 상상, 창조, 해결 방안 제시, 깊은 연구와 철저한 실행에 몰두한다. 콜린스는 이들의 특징을 분류했는데, 겸손, 고요, 자제, 온화, 보수保守 심지어는 부끄러움도 포함되어 있다.

　오랫동안 내성적인 사람들의 직장 생활을 연구하고 교육과 훈련에 종사해온 직장 인력 개발 전문가 제니퍼 칸와일러는 2009년《상처받지 않고 일하는 법 : 내성적인 사람의 일하는 방식은 달라야 한다》를 출간했을 때만 해도 내성적인 리더에 대한 연구가 많지 않아서 이렇게 쓰는 데 그쳤다. "외향적인 사람이 내성적인 사람보다 더 성공적인 리더가 된다고 보여주는 자료는 없다." 최근 이 책의 개정판이 나오고 나서, 저자는 내게 이렇게 말했다. "같은 책이지만, 상당히 많은 부분을 다시 썼어요. 짧디짧은 10년 사이에 내성적인 사람에 대한 직장의 생각이 얼마나 크게 바뀌었는지 아마 상상도 못 하실 거예요. 내성적인 사람이 내내 얼마나 조명받지 못했는지 알 수 있죠." 내가 참 좋아하는 영어 속담 '조용한 물이 깊이 흐른다Still waters run deep.'가 제니퍼 칸와일러가 지난 10년 동안 깨달은 것을 총결산한 화룡점정식 표현이다. 내성적인 사람은 눈에 확 띄는 카리스마 넘치는 리더십보다는, 정말 더할 나위 없이 깊고 큰 영향력을 계속해서 조용히 발휘하고 있다는 것이다.

'1초 안에 외향적인 사람으로 둔갑할 수 있는' 내성적인 사람

　사회화란 사회의 가치와 규범을 끊임없이 학습하는 과정이다. 내성적인 사람 대부분은 가정에서(계속해서 다른 아이들과 같이 어울리라고 하는 부모님), 학교에서(수업 시간에 발표를 해야 점수를 준다는 규정을 만든 선생님), 직장(알아서 발언하는 사람을 적극적인 사람으로 보는 상사) 등 서로 상황이 다른 훈련을 거치면서 어느 정도는 내향성과 외향성 사이를 오가며 외향적인 사람인 척 연기를 하게 된다.

내성적인 사람은 사회화를 통해 직장에서 인재가 될 뿐 아니라, 탁월한 리더가 될 수도 있다. 와튼스쿨의 애덤 그랜트는 연구에서 특히나 다들 아이디어를 내놓는 환경에서라면 외향적인 리더는 개인의 자아 표현을 중시하는 반면, 경청에 능한 내성적인 사람은 조언을 쉽게 받아들이고 팀에 가장 도움이 되는 판단을 내린다고 지적했다. 팀원들이 창의적인 관리 방법을 제시하면, 외향적인 사람은 '자네가 팀을 더 잘 발전시킬 수 있다고? 스타는 나야!' 이렇게 생각하는 반면, 내성적인 사람은 '오, 이 친구가 한 말 아주 괜찮군. 하지만 저 친구가 한 말이 훨씬 더 도전적인 것 같아. 둘을 결합하는 게 낫겠어!' 이렇게 생각한다. 나의 프레임에서 벗어나는 동시에 주변 사람과 이들이 원하는 것에 주목하기만 하면 팀 구성원들이 발전할 수 있는 공간을 더 많이 제공해줄 수 있다.

알고 지낸 지 십수 년이 지난 친구가 하나 있다. 분명히 내성적인 사람인데도 일찌감치 달변의 내공을 쌓은 이 친구는 외향적인 사람과도 아주 긴밀하게 협력한다. 이 여성 같은 내성적인 사람이 나와 당신 주변에 숨어 있다. 주류가 아니어서 내성적인 사람은 보통 외향적인 사람과 일하는 소통 방식과 기능에 자신을 맞추고 적응하는 데 힘을 많이 써야 한다. 그러므로 설사 홍보와 마케팅 직무를 맡는다 해도 여러 해 꾸준히 연습한 테크닉을 활용하면 내성적인 사람도 업무에 필요한 수준에 성공적으로 부합할 수 있다.

09

내성적이면서
훌륭한 상사가 된다는 것

"사람들과 이야기하는 것도 긴장되는 판에, 어떻게 팀장이 되겠어요? 어떻게 사람들을 이끄나요?"

"팀장이라니 너무 무서워요. 저, 승진 안 해도 될까요?"

누군가 괴로워하며 내게 이런 질문을 할 때마다 그 사람의 손등을 토닥여주며 이렇게 말하고 싶어진다. "정말 방법이 있다니까요. 빌 게이츠 보세요. 정말 멋지지 않나요?"

케임브리지대학교 성격심리학 교수 브라이언 리틀Brian R. Little은《성격이란 무엇인가》에서 개인과 개인이 직장에서 보이는 행동을 탐구하며, 일반인들은 리더라면 외향적이어야 하고 월가의 늑대처럼 카리스마 있는 리더십을 발산하며 파트너와 동료의 사기를 북돋아주고 심지어 상대를 회유해야 한다 생각한다고 지적했다.

하지만 리더십을 한 가지 종류에 국한해서는 안 된다. 냉정하고 내성적인 사람도 최고의 리더가 될 수 있다. 빌 게이츠와 워런 버핏이 전형적인 사례이다. 중요한 건 어떻게 자신이 처한 환경을 똑똑히 보고 가능한 한 자신의 강점을 잘 활용할 것인가이다. 빌 게이츠는 이렇게 말했다. "똑똑하고 내성적인 사람은 자신의 강점을 찾아낼 줄 압니다. 일정한 시간을 들여 깊이 생각해보고, 여러 책을 살펴보고 자기 생각의 한계를 뛰어넘어 문제를 해결하는 식이죠."

내성적인 사람이든 아니든 관리직을 맡는다는 건 많은 이에게 기대가 되면서도 상처를 받지 않을까 두려운 생각이 드는 변화이다. 팀장으로 승진했다는 건 내가 인정받았다는 것이고 회사가 내게 더 많은 책임을 지우고 싶어 한다는 뜻이기도 하다. 하지만 또 한편으로는 의심도 어느 정도 들게 마련이다. '나한테 정말 이런 역할을 해낼 방법이 있을까?'라거나 '이렇게 많이 논의하고 소통해야 하다니, 내가 혼자 했으면 벌써 끝냈을 텐데.' 같은 의심 말이다.

| 내성적인 리더의 필살기에는 어떤 것들이 있을까? |

• 목표를 주시한다

외향적인 리더에게는 보통 '빛나는 물체 증후군Shiny Object Syndrome, SOS'이라는 게 있다. 다시 말하면, 뭐든 처음에는 열정이 끓어 넘치다가도 실행에 옮겨야 할 때가 되면 돌연 따분해하면서 곧바로 빛이 반짝이는 또 다른 목표에 몰두한다는 것이다. 이에 비하면 내성적인 리더는 상대적으로 일련의 목표에 몰두한다. 새로운 임무가 연이어 주어져도

'한 번에 한 가지씩 하면 된다'는 원칙을 고수한다.

• 단체전에 능하다

내성적인 팀장은 원래부터 초점이 되는 걸 좋아하지 않는다. 다른 사람의 장점을 살려 도움을 받는 경향이 있고, 사방으로 아우라를 내뿜는 외향적인 팀장에 비하면 부하 직원이 능력을 발휘할 기회를 주는 편이다. 유명 게임 디자인 회사 밸브 소프트웨어Valve Software의 홈페이지에 회사를 어떻게 소개했는지 보자. 대표의 포스가 드러나는 사진은 보이지 않고, 있는 거라고는 "1996년 이래로 상사가 없다Boss-free since 1996." 는 글뿐이다. 정말 멋지지 않은가!

• 조용하다는 건 강점이다

무엇이든 '좋아요' 클릭 수로 평가되는 시대에 큰 목소리로 이야기한다고 그리 나쁠 건 없다. 하지만 물밑에서는 정신없이 헤엄치지만 물 위에서는 고고하게 떠다니는 백조가 더 우위를 점할 때가 있다. 외향적인 기업들은 각종 미디어를 활용해서 여러 경로로 '끊임없이 노출되는' 길을 확보한다. 일거수일투족이 만인의 시선을 끌어야만 한다. 이에 반해 백년 역사의 벽돌 제조 기업 애크미 브릭Acme Brick이나 바닥 제작의 거두 쇼 인더스트리즈Shaw Industries 등 업계 동종업자들보다 월등한 실력을 보여주는 회사들은 대표가 미디어에 나오지 않고 일에만 몰두한다. 게다가 이들이 앞으로 뭘 하려고 하는지 아는 사람도 없다. 닌자처럼 '볼 때는 앞에 있는 것 같았는데, 어느덧 홀연히 뒤에 있는' 상대야말로 두려운 상대이다.

• 경청과 전략적 사고를 강화한다

이 두 가지 모두 원래 내성적인 사람이 가진 뛰어난 능력이다. 팀장이라면 이 두 가지를 더 강화해야 한다. 리더십 코치 루 솔로몬Lou Solomon은 귀 기울여 들은 뒤, 확보한 정보를 토대로 팀과 '왜 이렇게 해야 하는가'라거나 '내가 어떻게 당신을 도와줄 수 있는가' 등 한발 더 나아간 토론을 벌여야 한다고 본다. 훌륭한 팀장은 멀리 보고 사물을 종합적으로 보는 능력이 있으며, 팀 운영, 어떻게 목표를 달성할 것인가, 어느 방향으로 가야 하는가에 대해 전반적인 계획을 갖고 있다. 그런데 이 전략적인 계획이야말로 내성적인 사람이 정통한 깊이 있는 사고에서 나온다.

• 소그룹이나 일대일 면담에 능하다

내성적인 사람은 소수의 사람과 대화하는 데 능하다. 그래서 내성적인 팀장이라면 이런 특징을 이용해 회의를 배치하는 게 좋다. 현장 밀착 관리management by walking around이든 소그룹 회의이든, 내성적인 팀장은 인원수가 제한적인 상황에서 더 능력을 발휘한다.

그러나 팀장의 직책 중 하나는 팀 구성원이 서로 어울리는 기회를 늘리고 다른 이를 돕는다는 태도를 고수하며 회의를 여는 것이다. 이는 공감 능력을 갖춘 내성적인 사람에게 의미를 느끼게 해주고 안전지대를 벗어날 때의 불안을 덜어준다. 이외에 업무를 분배할 때 자신이 좋아하지 않는 일이라고 분배하기를 꺼리지 말자. 반대로 '저 친구가 다양한 시도를 해보게 하자. 어쩌면 저 친구가 잘하는 일이거나 좋아하는 일일지도 몰라.' 이런 태도를 가져야 한다.

• 충돌을 피하는 게 아니라 전환한다

일을 하다 보면 불가피하게 충돌할 일이 생기는데, 외부에 민감하게 반응하는 내성적인 사람은 충돌을 피하는 쪽을 선택하기 쉽다. 하지만 팀장에게 어떻게 충돌을 마주하고 처리할 것인가는 중요한 부분이다. 충돌을 피할 수 없거나 관리할 수 없을 때는 개방적인 마음을 유지하면서 상대를 존중하고(존중한다는 게 상대방에 동의한다는 뜻은 아니다), 양쪽 모두가 받아들일 수 있는 공통점을 찾아가야 한다. 직접적으로 이렇게 물어보는 것도 좋은 방법이다. "어째서 그렇게 생각하나요?", "걱정하는 혹은 두려워하는 게 뭔가요?", "자신에게 가장 최악의 상황은 어떤 상황이라고 생각하나요?" 이렇게 상대방이 우려하는 지점을 찾아내보자.

내성적인 리더의 독특한 매력을 만들어내자

내성적인 사람이 외향적인 척할 필요도 없고 외향적인 사람에게 리더로서의 매력을 드러내는 방법을 배울 필요도 없다. 내성적인 사람 자신에게 팀 구성원들을 연결할 방법이 있다. 심리 성장 개발 사이트 더 스레드닷라이프The Thread Life의 최고마케팅경영자 리사 페트릴리Lisa Petrilli

는 이렇게 말한다. "내성적인 사람 대다수가 아주 매력적인 이들입니다. 팀원들에게 영감을 불어넣고 리더로서의 매력을 갖고 있죠. 사고에 능하고 목적 지향적이다 보니 이런 바탕을 리더십 스타일에 녹여내거든요." 주의해야 할 딱 한 가지가 있다면, 팀 구성원과 자신의 시간, 전문 지식을 나누는 데 인색하게 굴지 말라는 것이다. 자신이 내성적이라는 이유로 계면쩍어하거나 미안해하지 말자. 어쨌거나 사람들은 솔직한 사람과 어울리는 걸 좋아하니 말이다.

내성적인 사람과 외향적인 사람이 스펙트럼의 양극단이라고 할 때, 이 양극단에 있는 사람은 아주 극소수이다. 이 중간에 있는 사람이 훨씬 더 많다. 다만 내성적이거나 외향적인 성격 중 한쪽에 더 '치우쳐' 있을 뿐이다. "성격이나 성격적인 특징이 당신이 누구인지 결정할 수는 없어요. 중요한 것은 성격을 어떻게 발휘하고 응용하느냐이죠." 나는 와튼스쿨의 애덤 그랜트 교수와 수전 케인, 브라이언 리틀이 팟캐스트에서 대화하다 내린 이 결론을 참 좋아한다. 기왕 내성적인 성격을 갖고 있다면, 어째서 타고난 천성을 제대로 발굴해서 잘 이용하지 않는단 말인가?

인간 사회의 오묘한 지점은 생존 방법이 한 가지만 있지 않다는 것이다. 직장도 마찬가지이다. 자신의 강점과 대체될 수 없는 가치를 잘 발휘하기만 하면 온순한 양도 늑대 무리를 이끌 수 있다. 사자가 양 떼를 이끄는 것보다 훨씬 더 멋지게 들리지 않나?

10

아무도 당신에게
외향적인 사람이 되라고 하지 않는다

내가 좋아하는 록 밴드 더 킬러스The Killers가 전 세계 순회공연에 나서려는 참이었다. 그런데 전 세계 팬들이 열광하고 있을 즈음, 밴드가 성명을 발표했다. "이번 순회공연에 데이브(기타리스트)는 쉬기로 했고, 마크(베이시스트)도 학업을 위해 학교로 돌아가기로 결정했습니다. 하지만 걱정하지 마세요. 다른 뮤지션들과 함께 순회공연에 나설 거고, 여러분들을 실망시키지 않을 겁니다." 이 성명에 팬들은 안절부절못하고 분노했으며 비난을 퍼부었다. 인터넷에서는 소동이 일어났고, 멋진 외모에 미소가 매력적인 보컬이 직접 나서서 해명해도 이 소동을 가라앉힐 수 없었다.

전부터 록 밴드에서 팬들의 주목을 가장 많이 받는 사람은 늘 보컬이었다. 본 조비Bon Jovi, 데이브 매튜 밴드Dave Mattew's Band처럼 보컬의 이름을 밴드 이름으로 쓰는 경우도 종종 있다. TSMCTaiwan Semiconductor

Manufacturing Company의 이름을 창립자 이름인 '장중모張忠謀'를 따서 '중모'라고 짓고, 폭스콘Foxconn Technology Group의 이름을 창립자 이름인 '궈타이밍郭台銘'을 따서 '타이밍'이라고 짓는 것과 비슷한 느낌이다. 나중에 밴드 구성원 전원이 교체되고 보컬만 남거나 보컬이 밴드를 떠나 솔로로 나서는 경우가 아주 많다. 유명 밴드 '건즈 앤 로지스Guns N' Roses'가 보컬 액슬 로즈Axl Rose만 빼고 다 바뀌었던 것처럼 말이다.

관중이 처음에는 일단 보컬에게 관심을 쏟는 건 확실하다. 하지만 보컬이 어느 연주자와 협업하느냐에 따라 저마다 다른 화학반응이 일어난다. 오랫동안 팬들을 끌어당기는 건 역시나 밴드 그 자체이다. 더군다나 밴드는 구성원 전체를 의미하고, 심지어 밴드 리더가 밴드 안에서 가장 두각을 나타내고 지면에 가장 많이 등장하는 보컬이 아닌 경우도 아주 많다. 하지만 이들은 여전히 자신의 방식으로 밴드의 안과 밖을 고루 돌보며 밴드의 중심이 된다. 록 밴드 팬의 눈에, 밴드의 가치는 흡사 직장 생활 속 내성적인 사람의 가치와 비슷하다.

거침없는 용기로 앞으로 나아간 사람들의 이야기는 이미 너무 많이 들었다. 인터넷에서 검색해보면 '그냥 하라Just do it', '용감하게 나아가라', '포기하지 말라', '성공하려면 먼저 미쳐야 한다. 이것저것 생각하지 말고 단순하게 앞으로 돌진하라' 이런 적극적인 경험담이 나온다. 그런데 이런 경험담은 내성적인 사람에게 갈증과 피로감만 불러일으킬 뿐이다. 사실상 내향성의 가치를 드러내는 방식은 직장 생활 자기계발서에 쓰여 있는 내용과는 다르다. 이런 자기계발 분야의 잘못된 믿음을 자신의 틀로 삼지 말기 바란다.

잘못된 믿음 1 : 괴팍한 티 내지 말고, 모든 일에 '예스'라고 말하라

2011년 키스 페라지Keith Ferrazzi의 책《혼자 밥 먹지 마라》가 출간되었다. 이미 여러 해 전 일이기는 하지만 지금도 책 제목을 보면 무섭기만 하다. 키스 페라지는 '외톨이 탈출'에 성공한 전형적인 모범 사례이다. 철강 노동자와 환경미화원 사이에서 태어났지만, 아이비리그 명문대인 예일대학교와 하버드대학교 경영대학원을 나와 500대 기업의 '가장 젊은 최고경영자'가 되었다. 세계경제포럼World Economic Forum에서도 '전 세계를 이끌 미래 리더' 중 한 사람으로 뽑혔다.

키스 페라지는 이후 직접 창업했고, 현재는 컨설팅 회사인 페라지 그린라이트Ferrazzi Greenlight의 최고경영자를 맡고 있다. (회사 이름을 지은 논리가 록 밴드와 마찬가지이다.) 그는 자신의 성공이 모두 '인맥' 덕분이라고 밝혔다. 달력에 일정을 체계적으로 채워 넣고 더 많은 사람을 사귀기 위해 온갖 사교 장소에 참석한다고 한다. 물론 식사 중에 대화하는 거야 문제 될 게 없지만, 페라지처럼 매일 다른 곳에 가서 다른 사람들과 함께 식사한다면 내성적인 사람은 견뎌내지 못할 게 틀림없다.

내성적인 사람에게는 자신의 리듬을 찾아내는 것이야말로 효율적인 일이다. 꼭 외향적인 사람에게 배워야만 인맥을 넓힐 수 있는 게 아니다. 만일 아침 근무 시간에 자신의 창의성이 빛을 발한다면, 아침에는 가급적 회의를 잡지 말자. 혼자 점심을 먹으면서 생각에 잠길 수 있는 자신만의 시간을 가질 수 있다.

모든 일에 '예스'라고 대답해야 한다는 것도 잘못된 믿음이다. 당연히 내성적인 사람도 다양한 시도를 해봐야 한다. 그러지 않으면 수많은 기회를 놓치게 되니 말이다. 전설적인 아이스하키 선수 웨인 그레츠키 Wayne Gretzky는 이렇게 말했다. "슛을 하지 않으면 명중률은 제로가 된다." 하지만 눈앞에 나타난 모든 기회에 억지로 '예스'라고 말하면, '빛나는 물체 증후군'에 빠지기 십상이다. 자원이 분산되는 탓에 이도 저도 아닌 상황이 된다.

내성적인 사람의 에너지는 레이저 빔laser beam처럼 정확하고 집약적이다. 한 번에 너무 많은 전선을 열어젖히면 에너지가 고강도로 분산되어 깊이 몰두할 때 나오는 강력한 효과를 희생시키는 꼴이 된다. 그러나 직장인이 한 번에 한 개의 전선만 연다는 건 일반적으로 불가능한 일이다. 수중에 해야 할 일이 많을 때, 내성적인 사람은 일단 의식적으로 계획하고 정리하는 것이 중요하다. '이게 정말 필요한 일일까?'와 '이 일로 어떤 효과와 이득을 얻을 수 있지?' 혹은 '내가 직접 하는 것 외에 또 어떤 방식이 있을까?' 이런 것들을 자문해보고, 일의 경중과 급한 정도를 구분한 다음, 단기 목표와 장기 목표의 적당한 비율을 찾아내 가급적 이를 유지하면, 방대한 에너지를 소모하거나 일의 질을 떨어뜨리지 않을 수 있다.

잘못된 믿음 2 : 사람은 누구나 자신의 안전지대를 벗어나봐야 한다

나는 늘 이런 농담을 한다. "안전지대에서 벗어나는 거 쉽지 않아요. 매일 집 밖으로 나가는 게 안전지대를 벗어나는 거라니까요." 내성적인 사람에게는 열정을 불러일으키는 격언의 격려가 필요 없다. 안전지대를 벗어나는 건 내성적인 사람들이 원래부터 평생 하는 일이다. 거리가 먼지 가까운지만 다를 뿐이다. 기업가이자 커리어 컨설턴트인 베스 뷰로는 내성적인 사람이라면 자신의 안전지대를 존중해야 한다고 생각한다. 왜냐하면 그곳이 충전할 수 있는 곳이기 때문이다. 자신에게 안전지대에서 벗어나라고 요구하는 것보다는 능력 범위를 넓히는 게 내성적인 사람에게는 훨씬 더 중요한 일이다.

샤오메이小美는 출판사 편집자이다. 작가들이 생각의 갈피를 정리할 수 있도록 도와주는 걸 좋아하고, 소통도 귀찮아하는 법 없이 잘하며, 책의 내용과 레이아웃을 최적의 상태로 끌어올리는 데도 선수다. 샤오메이가 편집한 책이 대부분 호평을 받기는 하지만, 팀장은 샤오메이가 편집 이외에 잠재력 있는 새로운 작가를 발굴하는 일에 더 매진해야 회사가 더 큰 이익을 얻을 수 있다고 생각한다.

인맥을 넓히는 게 자신의 장기가 아니라는 걸 너무나 잘 아는 샤오메이는 자신의 안전지대에서 출발하기로 결정했다. 샤오메이와 같이 일해본 작가들은 다 입에 침이 마르게 샤오메이를 칭찬하니 이미 신뢰가 구축된 소그룹으로부터 밖으로 확장해가기로 하고, 이 작가들에게 적당한 사람 있으면 유심히 봐달라고 부탁했다. 함께 일하게 될지도 모를 새로운 작가가 생기면, 샤오메이는 일단 온라인을 통해 상대와 대화를 나누고 적합한 사람이다 싶으면 그때 일대일로 만났다. 만나기 전에 이미 서로 충분히 소통을 거쳤고 서로 잘 알게 된 상황이었으므로 새로운 작가도 함께 일하고 싶어 하는 의사가 아주 강했다. 새로운 작가 발굴이 커다란 도전이기는 하지만, 샤오메이는 자신이 손에 넣을 수 있는 자원과 정통한 방법을 이용해 순서대로 차차 일을 진행했다. 그러자 도리어 더 효율적으로 목표를 달성할 수 있었다.

웨이트 트레이닝weight training은 힘이 들어야 효과적이지만, 너무 과하면 오히려 부상 위험이 따른다. 안전지대(현황)와 완성해야 할 도전(목표) 사이의 격차를 파악한 다음 자신의 방법과 리듬으로 서서히 격차를 메워나간다면, 심지어 시끌벅적한 사교 장소처럼 달가워하지 않는 곳에서도 주도적으로 나서서 자신이 수용할 수 있는 환경을 만들어낼 수 있다. 소수의 손님을 좀 조용한 구석으로 끌어내서 이야기를 나누다가 관계 맺기라는 목표를 달성하는 식으로 말이다.

어떤 목표에든 '그냥 해보자'라고 말해버리면, 자신감에 타격을 입는 것은 물론이고 순식간에 기진맥진하게 되고 한참이 지나야 에너지를 회복할 수 있다. 심지어는 다음번 도전에 나섰다가 아예 포기해버릴 수도 있고! 자신의 능력 범위를 발굴하고 적당히 부하가 걸린 상태에서 한계 지점까지 해낼 때 비로소 효과적으로 단련된다. 내성적인 사람은 모든 일을 시도해보거나 모든 일에 도전해보는 것보다는 자신의 페이스에 맞춰서 침착하면서도 힘 있게, 하지만 착실하게 수비 구역을 확대해나가는 게 낫다.

잘못된 믿음 3 : 내성적인 사람은 보수적이고 소심하다

어느 날 퇴근 뒤 슈퍼 울트라급으로 외향적인 절친의 전화를 받았

다. "충동이 사라지기 전에 아주 용감무쌍한 일을 한 가지 해내고 싶어. 얼른 나 좀 격려해줘!" 내가 물었다. "고백이라도 하게?" 친구가 말했다. "그것보다 훨씬 무서운 일이야. 나 혼자 영화 보러 가려고." 순간 도저히 어떻게 말을 이어야 할지 알 수 없었던 나는 속으로 웃으며 생각했다. '그렇게 치면 나는 평생 무섭게 살아왔겠네.'

내성적인 사람이 모험에 나설 엄두를 내지 못하는 게 아니다. 내성적인 사람들은 자신이 믿는 일에는 티 나지 않는 방식으로 충만한 용기를 드러내 보인다. 내성적인 사람이 용기를 발휘한 사례가 결코 드물지 않다. 타이완 사람들이 가장 익숙한 사례가 바로 말수 적기로 유명한 '4번 타자' 천진펑陳金鋒이다.

천진펑은 정식으로 미국 메이저리그에 도전한 첫 타이완 선수이다. 타이완 전역의 기대를 한 몸에 받으며, 미국에서 꼬박 7년 동안 극도의 경쟁을 벌이며 야구 선수 생활을 했다. 그중 대부분의 시간을 무미건조하고 단조로운 마이너리그에서 보냈다. 로스앤젤레스 다저스팀Los Angeles Dodgers에서 일하며 천진펑의 통역을 맡았던 랴오창옌廖昌彥은 다음과 같이 묘사했다. "천진펑 선수는 성격이 내성적입니다. 당시 상당히 오랜 시간을 들인 뒤에야 미국 생활에 적응했는데요. 우리 팀 경기장이 시골 작은 동네에 있었습니다. 차를 몰지 않으면 어디도 갈 수 없는 곳이었어요. 하지만 다른 선수와 달리 천진펑 선수는 여러 해가 지나고 난 뒤에야 운전면허 시험을 보러 가더군요. 일상이 아주 단순해서 평상시에 딱히 어디 나가 놀지도 않더라고요." 이게 바로 내성적인 사람의 몰입이다.

천진펑은 미국 야구에 데뷔할 당시 엄청난 관심과 스트레스를 감당해야 했다. 움츠러들기보다는 상당히 깊이 있는 마인드 컨트롤 내공으로 사방에서 오는 도전을 받아들였다. 랴오창옌은 천진펑이 시합이 끝나면 늘 스테이크와 감자 칩을 먹던 일을 회상했다. 미국 음식에 잘 적응한 줄 알았는데, 한번 물어보고 나서야 스테이크는 체중을 늘리기 위해, 감자 칩은 젖산lactic acid 대사를 위해 먹는다는 사실을 알게 되었다고 한다. 천진펑이 이렇게 말했다고 한다. "이런 음식을 그렇게 좋아하지는 않아요. 하지만 먹어야 하니까요." 내성적인 사람의 또 다른 장점은 목표를 위해서라면 전심전력으로 몰두한다는 것이다.

타이완 야구계에서 쌓아 올렸던 대체 불가능한 지위나 국내외 경기에서 올린 자랑스러운 성적은 차치하고라도 타향에서 극도의 스트레스를 받으며 오랜 시간 이토록 강하게 자기를 절제하며 생활했다는 것 역시 내성적인 사람의 용감함이 드러나는 부분이다.

다음에 흑인 레게 머리를 하고 뉴욕의 골목길에 홀로 나타난 외국인 여행객을 보거나, 혼자서 각국을 여행하며 마라톤 대회에 참가하는 젊은 여성을 만나면 확인해보라. 보통은 다 내성적인 사람일 가능성이 높다. 어쩜 그렇게 용감하냐고 물어보면, 아마 다들 살며시 미소 지으며 대답할 것이다. "그런가요? 전 그냥 제가 하고 싶은 일을 하는 것뿐인데요."

잘못된 믿음 4 : 멀티 커리어 주의 vs 원 커리어 주의

슬러시Slashie는 〈뉴욕타임스〉 칼럼니스트이자 비영리 조직 앙코르 Encore의 부대표 마르시 알보허Marci Alboher의 책《한 사람, 다중 커리어 : 성공적인 일과 삶을 위한 새로운 모델 One Person/Multiple Careers : A new model for work/life success》에서 나온 뒤 퍼지기 시작한 말로, 직업이 한 가지가 아 닌 사람을 뜻한다. 예를 들면 동시에 변호사, 사진 촬영가, 헬스 코치로 일하거나 동시에 엔지니어, 가수, 우버Uber 택시 기사로 일하는 사람 말 이다. 〈가디언〉의 예측에 따르면 전 세계적으로 이런 멀티잡족이 1,300만 명에 이른다고 한다.

본질주의Essentialism는 이와는 정반대로, 원칙에 따른 선택, 단순화, 제거, 정확한 실행 등의 단계를 거침으로써 '소수의 중요한 일만 하되, 제대로 잘 해내는' 결과를 보장하는 것이다.[12]

사실 '다중 커리어 인생'이라는 단어가 등장하기 전에 나는 이미 이 런 인생을 살고 있었다. 제일 바쁠 때는 직책 이름도 다르고 내용도 다 른 다섯 가지 일을 동시에 병행한 적도 있다. 아르바이트도 아니었고 이름만 얹어놓은 컨설턴트도 아니었다. 하나같이 셀 수도 없이 많은 마 감 기한이 있었고, 다 골치 아픈 일들이었다. 다른 사람에게 동시에 많 은 일을 하고 있다고 말할 때마다, 다들 놀라워했다. "어떻게 그 많은 일을 하는 거예요?"라거나 "내성적인 사람은 자기 에너지를 신중하게

---

12 그렉 맥커운Greg McKeown, 《에센셜리즘 : 본질에 집중하는 힘》

계획해서 쓴다고, 에너지를 분산하지 않으려 한다고 하지 않았어요? 방금 스스로 발등 찍는 말을 한 거예요!" 어쩐지 늘 발등이 화끈거리는 느낌이 들더라니.

나처럼 신중하기 그지없는, 내성적인 성격의 전형을 보여주는 사람이 감히 영역을 넘나들며 여러 일을 할 수 있었던 까닭은 내가 그 일을 하는 데 필요한 핵심 역량을 갖고 있을 뿐 아니라 그 일과 유사한 경험을 해보았으며, 그 일을 이미 상당수 파악하고 있다는 사실을 재차 확인했기 때문이다. 이를테면 글쓰기에 어느 정도 자신이 있는 사람이라면 동시에 작가, 인터뷰어, 블로거로 일할 수 있다. 만일 중국어에 조예가 있고 영어 수준도 괜찮다면, 동시에 영어 선생님, 번역가, 영어 인터뷰어 및 에디터로 일할 수 있다. 다 관련성이 아주 높은 일들로, 요구되는 핵심 역량이 비슷하다 보니 영역이 달라도 그렇게 힘이 들지 않는다. 하지만 거리가 좀 먼 직업들도 있다. 가령 사진 촬영가와 헬스 코치는 공통점이 많지 않아서 동시에 섭렵하려면 들여야 할 시간과 쏟아부어야 할 노력이 배가된다.

그렇다면 내성적인 사람은 다중 커리어 인생이나 본질주의 중에서 도대체 뭘 선택해야 할까? 답은 어느 쪽을 선택하느냐에 있지 않다. 진짜 중요한 점은 자신의 에너지를 어떻게 정확하게 안배하느냐이다. 만일 자신이 차를 운전해서 출퇴근하지 않고 업무 이외의 시간에 촬영하는 엔지니어라면, 아마 우버 택시 기사 일을 병행하는 게 그렇게 힘들지 않을 것이다. 퇴근 이후 한가한 시간에 촬영 프로젝트를 진행하는 것도 아주 안성맞춤일 것이고. 그렇지만 아예 전혀 다른 업계로 들어가

건축 설계 프로젝트를 진행해보고 싶다면 자신의 전문 분야, 경험, 시간 등으로 감당할 수 있을지 생각해봐야 한다.

내성적인 사람 입장에서는 본질주의가 상대적으로 자신의 전문성과 특징에 더 부합하는 일의 형태임은 사실이다. 하지만 내성적인 사람은 다중 커리어 인생을 시도해볼 수 없다는 뜻은 결코 아니다. 그러나 최종적으로는 '내가 왜 이 일을 하려는 것인가?'라는 질문을 들여다봐야 한다. 그냥 흥미가 있는 정도이고 스스로 충분한 결정권을 갖고 있다면, 이를 실행에 옮긴 결과가 심리적 건강을 위협할 가능성도 상대적으로 낮다. 그렇지만 경제적인 이유로 반드시 여러 일을 병행해야 한다면 아마 장기적으로는 심신이 피로해질 것이다.

어떤 선택을 하든 중요한 건 시도해보기 전에 자신이 가진 자원을 충분히 이해하고 있고, 그 전문 분야에 부합하는 능력을 발휘할 자신이 있는가이다. 어쨌거나 여러 일을 병행하는 사람이라는 이유로 상품이나 서비스에 대한 요구를 낮춰줄 고객은 아무도 없고, 여러 일을 병행하는 사람 역시 이를 이유로 일의 질적인 면에서 타협하면 안 되니 말이다.

잘못된 믿음 5 : 그런 척하다 보면 정말 그렇게 된다

'그런 척하다 보면 정말 그렇게 된다Fake it til you make it.'는 말을 흔히 듣는데, 정말 일리 있게 들리기는 한다. 할 줄 모르는 혹은 잘 못하는 상황에서 억지로 자신이 되고 싶은 모습이 된 척 연기하다가 마지막에 가서 자신조차 이 모든 게 진짜라고 믿게 되면 성공하는 것이다. 그래서 내성적인 사람 다수가 온갖 역할을 열심히 연기한다. 생기 넘치는 모습으로 행사장 전체를 휘어잡는 사교장의 꽃나비가 되기도 하고, 기세등등한 비즈니스계의 강자가 되기도 하며, 복잡다단한 담판의 사령관이 되기도 한다. 기진맥진할 때까지.

〈뉴욕타임스〉 칼럼니스트 애너해드 오코너Anahad O'Connor가 버스 운전기사들을 상대로 흥미로운 실험을 했다. 버스 운전기사는 다른 서비스직 종사자와 마찬가지로 일상적으로 장시간 여러 사람과 어울려야 한다. 그 대부분이 낯선 사람들인데, 버스 운전기사로서는 인내심을 갖고 예의를 갖춰야만 한다. 연구자는 이 버스 운전기사들을 밀착 관찰하면서 추적하고 비교해본 결과, 기분이 좋지 않은데도 억지로 웃는 표면적인 행위surface acting는 기사의 사기와 일하고 싶은 마음만 떨어뜨릴 뿐이고, 오히려 심층적인 행위deep acting를 택한 기사가 긍정적인 기억으로부터 기분을 바꿀 에너지를 얻는다는 사실을 알게 되었다. 정서적인 면에서나 생산력 측면에서나 모두 개선되었다고 한다.

베스 뷰로는 《내성적인 기업가 : 당신의 강점을 증폭하고 자신의 조건에서 성공을 창조하라》에서 '열심히 연기할' 때 우리는 자신이 보내는 신호를 무시한다고 언급한다. 이성이 우리에게 "에너지가 곧 바닥날 거야. 쉬어야 해." 이렇게 말하는데도 이를 거들떠보지 않고 도리어 열심히 연기하면서 억지로 더 버티는 것은 사실 장점이 하나도 없다.

예전에 경기장에서는 "피로는 다 심리적인 작용의 결과물에 불과하다."와 "투구를 하는데 손이 아프다? 계속 투구를 하면 아프지 않다." 같은 말이 돌았다. 단기적인, 경기 일정이 집중된 상황에서는 도움이 되는 생각인지 모른다. 경기에서 지면 집에 돌아가야 하니 말이다. 하지만 커리어는 길다. 아침에 회의가 열려도 오후에 또 회의가 있다. 점심때 접대를 마치고 왔는데 저녁때 또 식사 모임이 있다. 오늘을 버틴다 한들 뒤에 삼십 일이 이어진다. 올해를 넘겨도 뒤에 삼십 년이 남아 있다. 《나는 왜 이 일을 하는가》를 쓴 유명한 경영 사상가 사이먼 사이넥은 이렇게 말했다. "최후의 승자는 이기기 위해 경기하는 사람이 아니라, 계속 경기장에 남아 있기 위해 경기하는 사람이다." 투지는 아산화질소 시스템과 같아서 결정적인 순간에 남아 있어야만 쓸모가 있다. 매일 바쁘게 돌아가는 일상 속에서 의식적으로 자신을 관리하고 보호하는 것이야말로 오래가는 길이다.

자신이 익숙하지 않은 상황에서 활달한 척, 마성의 사교 왕인 척하다 한 시간 뒤에 기진맥진해서 쓰러지느니 매번 이어지는 억지 연기 대신 원래 자기가 하던 대로 잘 해나가는 게 낫다. '도대체 왜 와야 하지? 이 나이가 되어서도 여기서 얼굴 내밀고 억지로 웃어야 한다니 너무 비참하다고!' 이런 표면적인 행위와 부정적인 생각에서 벗어나 '지난번에도 이런 상황에서 귀인을 만났는데, 오늘은 또 어떤 일이 일어나려나?' 심지어는 '참석자 〇〇〇가 담판의 고수라는데 그 여성 한번 만나보자고!'와 같은 심층적인 행위와 긍정적인 생각으로 바꿔 출발해보자.

잘못된 믿음 6 : 내성적인 사람은 팀플레이에 적합하지 않다

보통 내성적인 사람이 팀플레이를 못 한다고 생각하는 게 내성적인

사람만은 아닐 것이다. 그 사람들은 왜 이런 오해를 하게 되었을까? '평상시에 사람들과 많이 어울리지 않으니 같이 지내기 쉽지 않을 거야.'라거나 '말수가 적어서 무슨 생각을 하는지 모르겠어.'라고 생각하기도 하고 '같이 점심 먹으러 가자고 해도 안 가는 게 성격이 좀 괴팍한 것 같아. 어떤 사람인지 잘 모르겠어.'라고 생각하기도 한다. 내성적인 사람은 늘 이런 오해 탓에 '내성적인 사람=겉도는 사람'이라든가 '내성적인 사람=단독 플레이는 잘해도 팀플레이는 못하는 사람'이라는 낙인이 찍히고 만다. 사실 내성적인 사람은 다른 사람의 말을 잘 들어주고 혼자 튀는 걸 좋아하지 않으며 조화를 중시한다. 일반적으로 이런 사람은 팀플레이하기 좋은 사람이다. 이런 고정관념을 어떻게 없앨 수 있을까. 내성적인 사람이라면 이런 방법을 써보자.

| 내성적인 사람의 팀플레이 마음가짐 |

• 외향적인 전우(팀 구성원)를 한두 사람 찾아둔다

내성적인 사람과 외향적인 사람은 종종 환상의 콤비를 이룬다. 하나는 동적이고 다른 하나는 정적이다. 하나는 뜨겁고 다른 하나는 차갑다. 외향적인 파트너를 고르면 상호 보완이 가능해진다. 외향적인 사람은 내성적인 사람 대신 대외 소통을 맡아줄 수 있다. 심지어 내성적인 사람을 홍보해주기도 한다.

• 효율적인 소통 방법을 활용한다

아무리 전우가 지지해줘도 소통 능력은 내성적인 사람도 반드시 갖춰야 한다. 효율성이 뛰어난 온라인 소통 도구나 프로젝트 관리 도구(슬랙Slack, 클라우드 문서 플랫폼 같은 것들)가 있으면 팀의 소통 효율을 효과적으로 높일 수 있다. 편한 소통 도구와 소통 환경이 마련되면 내성적인 사람도 자기 생각을 좀 더 쉽게 드러낼 수 있다.

• 실행력을 보여준다

자기가 봐도 업무 기회를 따내는 건 자기 특기가 아니다 싶으면 일단 자신에게 맡겨진 모든 임무에 집중해서 이 임무를 잘 해내는 것부터 해보자. 나아가 팀 내 파트너나 팀장을 좀 더 도와주는 것도 신뢰를 쌓는 관건이 된다. 그리고 이 신뢰가 바로 모든 성공한 팀의 토대가 된다.

칼럼니스트 레무스 세르반Remus Serban은 팀장의 가장 중요한 임무가 팀 내 문화를 만드는 것이라고 조언한다. 팀장은 모든 팀원의 성격과 장점을 이해하고 있어야 하고 업무 방식을 포함해서 어떤 행위는 허용되지만 어떤 행위는 안 되는지 명확하게 정해놓아야 한다. 팀 내 협업이 성공하느냐 마느냐는 팀장의 태도와 큰 관련이 있는 경우가 많다. 팀장이 구성원 한 사람 한 사람이 좋아하는 업무 형태를 파악하고 적절하게 모든 구성원을 격려하는 것이 팀의 성과에 영향을 끼친다.

11

넘치는 자신감을 발휘하자!
그저 그렇게 보이기만 해서는 안 된다

이 글을 쓸 즈음, 마침 텔레비전에서 벤 애플렉Benjamin Geza Affleck-Boldt 주연의 〈어카운턴트〉를 방영해주었다. 벤 애플렉은 극 중에서 고기능성 자폐를 잃는 인물로, 인간관계에는 서툴지만 숫자에 아주 민감한 자질을 갖고 태어난 사람으로 나오는데, 이런 이유로 범죄 조직을 도와 돈세탁을 해주는 회계사가 된다. 내가 이 영화에서 인상 깊었던 부분은 극 중에서 전문적으로 특수 아동을 돌보는 박사가 한 말이었다. "이 아이들은 다른 사람보다 못한 게 아닙니다. 그냥 다른 사람들과 다를 뿐이죠. 우리가 틀린 건 아닐까요? 우리가 내내 틀린 방식으로 이 사람들을 평가해온 건 아닐까요?"

한때 내향성은 질병, 결함으로 여겨졌다(어쩌면 지금 이 순간에도 누군가는 이렇게 생각할지도 모른다). 비록 지금은 이런 오해가 풀렸지만, 정신분석 전문가 마티 올슨 래니는 사회의 주류 문화가 여전히 외향성을 선호하다 보니, 외향성이 교육과 사회화 과정에서 '이상적인 성격'으로 자리매김했고, 유치원 선생님부터 시장 아주머니까지 모든 사람이 온갖 방식으로 외향적이 되어야 한다고 말하게 되었으며, 이는 고등 교육계는 물론 심지어 직장에서도 마찬가지라고 지적한다. 온갖 메커니즘이 이렇게 설계된 탓에 자기 몫을 잘 챙기는 사람이 상대적으로 쉽게 승진하고, 달변인 사람이 리더십과 주관이 있어 보인다. 사람들도 다들 외향적인 사람이 리더를 맡아주길 기대한다.

민감하면 쉽게 죄책감에 빠지게 되고, 자책은 수치심을 유발한다

민감하고 내성적인 사람은 다른 사람의 감정과 외부 경험에서 비롯된 자극을 쉽게 받는다. 아이오와대학교 심리학 교수 그라지나 코한스카Grazyna Kochanska는 한 연구에서 어린이에게서 이런 상황을 발견할 수 있다고 지적한다. 성격이 민감한, 다른 사람의 감정에 영향받아 쉽게 죄책감에 빠지는 아이는 취학 연령이 되면 또래 아이들보다 훨씬 더 도덕적이고 양심적이며, 공감 능력이 뛰어난 모습을 보이며, 규칙을 준수하려는 욕구가 훨씬 강하다고 한다(설사 아무도 보지 않는 상황일지라도 말이다). 하지만 그 대가로 이 아이들은 더 힘든 나날을 보내게 된다.

예를 들어보자. 몇 년 전 기온이 30도까지 올라갔던 어느 날 오후, 나는 쿠알라룸푸르 시가지의 가장 시끌벅적한 쇼핑 구역에서 과일주스를 들고 길을 건너고 있었다. 복잡한 교통 상황에 인파가 붐비는 가운데, 맞은편에서 오던 한 행인과 부딪치고 말았다. 강력한 힘에 내 손에 들고 있던 컵은 바닥으로 내동댕이쳐졌고, 순식간에 신호등이 빨간불로 바뀌었다. 길을 건너던 인파는 속도를 더해 앞으로 밀치며 나아갔고 상대방은 미안하다는 말을 하지 않았다. 나도 그냥 계속해서 앞으로 갈 수밖에 없었다.

겨우 두 모금 마신 갓 짠 주스가 바닥에 내동댕이쳐졌으니 화가 나거나 속상할 줄 알았는데, 길 맞은편까지 걸어가서 인도에 서자 온통 죄책감에 걱정만 밀려왔다. '이렇게 정신없는 횡단보도에 주스를 엎질러놓고도 가서 청소를 도와줄 수 없으니, 만일 누가 미끄러지거나 컵을 차기라도 하면 어쩌지? 청소하시는 분이 언제 오실지도 모르고, 정말 민폐를 끼쳤네. 내가 가서 깨끗이 정리해야 하는데!'

내성적인 사람은 외향성이라는 주류 가치 속에서 성장하면서 자신과 사회의 기대 사이의 격차를 뚜렷하게 느낀다. '넌 어쩜 그렇게 조용하니? 활달한 네 여동생과는 다르구나.'라든가 '너 너무 폐쇄적이다. 그러면 친구 못 사귀어. 좀 명랑해져야 해.'처럼 외향적인 가치에 근접한 온갖 요구들 때문에 내성적인 아이는 자신이 머리가 좀 모자란다고, 남보다 못하다고 혹은 자기 성격이 정상이 아니라고 생각하게 된다. 사회의 기대에 부응할 수 없다는 이런 수치 탓에 내성적인 아이는 점점 더 자신을 잃어버린다.

자신의 자신감 방정식 찾아내기

'성공을 향해가는 과정에서는 자신감이 능력만큼이나 중요하다.'

영국 BBC의 미국 백악관 특파원 케티 케이Katy Kay와 ABC 방송국 〈굿모닝 아메리카Good Morning America〉의 저널리스트 클레어 시프먼Claire Shipman이 함께 쓴 《나는 오늘부터 나를 믿기로 했다》에서 한 말이다.

그런데 자신감은 타고나는 걸까? 어째서 많은 성공한 인사들이, 특히나 여성들이 이미 어마어마한 영향력을 거머쥐었음에도 여전히 끊임없이 자신을 의심할까? 도대체 자신감은 어떻게 생기는 걸까? 케티 케이와 클레어 시프먼의 결론은 이렇다. "모든 건 자신이 결정할 수 있다. 자신감은 하늘에서 뚝 떨어지는 게 아니라 직접 만들어내야만 한다. 모든 사람의 비위를 다 맞추려 하지 말고, 완벽주의를 버리고, 행동에 집중하고, 위험을 감당하고 빨리 실패하자."

'나는 어떤 상황에서 자신감이 넘치지?' 이렇게 자문해보자. 예를 들어 다른 사람이 내가 아는 정보를 물어볼 때, 잘 아는 사람과 같이 있을 때, 상대방이 아주 우호적으로 보일 때, 독립적으로 업무의 진도를 장악할 수 있을 때 등이 있을 것이다. 또 '나는 어떤 상황에서 자신감이 없어지지?' 이렇게 물어볼 수도 있다. 이를테면 누군가 내 실수를 발견했을 때, 실수하는 바람에 사과해야 했을 때, 낯선 사람과 함께 있을 때, 말을 삼가고 행동을 조심해야 할 때, 준비를 못한 채 질문에 답해야 할 때 등이 있을 것이다.

이 두 가지 질문의 대답을 찾아낸 뒤 그 뒤에 숨어 있는 원인을 분석해보자. 새로운 환경을 마주하게 되면, 일단 전략적으로 생각해보자. '여긴 낯선 사람이 너무 많아서 마음이 불편하고 불안해. 자신감도 떨어지고. 하지만 곧 있을 토론이야말로 내 주특기이니까 잘 해낼 자신

타고난 자질 발휘! 내성적인 사람의 셀프 프로모션

있어. 게다가 같은 조 사람들도 다 아주 인내심이 많아 보이고.' 마지막에 가서 지금의 이 기반을 토대로 자신감의 범위를 점차 확대해가는 것이다. 가령 소그룹 토론에서 자신감을 쌓은 뒤, 소그룹 밖에서 다른 화제를 놓고 벌어지는 토론에 참여하는 식으로 말이다.

완벽주의 적절하게 내려놓기

할리우드 감독 데이비드 핀처David Fincher는 모든 장면을 평균 쉰 번은 찍어야 호평과 흥행 두 마리 토끼를 모두 잡는 영화가 나온다고 한다. 완벽주의에는 장점이 있다. 하지만 어떤 면에서 보면, 과한 완벽주의는 자신감 형성을 방해하기도 한다. 《세상의 잡담에 적당히 참여하는 방법 : 과학의 눈으로 본 내향인의 이중생활》의 저자 젠 그렌맨은 내성적인 사람에게는 보편적으로 완벽주의 성향이 있으며, 이것이 사색과 분석을 좋아하고(혹은 과하게 생각하는 걸 좋아하고), 혼자서 작업을 함으로써 전 과정을 장악하는 걸 즐기며, 다른 사람의 시선을 신경 쓰는 내성적인 특징과 관련이 있다고 지적한다.

앞서 내성적인 사람이 자신감 없어하는 상황을 언급하면서, 내성적인 사람은 '실수가 드러나는 상황', '준비를 하지 못한 상황에서 질문에 대답해야 하는 상황'을 좋아하지 않는다고 했다. 표면적으로는 다른 사람 눈에 자신이 똑똑하고 기민해 보이지 않을까 봐, 자기가 뛰어난 답을 내놓지 못할까 봐 그러는 것처럼 보이지만, 더 심층적인 원인은 자신이 완벽해지기를 바라는 데 있다. 완벽주의가 내성적인 사람만의 특징은 아니고, 완벽을 추구하는 게 나쁜 것도 아니다. 다만 일상생활에서는 완벽주의를 적절하게 내려놓아야 완벽과 자신감, 일의 효율 사이에서 균형을 잡을 수 있다. '적절하게'라고 한 까닭은 완벽주의를 완전히 내려놓는 게 결코 쉬운 일이 아니기 때문이다. 하지만 의식적으로 점검하고 조절해가다 보면 내성적인 사람이 균형을 찾는 데 도움이 될 것이다.

첫발 내딛기

"일단 해놓고 보자니까!" 내성적인 사람은 종종 만반의 준비를 해놓고도 외향적인 사람처럼 이렇게 가뿐하고 속 편하게 말하지 못한다. 직장 생활 전문가 셰원셴謝文憲의 저서《인생, 40퍼센트만 준비해놓고 돌진하라!: 범인을 뛰어넘는 목표 실행력人生準備40%就衝了!: 超乎常人的目標執行力》을 수차례 읽었는데도, 나는 속으로 이런 생각이 들었다. '40퍼센트라니 너무 낮잖아. 좀 상의해서 70퍼센트는 안 될까?'

오하이오주립대학교 심리학 교수 리처드 페티Richard Petty는 자신감과 행동은 상관관계가 아주 높다고 본다. 자신감은 자신이 성공하리라는 신념인데, 이런 신념이 행동을 낳고, 행동은 다시 자신이 성공할 거라는 신념을 강화한다. 준비, 부지런함, 성공의 경험, 심지어는 실패 경험까지도 자신감을 강화한다.

자신감은 첫걸음을 떼는 용기에서부터 시작된다. 해보지 않은 일을 할 때도 좋아하지 않는 일을 할 때도 공포는 존재한다. 하지만 이 공포를 직시할 것인가는 자신이 결정할 수 있다. 일을 완성하면 자신감이 따라온다. 예를 들면 "준비했습니까?"라는 질문을 받았을 때, "제가 이 영역에서는 초보이기는 하지만 개인적인 생각으로는……" 이런 식으로 진행 과정 중에 위험도를 낮추는 방식을 택할 수도 있다. 인터넷 디자인 도구 캔바Canva의 현 수석 브랜드 에반젤리스트chief evangelist이자 메르세데스 벤츠의 브랜드 홍보대사 가이 가와사키Guy Kawasaki는 이런 명언을 했다. "걱정하지 말고 망가지세요Don't worry, be crappy. 당신의 제품이 뛰어나다면(하지만 완벽하지는 않다면), 일단 물건부터 내보내놓고 어떤 일이 일어나는지 지켜보세요."

도움을 청할 때 응답해주는 네트워크, 우선순위 목록 만들어놓기

집 나가면 친구에게 의지하라는 말이 있다. 인맥을 넓힐 때, 문제가 생기거나 다른 관점이 필요할 때 친구가 도움을 줄 수 있다는 점을 잊지 말자. 사실 친구에게 가르침을 구하거나 도움을 청하면, 그 친구들의 자신감도 올라간다. 바꿔 말하면 가르침과 도움을 많이 구하는 사람이 되라는 말이다!

그 외에 일은 해도 해도 영원히 끝나지 않는다는 사실을 받아들이자. 그렇지만 일의 우선순위는 명확히 해두자. 그러면 모든 일을 제대로 살피지 못했다는 죄책감에 빠지거나 심지어 낙심하는 일은 없을 것이다.

분석에 능한 내성적인 사람의 장점을 활용해 자신의 상황을 살펴보자. 어떤 업무 환경에 있을 때 마음이 불안하다면 자신에게 무엇이 부족한지 살펴보자. 상대적인 능력이 부족한 거라면 연수를 받거나 다른 사람에게 도움을 청해 일에 필요한 지식을 쌓을 수 있다. 어떻게 해야 하는지는 아는데 경험이 부족해서 자신이 없는 거라면, 자기 자신에게 연습 기회를, 특히 위험도가 낮은 연습 기회를 만들어주자.

과학기술 업계에 '최소 기능 제품minimum viable product'이라는 용어가 있다. '최소 기능 제품'이란 원가를 가장 적게 들여 만든 제품을 말하는데, 이런 제품을 가장 빠른 속도로 시장에 내놓고 시험을 해본다. 물론 이런 제품이 완벽하지는 않다. 그렇지만 시장 반응에 따라 빠르게 제품을 수정할 수 있다. 이 개념은 《나는 오늘부터 나를 믿기로 했다》에서 언급한 '위험을 감당하고, 빨리 실패하는 행동'과 상응한다. 실패하더라도 빨리 실패하면 언제든 수정할 수 있고, 그러면 다음에 더 완벽에 가깝게 해낼 수 있다. 차이는 '과연 실패하고 말았군'처럼 마음가짐이 부정적이지 않고 건강하다는 것뿐이다.

자기 통제는 단기적 효과만 발휘할 뿐이다

내성적인 사람 중 '연기'를 아주 잘하는 이들은 마음속 소극장에서는 광풍이 몰아치고 폭우가 쏟아지는 데도 겉으로는 아주 외향적인 것처럼 자신감이 넘치고 에너지로 가득해 보인다. 중요한 회의에서 풍부한 제스처를 쓰고 종소리처럼 우렁찬 목소리로 강력한 포스를 내뿜으며 비범한 자신감을 내비치니 다들 정말 그렇게 자신감이 있는 사람이라고 착각한다. 심지어 스스로도 그렇다고 믿는다. 심리학에 이런 행위를 설명하는 '자기 감시self-monitoring'라는 용어가 있다. '자기 감시'란 외부 상황에 따라 자신의 행위를 조절하는 능력으로, 연기를 잘하는 사람일수록 자기 감시 능력이 뛰어나다.

통합 마케팅 회사 워크 웨스트Walk West의 커리어 개발 부총재인 샤론 딜레이니 맥클라우드Sharon Delaney McCloud는 이런 자기 감시가 단기적으로는 효과가 있지만, 장기적으로는 '가면 증후군Imposter Syndrome'에 빠지게 할 수도 있다고 본다. 자기가 능력이 있어서 혹은 재능이 있어서 성공한 것이 아니라, 운이 좋아서 시기가 맞아떨어져서 오해로 혹은 다른 사람이 아직 자신이 가짜라는 걸 알아채지 못해서라고 생각하게 된다는 것이다.

내성적인 사람은 생각이 깊고 예민한 까닭에 종종 '하지만', '걱정되는 게 있는데', '~하지는 않을까요?'로 말을 시작한다. 그렇지만 이는 자신감이 없어서가 아니다. 자신감은 뭐든지 다 알고, 뭐든지 다 할 줄 알며, 뭐든지 문제없다고 생각하는 거라고 보는 이가 아주 많다. 나는 미국의 기업 컨설턴트 일리스 베넌의 이 말을 좋아한다. "자신감이란 설사 해결 방법을 모른다 해도 처리할 수 있다고 믿는 것입니다. 어떤 상황에 부닥치든 해결할 능력이 있다는 걸 아는 것입니다. 자신감은 (설사 시간을 조금 들여야 할지라도) 불확실한 상황에서도 자신을 믿는 것입니다."

자신의 성격을 이해하되
그 성격에 구속되지는 마세요

조던 스피스Jordan Spieth는 제가 아주 좋아하는 골프 선수입니다. 세계 랭킹 1위에 올랐던 그는 타이거 우즈Tiger Woods를 잇는 마스터스 토너먼트Masters Tournament 역사상 두 번째로 젊은 우승자이며, 최근 백 년 동안 US 오픈United States Open Championship이 배출한 가장 젊은 챔피언이죠. 하지만 사실 저는 조던 스피스가 경기 뒤에 한 말을 가장 좋아합니다.

2017년 그는 브리티시 오픈British Open이 열린 로열 버크데일Royal Birkdale에서 바람에 비까지 내리는 가운데 최악의 열세를 딛고 우승을 거머쥐었습니다. 조던 스피스는 그랜드 슬램까지 한 발짝밖에 남지 않았음을 상징하는 은색 우승컵을 손에 든 채, 카메라 앞에서 캐디 마이클 그렐러Michael Greller에게 말했습니다. "이번 경기에서 우승을 거둘 수 있었던 건 모두 당신 덕분이에요." 매번 인터뷰할 때마다 그는 공을 잘 친 날이면 '우리'라는 주어로 말을 시작하는데, 잘 치지 못한 원인이 무엇인지 질문을 받을 때는 주어를 '저'로 바꾸어 말합니다.

무슨 대단한 성취는 아니지만, 이 책의 출간은 제게 특별한 의미가 있습니다. 만일 운 좋게도, 누군가 이 책에서 그게 무엇이든 도움을 받는다면 모든 공은 방주문화方舟文化의 제신潔欣과 샤오미小米에게 돌리겠습니다.

책을 써보라는 제안을 받고 난 뒤 처음으로 만난 자리에서, 내성적인 제신과 저 두 사람은 꼬박 네 시간 동안 이야기를 나누었습니다. 편집 과정에서 제신은 심혈을 기울여 모든 장과 절을 기획해주었고, 수많은 새로운 도전 앞에서 엄청난 스트레스를 감당하면서도 내성적인 사람의 세심함과 끈기로 난관을 하나하나 해쳐나갔으며, 심지어 일정을 앞당겨 일을 마무리 지었습니다. 제신이 없었다면 이 책도 없었을 겁니다. 샤오미는 이 책을 지금의 예쁜 모양으로 만들어주었습니다. 책 작업 후반기에 저는 툭하면 출장을 떠났습니다. 샤오미가 명쾌하게 또 논리적으로 관리해준 덕분에 비행기에서, 여행 중에 진도에 맞춰 작업을 완성할 수 있었습니다. 영화를 사랑하는 샤오미 덕에 멋진 홍보 영상도 만들었습니다. 출중한 두 편집자와 함께 이 책 작업에 몰두할 수 있었음을 한없는 행운으로 생각합니다.

수많은 전문가 친구들에게 감사드립니다. 제 원고에 수도 없이 퇴짜를 놓았던 다오두 테크Daodu.tech의 마케팅 책임자 위칭郁青, '스포츠 비전' 사이트 운영자 양둥위안楊東遠, '성벽 안의 야구 이야기' 팬 페이지 주인장 천즈창陳志強, 〈히토 엠엘비Hito MLB〉 진행자 왕치언王啓恩은 원고를 봐주고 전문 지식을 제공해주었을 뿐 아니라 심지어 영어 명사 하나를 번역하기 위해 여러 차례 고민을 거듭해주기도 했습니다. '미스터 핸섬' 천지위안陳繼遠 감독님께도 감사 인사를 전합니다. 평상시 각지에서 들어오는 강의 요청으로 바쁘신 와중에도 홍보 영상 관련 논의에 많은 시간을 내주었고, 구술시험을 앞두고도 꼬박 하루를 빼서 촬영해주셨습니다. 사진작가 왕카이윈王愷云, 스타일링 팀 사샤 류Sasha Liu와 허핑何屛, 이천依岑에게도 고마운 마음을 전합니다. 평범한 사람을 특별하게 변신시키는 이분들의 내공은 정말이지 마법 그 자체였습니다. 기브투아시아Give2Asia의 각국 동료들에게도 감사드립니다. 이렇게 전폭적으로 지지해주는 환경에서 일한다는 건 모든 직장인의 꿈일 겁니다. 이 책을 추천해주신, 국내외에서 모두 우러러보는 대가들께도 감사 인사를 드립니다. 내성적이든 외향적이든 상관없이 다들 너무나 우호적으로 아낌없이 후배를 지원해주셨습니다. 내성적인 사람은 인맥을 많이 넓히기는 힘들지만, 그래도 모든 우정과 마음을 귀하게 여깁니다. 아주 중요한 사람이 또 있는데, 바로 제 남편입니다. 남편은 어마어마한 전투력과 성원을 보내주며 제가 이 책을 완성할 수 있도록 장장 2주에 이르는 내성적인 시간을 선사해주었습니다. 그 2주가 아니었다면, 십만 자에 이르는 이 책은 언제까지나 내성적인 사람 머릿속에서나 존재하는 소극장에 지나지 않게 되었을 겁니다.

수전 케인은 내성적인 사람을 난초로 묘사합니다. 성장 과정에서는 더 많이 보호해줘야 할지 몰라도 자라고 나면 다른 사람과 마찬가지로 만개할 수 있다고 말이죠(게다가 가격도 엄청 비싸잖아요, 하하). 삶의 여정에서, 직장 생활 중에 내성적인 저를 포용해주고 격려해준 가족, 친구, 동료들에게 고마운 마음을 전합니다. 특히 가족에게는 내성적인 사람에게 가장 편안하고 안전한 울타리를 선물해주어 고맙다고 전하고 싶습니다.

인내심을 갖고 끝까지 읽어주신 당신께도 감사드립니다. 여기까지 읽으셨다면 자기 자신을 좀 더 이해하게 되셨을지도 모르겠네요. 마지막으로 와튼스쿨의 애덤 그랜트 교수가 한 말을 여러분과 나누고 싶습니다. "자신의 성격을 이해하되 그 성격에 구속되지는 마세요. 자신을 이해할수록 더 의식적으로 자신의 한계를 돌파해야 합니다. 외향적이니 내성적이니 이런 꼬리표로 자신의 가능성을 제약하지 마세요."

관심이 있으시다면, 페이스북의 '내성적인 사람의 자그마한 공간內向者小聚場' 페이지에 가입하셔서 함께 직장 생활과 일상의 크고 작은 일들을 나누면 좋겠습니다. 앞으로의 직장이 내성적인 사람이 더 자유롭게 만개할 수 있는 아름다운 화원으로 바뀌기를 바랍니다.